经管核心课程系列

货币金融学

The Economics of Money, Banking, and Financial Markets

李天栋　编　著

复旦大学出版社

前　言

货币、银行与金融是本书的三个最主要关键词。以前,大多以"货币银行学"命名;随着金融市场快速崛起,商业银行业务占的比重下降,遂以"货币金融学"命名。尽管政策一直鼓励、扶持直接融资,我国商业银行提供的间接融资的比重依然最大。选择以"货币金融学"命名,一方面,金融市场业务占的比重越来越大,发挥的作用越来越大,即使银行业务依然占大头,银行在股权层面和债权层面都与金融市场产生了密切联系,成为金融市场重要的参与者,深受金融市场的影响,因此以"货币银行学"为名与趋势不符,脱离现实太远;另一方面,银行侧重于信贷和融资,而金融是比融资涵盖范围更广的概念,还包括资产配置、资产定价、风险管理等内容。并且,以银行还是以金融市场为主要传导路径,货币政策发挥作用的主要变量、作用的机制,以及传导的路径、耗费的时间、最终的效果会出现巨大的差异。

《货币金融学》涵盖范围更广,更能反映现实状况。

本书保留了通行的概念和框架。由于货币金融学几乎横跨货币、银行、金融市场、资产定价、资产配置、风险管理、经济周期,以及货币政策等领域,内容繁杂,相互之间都可独立成章,看上去内容庞杂、逻辑散乱,不像一门独立的学科,更像是多门学科的拼凑。受阿曼·阿尔钦对货币可认知性分析的启发,作者尝试将可认知性作为核心概念和逻辑主线推广到所有类型金融资产,将涵盖范围甚广的内容以可认知性为主线串在一起,将看起来多学科综合的内容组织成有内在逻辑的架构,使之成为既横跨金融学科所有领域,又具有内在逻辑一致性的独立学科。

现代西方经济学的最大缺陷是欠缺历史性,似乎经济从一开始就是经济学描述的样子。货币金融学存在同样的缺陷,似乎货币、银行和金融从一开始就是它描述的样子。或许有人会说,有了汽车之后,为何还要搞清楚自行车的设计和工作原理?现代金融体系形成之后,再去搞清楚它的来龙去脉又有多大意义呢?这样的看法很危险,搞不清楚0怎么发展到1,又怎么能做到从1发展到2、3,乃至无穷大呢?以投资银行提供的直接融资为例,它在大部分国家大部分历史时期都不是主要的融资方式,之所以能在美国发展起来,既是因为美国在历史上形成了限制大银行的政治传统,更是因为最初的投资银行是"真正的"投资银行,合伙人要用自己的真金白银做业务,是激励相容的,存在由有效规则提供保障的制度设计。缺少历史视野,不顾及任何条件,对货币、银行和金融市场仅在理论层面泛泛而谈,是有害的,也是不负责任的。

作者有幸从事了两三年金融史的教学工作,此后一直保留着对金融史的兴趣爱好,并尝试将金融事件融入到本书的写作之中。由于篇幅限制,无法做到将金融史的内容贯穿全书所有章节和概念,只能努力做到考察主要概念的历史演变,抓住其本质和关键。

在教学过程中,作者深切地感受到,在短短一个学期中,学生无论如何都不可能完全真正地掌握这门课程的主要内容。在编撰过程中,笔者突出概念和框架,不仅以概念统领章节,还在每一章最后列出关键概念及问答和思考题,强化概念的重要性。只要能够准确理解并掌握这些概念,踏上工作岗位之后完全可以根据实践需要按图索骥,通过再学习实现真正地完全掌握本课程的内容。

本书是十多个学期教学工作的教案不断修改完善形成的。多年来,一直有出版社约稿。然而,与货币、银行和金融相关的教科书汗牛充栋,增加一本没有任何新意的教科书意义不大,因此一直心存敬畏,迟迟没有将零散的教案组织成教科书。后来,复旦大学经济学院组织编撰针对本科生的经济学教材,同时得到经济学院高峰学科建设项目的资助。在此,对复旦大学经济学院相关办公室及其工作人员表示真诚的感谢。

作　者

2019年10月

目 录

第一章 货币与货币制度 ……………………………… 1
第一节 货币：形态、职能与定义 / 1
第二节 货币制度：内容与演变 / 10
第三节 从交易成本的角度认识货币 / 19
第四节 信用货币制度的特征和困境：基于认知视角 / 21
第五节 我国的货币：层次划分与数量变化 / 25
本章小结 / 28
关键概念 / 29
问答与思考题 / 29

第二章 金融与金融系统 ……………………………… 31
第一节 信用 / 31
第二节 金融 / 34
第三节 金融系统及其职能 / 39
本章小结 / 44
关键概念 / 44
问答与思考题 / 45

第三章 金融工具：风险与定价 ……………………………… 46
第一节 金融工具 / 46
第二节 金融工具的收益率 / 55
第三节 风险的定义与度量 / 57
第四节 金融工具的定价 / 62
本章小结 / 68
关键概念 / 69
问答与思考题 / 69

第四章　利率的决定 ………………………………………………………… 71

第一节　利率的定义、决定因素与类型 / 71

第二节　利率决定理论 / 75

第三节　利率的结构理论 / 82

本章小结 / 86

关键概念 / 86

问答与思考题 / 87

第五章　商业银行与投资银行的信用创造 ……………………………… 88

第一节　银行的历史演进 / 88

第二节　商业银行及其信用创造 / 90

第三节　投资银行：职能、业务及信用创造 / 103

第四节　商业银行与投资银行信用创造的比较 / 108

本章小结 / 109

关键概念 / 110

问答与思考题 / 110

第六章　融资决策、资本结构与企业价值 ……………………………… 111

第一节　信息不对称与融资啄序 / 111

第二节　资本成本与融资决策 / 115

第三节　资本结构与企业价值 / 119

本章小结 / 121

关键概念 / 122

问答与思考题 / 122

第七章　中央银行与货币供给 …………………………………………… 123

第一节　中央银行概述 / 123

第二节　货币创造机制 / 125

第三节　货币供给的外生性和内生性 / 130

第四节　中央银行的行为 / 133

本章小结 / 135

关键概念 / 136

问答与思考题 / 136

第八章 货币需求理论 ················ 137

第一节 古典货币数量论 / 137

第二节 凯恩斯学派的货币需求理论 / 139

第三节 弗里德曼的现代货币数量论 / 143

本章小结 / 144

关键概念 / 145

问答与思考题 / 145

第九章 物价与物价稳定 ················ 146

第一节 认识通货膨胀和通货紧缩 / 146

第二节 通货膨胀理论 / 149

第三节 通货紧缩理论 / 156

本章小结 / 161

关键概念 / 162

问答与思考题 / 162

第十章 金融危机 ················ 164

第一节 金融脆弱性 / 164

第二节 金融危机 / 168

第三节 金融危机的案例 / 174

本章小结 / 189

关键概念 / 190

问答与思考题 / 190

第十一章 货币政策：目标与传导机制 ················ 191

第一节 货币政策目标体系 / 191

第二节 货币政策工具 / 197

第三节 货币政策的传导机制及效果 / 199

第四节 预期与货币政策规则 / 205

第五节 中国货币政策概要 / 210

本章小结 / 216

关键概念 / 216

问答与思考题 / 216

第十二章　金融监管 …… 218

第一节　金融监管概述 / 218

第二节　金融监管体系 / 223

第三节　金融监管内容 / 227

第四节　中国金融监管体系与内容 / 231

本章小结 / 234

关键概念 / 234

问答与思考题 / 235

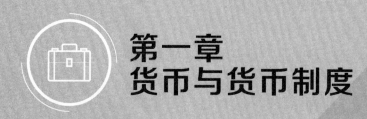

第一章
货币与货币制度

货币是我们生活中须臾不可或缺的东西。人们的日常交易需要货币,收入的主要形式是货币,财富的储存也少不了货币。不同的国家有不同的货币,中国的货币是人民币,美国的是美元,英国的是英镑,欧盟各国放弃自己独立的货币后建立的共同货币是欧元。

不同国家货币的形态各异,其币值的波动差异巨大。美元和欧元等国际上主要货币的币值相对稳定,而发展中国家如津巴布韦、阿根廷等国的货币币值非常不稳定,对这些国家的经济发展造成了极大的困扰。实际上,经常出现的超级通货膨胀会打断经济发展进程,是大多数国家无法跨越中等收入陷阱的最主要障碍。认识货币的属性、职能及形态变化,是理解经济的一把钥匙。

第一节 货币:形态、职能与定义

货币的形态由当时的生产力决定,带有鲜明的历史印记,隐含着货币何以是货币的关键信息。货币形态的演进既是生产力进步的反映,也是生产关系变化的要求,还是人们的货币观念演化的外在表现。

一、货币形态

(一)货币的形态和名称

货币与钱是同义词,货、币和钱这三个字分别代表着货币的三种不同形态。"货"从贝,远古时期曾经以贝壳发挥货币的职能,后来货用来指财货;"币"从布,布在温带是非常重要的物品,上古时期人们用麻布充当货币;"钱"的原始语义是铁铲,铁铲是农业社会重要的生产工具,上古时期也成为重要的交易媒介。战国时期的布币是采用青铜等金属仿铁铲其形而铸造的,是货币形态演化的综合体:以"布"冠名,因为布曾经充当过货币;以"铁铲"形态出现,因为铁铲也曾经充当过货币;以青铜类金属铸造而成是经济社会发展对货币材质提出更高要求的结果。

除了贝壳、布和铁铲等物品外,牲畜、盐在历史上都曾经充当货币。随着人们对货币认识的深化,随着生产力和生产关系的演进,功能性实物货币(牲畜、盐、布、铁铲等)由品质性实物货币特别是黄金、白银和青铜等金银取代。20世纪第二次世界大战26年之后,符号化的信用纸币取代了金本位,人类进入了信用货币时代。

货币的命名有四种方式:(1)以人物的名字命名,通常是统治者的名字命名,如金路易等;(2)以城市的名字命名,通常是贸易中心城市,如Florin来自于Florence,dollar来自于 thaler；(3)根据金银的原产地命名，如 guinea(畿尼)；(4)宗教，如 cruzeiro 来自于 Crusades(十字军)。

(二)功能性实物向品质性实物演化

牛、羊、盐等实物尽管有用(功能性所在，是被交易对方所接受的前提条件)，但非常不稳定，牛、羊饮水或进食会影响其重量，牛、羊的年龄和公母会影响其质量，一旦碰到意外事件会影响其形态，这些都是交易方无法控制的变化；同时，牛、羊等牲畜不具有可分割性，不利于小额交易，缺少普遍性。货币的可分割性，是指货币的基本特性不会在大块物品分割成小块物品的过程中发生改变的属性。货币需要具备的第二个特性是稳定性，盐遇水即化，铁极易生锈和氧化，稳定性都比较差。

金、银、铜等既有很好的稳定性，也有很好的可分割性，更重要的是，金银具有功能性实物所不具备的可标准化属性。当实物变成货币，其重要的职能是对其他物品进行计价，能够尽可能地分割成小单位以便对所有参与交易的物品进行计价是货币必须具备的功能，这就是货币的可标准化属性。对于一般性的功能性物品——不管牛羊还是盐和铁铲都不具备可标准化属性。金银几乎可以无限分割，因此具备可分割成小单位即可标准化的属性。后来为了减少分割过程中的浪费现象，逐步演变成金、银、铜等共同构成的主币-辅币的铸币体系。

东西方都选择黄金和白银作为货币，欧洲大陆很早就确立以银为货币本位的货币制度，中国大陆历史上长期以铜作为流通中的主币，原因在于，欧洲国家选择贸易立国，而古代中国选择农业立国，交易的需求少、规模小，对货币的需求也就少，铜的价值约为银的1%，足以适应小额交易。19 世纪末 20 世纪初西方列强陆续确立金本位制度，中国从来没有实行金本位制，因为金本位更加适应西方国家大规模贸易的需要，而中国彼时的贸易规模不需要金本位。

西方列强确立银本位和金本位的另一个条件是全球殖民。据金德尔伯格考证，欧洲几乎不产黄金。13—14 世纪黄金每年产量仅 1 公吨，1325—1385 年上升到 3 公吨或 4 公吨，远远无法满足需求。黄金和白银在欧洲大陆的稀缺性是探险家寻找通往印度的航线的原动力。哥伦布阴差阳错地找到美洲这片新大陆后，陆续发现了秘鲁的波托西银矿、墨西哥的瓜纳华托和卡萨特卡斯银矿，每年从美洲运回欧洲的白银最高达到 300 吨。

随着贸易的发展以及白银提炼技术的进步，白银与黄金的比价一直在下跌，1519 年为 11.3∶1，1553—1565 年 10.6∶1，1566—1608 年 12.2∶1，1609—1642 年 13.3∶1，1643—1650 年 15.45∶1。白银与黄金比价的变化是货币本位从白银向黄金转变的原因，后来白银与黄金比价上涨到 30∶1 乃至接近 100∶1 则是其结果。

在英国，黄金与英镑的比价是牛顿设定的。1717 年，牛顿将黄金的铸币价格定为每盎司 3 英镑 17 先令 10.5 便士，从此开启了黄金取代白银的历程。到 1900 年，主要资本主义国家先后完成了黄金本位对白银本位的替代。

(三)品质性金属铸币向符号化铸币演化

从一开始，金属铸币的金银含量就小于其面值所代表的金银含量，其中的差额是铸币税。人们愿意接受含有铸币税的金属铸币，因为金属铸币有助于减少交易中的摩擦，比如判断金银的纯度从而推断其金银的真实含量，这通常是费力耗时的工作。铸币税是铸币厂愿意铸造一定规格货币的前提条件,其本质是向社会提供统一标准的具有公共产品属性服务收取的报酬。铸币税的决定因素很多,包括在金块和银块直接参与流通时判断其质地、含量和纯度的成本、分割与熔铸的损耗,以及铸币厂的社会平均利润等。

金属铸币在使用的过程中会出现磨损,然而人们并不会因为铸币的磨损而拒绝接受。当一些人发现,不足值的铸币依然可当作足值的铸币参与流通的现象后,就对铸币进行削边,占有一部分金银;铸币厂发现该现象后开始在铸造货币过程中掺假,即在铸币中掺和较便宜的金属。公众的削边行为及铸币厂的掺假行为最终必然造成货币币值不断缩小,当币值缩小超过一定范围,人们对货币的信念就会被摧毁,货币流通必然陷入混乱局面,严重干扰经济的正常运行[①]。

为避免货币铸造的乱象,国家直接介入货币铸造,明确规定货币的铸造规格,包括规定面值、所用材质及其分量。国家介入货币铸造的起源非常早,几乎与国家同时出现。铸币税从一开始就是国家通过铸造货币对全社会的征税。

后来,金属铸币开始向纸币演化,是因为人们发现了比铸币直接参与流通更好的方法,即政府明确设定金银与本国货币基本单位之间的数量关系,以金银作为准备发行纸币,以纸币代替金银参与流通。代替金银直接参与流通的纸币被称为代金券或代银券,是铸币的符号化。

铸币符号化的好处:(1)可以避免金银铸币直接参与流通造成的磨损,节省金银的使用;(2)可以避免公众对铸币的削边及铸币厂的掺假等影响铸币价值的行为,节省甄别真假和分量在内的交易成本。要保持代金券或代银券币值稳定,就要保证金银与纸币的自由兑换,否则信用创造泛滥最终必然造成货币崩溃和财富湮灭。

(四)符号化铸币向完全的信用纸币演化

铸币符号化为纸币之后,纸币的发行固然受制于金银准备,但其参与流通和资金融通的过程却不完全受金银准备的制约,是相对独立的经济活动,有其自身的逻辑和机制。信用创造过程不完全受金银数量制约,但最终变现时受金银数量制约。因此,控制金融系统的货币创造功能极其重要,否则人们的货币财富会远远多于作为准备的金银数量,不可避免地造成货币币值的崩溃、货币流通的混乱,以及经济萧条和危机。

符号化的纸币让国家意识到,货币是一个符号,只要其表征的购买力使人们建立了"信念",即使完全脱离了金银支持,它一样可以充当货币进行计价和流通。在历次战争中,主要的交战国都放弃了金本位,缺少黄金支持之后,货币的职能没有受到根本性的冲击。经过长达60余年的尝试和准备之后,在1971年8月15日,时任美国总统尼克松正式切断了黄金与货币之间的联系,符号化纸币彻底被完全的信用纸币取代。

在放弃金本位的最初十年,各国中央银行有些不知所措,推行的货币政策有顾此失彼的迹象。从1982年开始,以美国为代表的资本主义国家的货币政策日臻成熟,时至今日,尽管依然有不少缺陷,但对货币的理解、对货币政策的掌控,以及运用货币政策取得的经济成就远远超出了人们的预期。

---

① 为了缓解财政压力,王莽推行五铢钱变三铢钱的改革,这种货币直接一次性贬值40%的做法得罪了社会各阶层,这是王莽改革很快失败的直接原因。

（五）货币物品具有的特性

由货币币材和形态演化的逻辑，能够充当货币的物品具有的基本特性有四点。

首先是稳定性。其形态和质量都应该是稳定的，不会随着外部条件的变化而变化。牛、羊、布、盐等都会因外部条件的影响而使其质量数量形态变得不稳定，因此只能在特定条件[①]下短暂地充当货币；铁、铅和铜等容易生锈，会自己贬值；放射性元素不断衰变，更不适宜作货币；金、银、铂、钯、铑、铱、锇、钌等惰性元素（顾名思义，不与其他任何元素发生反应）的形态数量质量等非常稳定，不会因为外部条件的变化而发生变动，是货币的候选，但除金银之外的其他惰性金属储量太少，无法担当交易媒介的载体。比较起来，黄金比白银更稳定。银在1 000摄氏度与氧、硫等产生化学反应，变成氧化银和硫化银，而金要在3 000摄氏度以上才会氧化，金的性状更稳定使金的价值比银更大。

其次是可分割性。可分割性是货币能否对所有物品行使计价单位职能的关键。大千世界，物品种类繁多，价格差异极大。适宜充当货币的物品应该能够对其他的所有物品进行计价，只有具有充分的可分割性，该物品才可以标准化到极小的单位。牛羊等物品不具有分割性，很快就不再充当货币。金银的可分割性最好，因此演化成金银本位。在实践中，为节省币材，又发展出以金为主币、以银为辅币的货币体系，而在东方则发展出以银为主币、以铜为辅币的货币体系。

再次是高密度性。金银之"贵"源于其"重"，即密度高。高密度可能与储量有关，密度越高，储量越稀少。高密度也可能与提炼的难度有关，密度越高，提炼的难度越大，价值越高。密度越大，产量越少，稀缺程度越大。黄金和白银的产量有限，但又不至于像铂、钯等那么少。自1493年以来，全世界黄金产量约为55亿盎司（合17.1万吨），白银产量约为485亿盎司（合150.85万吨）。相比而言，铂的储量总共只有1.4万吨，产量更是只有90吨；钯比铂还要稀少。

最后是普遍接受性。普遍接受性是指某一充当货币的物品是人们都愿意接受的物品。最初，普遍接受性与功能性是联系在一起的，牛、羊、盐及铁铲等之所以能够被人们用作货币，是因为它们有用；后来随着对货币职能和属性认识的深化，功能性已经不再是决定普遍接受性的根本原因，是否足够稀缺从而能够保证价格平稳成为决定某一物品是否具有普遍接受性的根本原因。

黄金和白银最终脱颖而出成为具有普遍接受性的货币性物品，源于金银的稀缺性、稳定性和可分割性。

二、货币的职能

交易是现代市场经济的核心，完成交易需要两个条件，即找到交易对象和确定交易双方都愿意接受的价格，两者分别决定了货币的两种基本职能，即交易媒介和计价标准。计价标准和交易媒介使货币具有财富（价值）储藏手段职能，还能够行使支付手段职能。因此，货币具有四种主要职能：计价标准、交易媒介、财富储藏手段和支付手段。

[①] 特定条件：(1) 发现更适宜充当货币的物品难度大、成本高；(2) 用更适宜的物品充当货币的交易成本和流通成本更高；(3) 交易少，货币需求的规模小。这些因素都跟生产力低下有关。

交易媒介和计价标准这两大职能具有同等的重要性,要充当交易媒介就必须具有计价标准职能,计价标准是为了行使交易媒介职能。在逻辑上,当某一物品能够充当计价标准,它就能在交易过程中发挥媒介作用,似乎计价标准是更本源性的职能;然而,计价标准只有用于交易才有普遍性意义,是服务于交易的。因此,将交易媒介置于首位。

(一) 交易媒介

交易媒介是货币的本源性职能,是人类社会之所以需要货币的根本性原因。

通过比较物物直接交易和以货币为中介的间接交易,可以展示货币作为交易媒介的必要性和优点。要完成交易,就要找到交易对象,如果王二有苹果,而李四有香蕉,王二正好想要香蕉而李四正好想要苹果,并且王二和李四恰好都知道对方有自己想要的物品并且又都有交换彼此物品的意愿,王二和李四只要确定苹果和香蕉的交换比例即可。

在没有货币作为媒介的条件下,王二和李四能够完成交易,必须满足的条件:
(1) 两者都要知道对方拥有自己需要的物品;
(2) 两者都要探查到对方有进行交易的需求;
(3) 两者能够就价格达成一致。

这种直接的物物交易需要极度的巧合,需要满足需求的双重耦合。物物直接交易需要花费更长时间和更高成本才能找到交易对手,如果花费的时间太长,香蕉和苹果都会腐烂,则香蕉和苹果都不属于可用于交易的产品。

即使不考虑香蕉和苹果易腐的特性,由于交易需要付出的时间成本和金钱成本太高,对交易的数量提出了更高的要求,数量太小的交易没有效益。可见,没有货币作为中介的交易需要满足的条件非常严苛。

没有货币作为中介时,交易只能在有限的地理范围内进行,只能借助于乡情或者血缘关系,在比较熟悉的人群中进行,交易能够覆盖的地理范围极其有限。

如果不存在需求的双重耦合,交易会加倍复杂。当王二想用苹果交换盐,李四想用香蕉交换苹果,而张三想用盐交换香蕉,就需要三者之间进行交叉交易,即王二先用苹果交换李四的香蕉,然后再用交易得来的香蕉交换张三的盐。增加了张三之后,交易完成就需要三重耦合,三重耦合要实现的可能性更低,交易的难度更大。

以货币为中介,交易会极大简化。不管是几个人参与交易,王二只要将自己的苹果交换为货币,就可以用货币交换任何他需要的物品,不管是香蕉、盐还是其他物品。货币成为中介后,不需要满足需求的双重耦合也可以实现交易。货币作为交易媒介扩展了交易范围、提高了交易频率、降低了交易对数量的要求,交易成为经常性发生的经济活动,促进了分工和专业化生产的出现和发展。

物物交易对数量的要求和以货币为中介的交易对数量的要求参见图 1-1 和图 1-2 所示。

以货币作为交易媒介之所以能够简化交易过程,促进交易效率,原因在于货币的特殊性——货币是人们都认可并且都愿意接受的物品。当王二卖掉苹果换回货币,他并不担心没有人愿意接受他的货币,因为他拥有其他人愿意接受他的货币的"信念";与王二一样,李四也不必担心他卖掉香蕉换回的货币不被其他人所接受,因为他也拥有其他人愿意接受他的货币的"信念";其他人同样也拥有别人愿意接受自己货币的"信念"。货币的威力产生于人们普遍建立的"信念"——其他人愿意接受自己的货币。

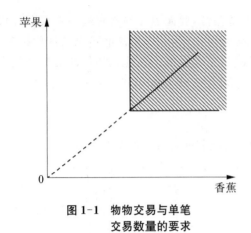
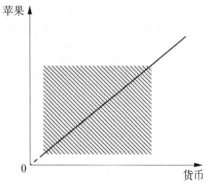

图1-1 物物交易与单笔交易数量的要求　　图1-2 以货币为中介的交易与单笔交易数量的要求

货币能够充当交易媒介,因为货币是润滑交易的标准性物品,这也就是货币对其他所有物品和服务进行计价的职能。

(二) 计价标准

计价标准同样是货币的基本职能。在物物易货经济中,一种物品的价格要以另外的所有物品进行标示,因此会有 $\frac{n(n-1)}{2}$ 种价格;在以货币为计价标准的经济中,价格的数量减少到 $(n-1)$ 种。当 $n>2$,$\frac{n(n-1)}{2}>(n-1)$ 必然成立。显然,经济中的物品数量越多,即 n 越大,易货经济的价格数量越多。在易货经济中,价格标示的多元性会造成价格体系的混乱,人们要付出更多的精力、财力和时间才能够比较不同物品的性价比。与易货经济相比,在货币经济中其他物品都用货币作为计价单位,人们不需要进行复杂的换算就能比较这些物品的性价比,极大地节约了交易成本。

货币能够充当计价单位,在马克思看来,是因为货币本身是"凝结了无差异人类劳动的能够充当一般等价物的特殊商品",是价值尺度。之所以最终由金银充当货币,因为金银拥有货币需要具备的所有特性:稳定性、高密度及稀缺性、易分割性,以及普遍接受性。当金银获得了货币身份之后,又会反过来提升金银的价值。

凯恩斯将计价标准称为"计算货币",发挥计价的作用,是确定商品和债务数量的前提条件。凯恩斯没有明确说明,货币必须是具有稳定物理性能的金银才能发挥计价作用,结合其一贯反对金本位的政策立场,计算货币功能完全可以由"基于信念的货币"承担。"基于信念的货币"最大的问题是,人们对货币的信念由货币相对于经济活动的数量决定,而货币相对数量并非由货币持有人决定,而是由国家决定。人们对"基于信念的货币"的信念实质上是对国家信用的信念,它通常远远弱于对金银货币的信念。

信念有强大的不容易改变(粘性大)的信念和脆弱的极易改变(弹性大)的信念之分。具体到对货币的信念,货币的形态不同、货币制度不同、货币的来源不同,人们对其信念也会出现巨大的差异。货币作为一种信念,必须是有保障的,包括金银的实物型保障、国家信用的虚拟型保障,以及不可更改规则机制的制度型保障。鉴于货币可以交换任何物品的特殊性,没有保障的信念是不牢靠的,也是不可信的。货币的可信性决定于货币信念粘性的大小,货币信念粘性的大小决定于价格的粘性程度,价格的粘性程度越强,人们对货币的信念越强,货币的可信性越高。人们对货币建立的信念粘性越大,货币越适宜充当计价标准[①]。

(三) 财富储藏手段

因为货币具有计价单位和交易媒介的职能,它自然也就具有了储藏手段的职能。货币的储藏手段职能非常重要,它是人们跨时配置资产从而优化消费的基础,是储蓄能够转化为投资的枢纽,是宏观经济循环的关键。

货币作为储藏手段的优势在于它具有最好的流动性,因为货币本身即是计价单位和交易媒介,不需要经历转换过程就可以交换其他物品。其劣势有二:一是与其他类型的储藏手段相比不生息或者生息较少;二是受通货膨胀的影响较大。

货币的储藏手段职能使货币不仅仅只是交易媒介,还是财富的重要形式,是与股票、债券等金融资产及珠宝、古玩、房产等实物资产等量齐观的资产。如果说,作为交易媒介的货币表现为流量,那么作为储藏手段的货币则表现为存量。人们对存量货币的需求取决于对货币与其他类型金融资产收益和风险的权衡,这是现代货币经济学的重要内容。

货币是否具有财富储藏手段取决于货币计价单位职能的稳定性。如果货币的购买力不断缩水,同样数量的货币经过一段时间后能够买到的物品更少,这样的货币不具有财富储藏手段的职能;如果货币的购买力不断提高,同样数量的货币经过一段时间后能够买到的物品更多,货币本身就在增值,货币甚至会成为财富储藏手段的最佳选择。

然而,货币的财富储藏手段只是货币的派生职能,不是货币的主要职能,不能为了让货币具有更好的财富储藏作用,而损害了更重要的职能——提供计价职能,为经济发展提供良好的货币金融环境。货币购买力不断提高会损害经济发展,货币的财富储藏手段也就失去了意义。

(四) 支付手段[②]

货币的支付手段职能是信用活动派生出来的职能,指的是货物、服务和货币的单方面转移,表现为货物、服务和货币转移的分离,是与赊销、延期支付、预付定金等信用行为有关的职能。货币的支付手段职能是信用发展到一定阶段出现的现象。

随着金融创新的发展,赊销和延期支付通常会选择以商业票据为载体,银行也会参与这一流程,提供支付手段的中介服务,银行承兑汇票就是银行为延期支付提供的信用背书。物品与货币单方面转移尤以商场最为典型,因为商场的经营模式是从生产厂家赊销其产品,产品销售出去才向厂家支付货款,销售不出去就选择退货。商场有能力行使货币的支付手段职能,是因为商场曾经是终端的控制者,厂家要销售产品必须通过商场控制的终端及背后的渠道。对商场模式的颠覆是商业革命和经济发展的一条主线。

债权债务关系也是货币支付手段职能的反映。当债权债务关系确立,债务方获得债权

---

① 金德尔伯格在《西欧金融史》一书中考察了诸多国家货币,得出的结论是:"国家可以安排,但市场才是决定性因素。"参见金德尔伯格:《西欧金融史》,中国金融出版社,2010年,第24页。
② 根据劳动价值论,货币的支付手段源于商品使用价值的让渡与其价值的实现在时间上的分离。商品价值是以货币为中介实现的,货币是价值的代表。在信用货币本位下,货币是符号化的信念,由国家赋予、由市场决定,本身不含有与商品同等的由劳动决定的价值。

方让渡的货币,债权方获得金融资产——表征未来获取本金加上利息的凭证。债权方的本息在未来才可以变现,是资金让渡与回收的分离,本质上也是货币的单方面转移。

三、货币的定义

对货币职能的侧重点不同,货币的定义也不同。货币形态不同,人们对货币的认识也就不同,对货币的定义必然侧重点不同。

(一)基于价值尺度(计价标准)对货币的定义

把货币看作是价值的载体,马克思把货币定义为从商品中分离出来固定地充当一般等价物的特殊商品。货币的主要功能是一般等价物,是衡量其他所有商品价值的特殊商品。货币能成为一般等价物的前提是,货币自身具有价值,能够衡量其他物品的价值,就像尺子可以用来量其他物品的长度。因此,不管充当货币的商品有多么特殊,它必须首先是商品,必须包含无差异的人类劳动。马克思还认为,货币与其他商品交换同样遵循价值规律,等价交换。

在马克思看来,货币首先是价值尺度,然后才能行使交易媒介和价值储藏手段,以及支付手段职能。价值尺度是货币的最本质属性。

凯恩斯也认为货币的首要职能和基本属性是用来计价,他区分了货币和计算货币,认为计算货币是货币的基础。计算货币是"表示债务、物价与一般购买力的货币,这种货币是货币理论中的原始概念"。货币则是"交割后可清付债务契约和价目契约的东西,而且也是储存一般购买力的形式。它的性质是从它与计算货币的关系中得来的,因为债务和价目首先必须用计算货币表示"。

马克思以"价值尺度"作为货币的本质属性与凯恩斯以"计算货币"作为货币的基础属性有异曲同工之处,货币的首要功能是提供某种基准,以作为商品与商品之间价格比较的中介。马克思和凯恩斯尽管都把能够计价当作货币的最基本职能,都没有忽视货币的交易媒介职能,将货币定义成兼具价值尺度(计价标准)与交易媒介二重属性的物品。

(二)基于交易媒介对货币的定义

弗里德曼更看重货币为交易提供媒介的作用。他认为货币的抽象含义非常明确,"货币是人们普遍接受的无论何处都可用以交换商品和服务的东西"。他又特别指出,该抽象概念的实际对应物并不清楚。他明确指出:"可接受性不是指它是一个可用于消费的物品,而是指一种代表了能用于购买其他商品和服务的购买力的临时载体。"弗里德曼极力强调某一种载体之所以被人们接受为货币,只是因为人们相信其他人也会接受这种载体作为货币,货币是作为一种信念而不是具体物品而存在。弗里德曼多次举出法定货币因为恶性通货膨胀而被人们抛弃,其他物品临时充当货币的历史事件,并以此佐证。

米什金承袭弗里德曼的理念,认为"货币是在商品或劳务支付以及债务的偿还中被普遍接受的任何东西"。米什金对货币定义的独特之处是"在商品或劳务支付"之外增加了"债务的偿还"这一用途,不仅仅扩展了货币的应用范围,还揭示了实物货币不具有的债务属性。换言之,当人们欠了某个机构债务,就不得不接受这个机构发行的债务凭证,而当人们都知道其他人也欠这个机构债务,人们就愿意将该机构发行的债务凭证当作货币。在现代社会,由于每个人都承担着纳税的义务,因此都是政府的债务人或潜在债务人,政府的债务凭证就有了偿付能力的来源,形成了以政府债务为基础的货币能被普遍接受的"信念",最终成为人们都愿意接受的货币。

(三) 货币是计价标准和交易媒介的一体两面

基于计价标准定义货币往往兼顾交易媒介,但基于交易媒介定义货币几乎从来不会涉及货币是否具有计价标准的职能。其实,货币的交易媒介职能和计价单位职能是一枚硬币的两个面,是彼此需要、彼此补充的。货币的计价标准职能是其交易媒介职能的基础,如果不具有计价标准的职能,货币也就失去了充当交易媒介的依据;货币的交易媒介职能是计价标准职能的最终依归,如果货币不能充当交易媒介,其计价标准职能也就失去了意义。

四、货币形态与货币职能

实物货币和信用货币的职能不完全一样。

(一) 实物货币的职能

马克思基于实物货币即黄金和白银阐述货币职能。在他的时代,黄金和白银是主要国家的货币本位。作为实物货币,黄金和白银发挥的货币的职能包括价值尺度、流通手段、支付手段和价值储藏手段,集所有职能于一身。在马克思看来,本身具有价值,才能发挥价值尺度的职能。他认为所有实物货币与其他物品进行交换的时候都要遵循价值规律,进行等价交换。

马克思的名言是"货币天然不是金银,金银天然是货币"。因为黄金和白银是金银,具有稀少、耐腐蚀、耐高温、坚硬、易分割、不生锈等特性,因此经过自然选择,最终发展成为货币。

(二) 信用货币的职能

信用货币由于本身并不具有任何价值,它无法充当价值尺度,而只能发挥计价标准的职能。不管货币的计价标准职能稳定与否,它都可以发挥交易媒介的作用。当货币的计价标准职能稳定时,它就具有了支付手段职能和财富储藏手段的职能。

在现实世界中,信用货币因为总量不受控制,其购买力总体上不断贬值,它的计价标准职能从长期看是不稳定的,只部分具有财富储藏手段的职能,其他更有利于保值增值的金融资产——国库券、股票、地产等具有更显著的财富储藏手段职能。

由上所述,信用货币不再具有完全的货币属性,其职能由不同类型的资产分担。就其发挥的职能而言,货币分裂了。

(三) 货币形态与货币两大基本职能的关系

货币的计价标准通常由政府规定,这是政府对其货币币值的一个期望。在金属货币时代,这种期望直接表现为确定铸币的面额及其金属含量。在信用货币时代,政府通常会根据经济规模和交易规模发行货币,由此确定货币的购买力。这两种不同类型的确定方法都能够决定货币的计价标准职能。

然而,一旦货币发行出来并在现实的经济生活中充当交易媒介,它们又成为市场所使用的东西，其计价标准的作用就要由市场来检验，即由其交易媒介的职能来重新定义。

在金本位时代，由于黄金的存量以及每年的开采量都是有限的，只有当经济规模的变化与黄金数量的变化在速率上保持一致的情况下，其计价标准职能才是稳定的。当经济规模扩张的速度大于黄金数量变化的规模，物价会不断下降，其计价标准职能的表现就是货币越来越值钱，这正是19世纪最后20年发生在美国的事情。反之，当经济规模扩张的速度小于黄金数量变化的规模，物价就会不断上升，货币的计价标准职能的表现就是货币越来越不值钱，这正是西方殖民者在新大陆发现金矿和银矿后因金银的大规模输入而发生在16世纪西欧的故事。

弗里德曼还指出第三种导致金属货币计价单位不稳定的情况，即作为货币本位的金属的货币需求会影响其货币价值[1]，也就是说，一旦某一商品具有了货币的属性，这种商品的价格就不只是由其实际的供需关系决定，还会产生一种"溢价"。

信用货币的计价标准职能和交易媒介职能的分离更为严重，因为货币的计价标准职能时刻受到货币当局政策意图的影响，其计价标准处于不断变动之中。这种情况尤其容易发生在恶性通货膨胀时期，货币的计价标准职能会变得极其不稳定。为了减少自己的损失，人们会在获得收入的同时立刻交换商品，交易的极度频繁推升了货币的流通速度，而货币流通速度的推升反过来又影响了货币的计价标准。在极端的情况下，商品的标价无时无刻不在变化。在这种情况下，人们就会寻找其他替代品充当交易媒介[2]。

因此，货币既有一定的垄断性，又有一定的竞争性。这种垄断性和竞争性的二律背反是货币两大基本职能关系的体现，也是理解货币演变的"钥匙"。

第二节 货币制度：内容与演变

货币史同时也是货币制度的演变史。货币形态、货币发行主体以及货币流通规则构成货币制度的主要内容，它们的变化决定了货币制度的演化方向。在货币制度演变的历史中，货币是国家主权的外在反映，抑或是由市场竞争内在决定的产物，这是决定货币制度的根本问题。在历史上，也就是国家货币理论与名目主义之争。

一、国家货币理论与名目主义

（一）国家货币理论

国家货币理论是指货币由国家宣布并由国家指定为官方债务和私人债务的偿付手段。国家以其强制力指定某种物品为货币，规定任何人不得拒绝接受它作为交易的媒介和债务的清算工具，并承诺接受它用于缴付税收的工具。

国家货币理论的核心，是将货币界定为债务。债务对发行者是负债，对持有者则是资

---

[1] 参见米尔顿·弗里德曼：《货币的祸害》，商务印书馆，2006年，第15页。
[2] 一个例子是1918年苏俄革命后造成的通货膨胀，人们的应对措施之一是重新使用旧俄国发行的沙皇卢布。在这里，人们甚至不再使用政府发行的货币充当计价单位的职能，仅在没有选择的情况下使用它作为交易媒介。此时，货币的计价单位和交易媒介职能彻底分离了。

产。然而，货币不是普通的债务凭证，而是每个人都愿意接受的债务凭证，这种债务凭证只能是国家的债务凭证。国家的债务与其他类型债务的最大区别，是国家的债务有税收作为后盾，是层级最高、覆盖面最广的债务。

国家的强制力是国家货币的基础。对于国家货币而言，国家的强制力是指国家具有强制征税的权力。要特别指明的是，国家拥有征税的强制力，并不意味着国家拥有征收任何规模税收的强制力，国家征税的适度性是国家货币稳定性的前提条件，也是对国家强制力的约束。那种认为国家可以依靠暴力机构的属性，依靠一纸法令就可以想征多少税就征多少税，想指定哪种物品充当货币就可以让哪种物品充当货币的看法，是缺少历史视野的，是幼稚的。

归根结底，货币是经济现象，需要服从经济规律，法律层面的强制是必要条件，不是充分条件。由国家确定的货币，固然具有标记(Ticket)或符号(Token)的属性，但不意味着国家可以任意确定或者改变币材和记账单位。

经过数个世纪的演进，西欧大多数国家选择黄金或白银作为币材，而不是其他数量更多、分布更广泛的物品作为货币，表明国家的强制力是有限的、受约束的。一直到1971年，货币才与金银断绝了联系，至今不到50年。

国家也不能随便更改记账单位，王莽篡汉之后推行五铢钱改三铢钱的货币改革很快引致全社会的激烈反对，导致国亡身死的可悲下场。元朝凭借暴力将民间自发产生的纸币"交子"强行变成由国家垄断发行的纸币，造成物价飞涨，是元朝很快灭亡的经济原因。

可见，依靠国家强制力，国家货币被赋予了记账单位的职能，反过来要求国家维系货币记账单位的稳定性，是国家货币对国家行为的约束。

(二) 名目主义

名目主义，又称货币名目论，最初是与货币金属论对立的一个观点。货币金属论认为货币必须是金银，货币的本质要从金银的使用价值探求。货币必须是商品，货币的价值由金银的价值决定。不兑现的纸币是魔鬼。根据货币金属论，一国流通的货币数量由该国拥有的金银决定，要获得金银只能抵制进口、鼓励出口，也就是通常所说的"重商主义"，货币金属论是与重商主义相适应的货币理论。

货币名目论不同之处在于强调货币应该发挥的职能和作用。亚当·斯密提出的"真实票据论"是名目主义的一种代表性学说，只要票据的背后有真实经济活动与之相对应，据此发行的银行券就不会过剩，也不会导致价格失控。货币名目论反对将货币数量与金银挂钩，否定金银数量对货币数量施加制约的合理性，是与反重商主义思潮相适应的。

名目主义是就货币的作用而言的，名目主义关注的不是货币是什么，而是它能用来做什么。名目主义认为，货币是否具有内在的价值不重要，它只要能够充当商品价值的符号，能够充当抽象的记账单位就行，由此可避免货币数量不足制约一国经济发展。

后来，金德尔伯格把名目主义与国家货币理论对立起来。国家货币理论侧重于国家垄断货币发行的必要性，但金德尔伯格则强调货币可检验的工具性——货币应该发挥的作用，货币固然可以由国家规定，却必须接受市场的检验，得到市场的认可。金德尔伯格的总结是："货币是市场用于实现货币目的的工具，……国家可以安排，但市场是决定因素。"[1]

---

[1] 参见金德尔伯格：《西欧金融史》，中国金融出版社，2010年，第24页。

(三) 私人货币

在世界货币史中，国家货币一直是主导性的。私人货币只是零星、偶尔地出现于个别的、特定的历史时期，持续时间短，影响小。我国的私人铸币，在历史上可查的就只是出现于西汉初年汉文帝和汉景帝统治的三十年中，其前与其后都没有再出现过。西欧国家也曾经出现过私人铸币，英格兰银行最初是私人所有的银行，它是在与剑刃银行和东印度公司的生死较量之后，成为英国的中央银行。在大航海时代，荷兰有14家铸币厂竞相发行铸币，后来阿姆斯特丹银行借助国家力量，成为荷兰的中央银行，一统货币铸造市场。在第二国民银行的特许权于1836年到期未得到续期之后，直到1913年之前，美国是没有中央银行的，也属于私人铸币时代，在南北战争期间，美国财政部代行中央银行职责，发行了大量的绿背纸钞，是为战争融资的重要手段[①]。

一个有趣现象是，在西方国家中，凡是经历过私人铸币时代的国家，其中央银行大多行事规范、严谨，货币管理有序，对市场的干扰更小。毋庸置疑的是，英格兰银行和美联储的专业水准在全球是名列前茅的。

真正的私人货币出现在现代，是金本位彻底被信用纸币本位取代，货币失去了价值储藏职能之后出现的现象，是金融工具和金融机构发展的结果。在现代金融体系中，非货币类金融工具的占比越来越高，发挥的作用越来越大，取代了货币成为人们持有财富的主要形式，包括存款、(高等级)债券和股票(蓝筹股)，这些金融工具的主要特征是：(1) 流动性好，变现的成本低、时间少；(2) 有正的收益率；(3) 稳定性好，波动小。这些特征，使它们比货币更适合充当价值储藏的手段。这些金融工具已经在事实上发挥货币的价值储藏职能，是私人货币的代表。

存款、债券和股票等金融工具还是对国家货币的重要补充，对国家货币的稳定发挥着重要作用。这些金融工具，使人们产生了持有货币的需求，有助于稳定货币的购买力；还能够在有创造财富能力但资金短缺者与缺少创造财富能力但资金盈余者之间建立资金融通关系，有助于提升生产效率，增加社会财富，稳定货币的购买力。

如果经济体中缺少稳定的能带来正收益的存款、债券和股票等金融工具，就会出现既缺少买卖金融工具的货币需求，又无法在资金短缺者和资金盈余者之间建立顺畅的融通关系。货币购买力的稳定等同于国家货币的稳定，国家货币稳定取决于国家行为，而国家行为由执政者的个性、能力和偏好决定，是不稳定的。

二、货币是半公共品

货币是具有部分公共品属性的私人物品。

对任何个体，货币都是私人物品，是财富的载体。个体可使用货币交换自己想要的物品，可使用货币作为财富储藏的手段，也可将货币当作应对未来不确定性的工具。某一个体占有特定数量的货币，其他任何个体都不能再占有。可见，货币具有独占性和排他性，这是

[①] 英格兰银行到1844年才在法律层面上成为英国的中央银行，但其实早在1720年南海泡沫破裂之后，它就已经成为事实上的中央银行。相对而言，美国的私人铸币持续的时间最长，从1836年一直持续到1913年。然而，美国在这一段时期并非真正意义的私人铸币，因为要发行纸币，要按照美国财政部设定的美元与黄金的比价向财政部缴纳黄金。严格说来，是政府主导、市场竞争的金本位。

典型的私人物品的属性。

货币又具有某些公共品的属性,某一个体使用货币充当一种物品的计价工具,不排斥其他个体使用货币充当其他物品的计价工具。正因为具有一定的公共品属性,货币可以充当"商业语言"[①],为商业活动充当桥梁。

货币的这一属性,在金银本位下影响有限,因为货币数量内生于金银的数量,金银的数量又内生于经济体的相对竞争力,则货币充当计价工具的职能同样是内生的,是任何个体只能适应而不能单方面决定的。在信用货币本位下,货币的公共品属性影响巨大,因为国家成为货币数量的外生的决定者,货币的计价工具职能不再是内生的,国家拥有单方面改变的能力。显然,私人部门持有的货币的购买力取决于货币的公共品属性——计价工具的稳定性,当国家单方面增加货币数量谋取利益,私人部门持有的货币的购买力就会缩水,财富从私人部门转移到国家。货币的公共品属性,在信用货币本位下,是货币的"阿喀琉斯之踵"。

随着金融系统的发展,货币的层次不再局限于现钞,存款是数量更大的货币。当资金盈余者(存款人)将闲置资金存放在银行,存款人对存款的独占权并不妨碍银行将该笔存款发放给资金短缺者(借款人),而银行的放贷通常也不会影响存款人支配自己存款的自由。这是一种更弱的公共品属性,是银行体系独有的。

三、货币制度:内容与演进

货币制度是国家对货币的有关要素、货币流通的组织与管理等加以规定所形成的制度和规范,是国家法律规定的货币流通的规则、结构和组织机构体系的总称。

货币制度是国家垄断货币铸造、发行和流通事务的产物。一方面,国家要垄断与货币相关的事务,必然要制定相关的法律和条令,详细界定、规范具体事宜,使货币铸造、发行和流通有法可依。另一方面,国家垄断货币相关的事务,就担负着维系稳定货币购买力、稳定货币体系的义务,这又需要约束国家的行为,形成国家对货币事务有制约的、有效率的垄断,而不是无条件的、无效率的垄断。

货币制度是历史的演进过程,是随着国家对货币认识的深化而逐渐调整的过程。在不同的本位制度下,货币制度的内容和侧重点也有所不同。

(一) 货币制度的内容

货币制度包括如下六个方面的内容。

1. 规定货币材料

规定不同的货币材料就形成不同的货币制度。当国家规定黄金为铸造货币的材料时,就是金本位;当国家规定白银为铸造货币的材料时,就是银本位;当国家规定黄金和白银都可以用来铸造货币时,就是金银复本位。

1971年8月15日,美国切断了黄金与美元之间的汇兑关系之后,金银不再是铸造货币的材料,也不再充当发行货币的准备,世界经济进入信用货币制度。在金银铸币时代,金银数量对货币发行和流通数量形成有效的制约,对稳定货币数量发挥了关键作用。在信用货

[①] 金德尔伯格:《西欧金融史》,中国金融出版社,2010年,第22页。

币本位下,货币数量缺少像金银数量那样的硬性约束,货币数量膨胀从而货币购买力不断缩水成为信用货币的软肋。国家建立法律和制度,代替金银数量规范货币事务。相对于金银数量,法律和制度属于软约束,货币数量的稳定性取决于法律和制度的有效性。

2. 规定货币单位

货币单位是货币自身的单位,是用于衡量其他物品价值的尺度。货币单位包括:(1)规定货币单位的名称;(2)规定货币单位的值。货币单位的名称,英国称之为英镑,美国称之为美元,中国称之为人民币。货币单位的值是每种货币单位的数量关系,在金银本位下直接规定每单位货币包含的金银的重量和成色。

在金银本位下,由于每种货币的含金量保持不变,物品的价格取决于物品数量与金银数量的相对变化,则物品价格变化的幅度很大、频率很快,反映金银数量与物品数量的相对关系。

在信用货币本位下,货币不再代表金属含量,货币数量由中央银行决定,尽管物品价格同样取决于货币数量与物品数量的相对关系,但货币数量的弹性比物品数量的弹性更大,物品价格变动的方式和幅度都发生了根本性变化。

3. 规定流通中货币的种类

规定流通中货币的种类主要指规定主币和辅币,主币是一国的基本通货和法定价格标准,辅币是主币的等分,是小面额货币,主要用于小额交易支付。

货币单位的种类,英国分为英镑、先令和便士,美国分为元、Quarter 和分,中国分为元、角和分。货币单位的值是每种货币单位的数量关系,在金银本位下直接规定每单位货币包含的金银的重量和成色。

以英镑为例,牛顿将英镑与黄金的关系设定为 1 盎司黄金兑换 3 英镑 17 先令 10.5 便士,这就确定了英镑的含金量;同时,设定 1 英镑=20 先令,1 先令=12 便士,这就设定了先令和便士的含金量。

4. 规定支付、偿还能力

货币法定支付偿还能力分为无限法偿和有限法偿。无限法偿指不论用于何种支付,不论支付数额有多大,对方均不得拒绝接受;有限法偿即在一次支付中有法定支付限额的限制,若超过限额,对方可以拒绝接受。

在通常情况下,国家都会规定其铸造、发行的货币具有支付货款、清算债务和缴纳税收的能力,这些能力是法律赋予的,是任何人都不容拒绝的。国家通常还会规定主币具有无限法偿能力,即不得拒绝接受主币作为清偿工具,但会限制辅币的清偿能力,为其使用设定一个限额,交易对方拥有接受与否的选择权。

5. 规定货币铸造发行的流通程序

货币铸造发行的流通程序主要分为金属货币的自由铸造与限制铸造、货币的分散发行与集中垄断发行。

自由铸造,指公民有权用国家规定的货币材料,按照国家规定的货币单位在国家造币厂铸造铸币,一般而言,主币可以自由铸造。限制铸造,指只能由国家铸造,辅币为限制铸造。

货币分散发行,指各商业银行可以其准备向财政部购买发行权,自主发行货币,早期的银行券是分散发行的,是金银本位下的独特现象,广泛分布于英美等国。在信用货币本位下,货币的发行权都集中于中央银行或中央银行指定的机构。比如,中国人民银行垄断人民币发行,但美联储没有发行货币的权力,只能指定某一家联储行发行美元。

6. 规定货币发行准备制度

货币发行准备制度是为约束货币发行规模,维护货币信用而制定的,要求货币发行者在发行货币时必须以金银或资产作为发行准备。

在金属货币制度下,货币发行以法律规定的金银作为发行准备。在现代信用货币制度下,各国货币发行准备制度的内容比较复杂,一般包括现金准备和证券准备两大类。港币的发行,就属于现金准备;美元的发行,属于证券准备;欧元的发行,既有现金准备,也有证券准备,但必须是欧洲中央银行认可的非本国政府发行的证券。

(二) 货币制度的演进

货币制度随着货币形态的变化而演进,是货币形态变化的结果。当国家尚未介入货币的发行和流通时,何种物品充当货币是人们的自然选择,处于约定俗成的非正式规则和非正式制度的状态,谈不上货币制度。在商品充当货币的历史阶段,比如盐充当货币时,国家(城邦)无法对盐这种物品进行标准化,无法建立货币铸造、发行和流通的规则,货币是民间自主选择的结果。

货币制度是从金银(主要是黄金和白银)充当货币,国家逐步介入货币从铸造、发行到流通、回收过程之后逐步建立起来的。由于冶炼的难度,白银比黄金更早充当货币。

1. 银本位

白银能够先于黄金充当货币,是因为白银的储量更丰富,白银的冶炼更容易。银本位包括银块本位和银币本位两种形式。银块本位就是白银以某种数量参与流通,比如银元宝。银币本位是将白银按照特定的规格铸造成银币,直接参与流通,意大利、墨西哥、西班牙、法国、英国等都曾选择银币本位。国家的作用,是确定铸币税,大多数时候直接垄断货币铸造业务,垄断铸币税收入。

银本位持续的时间非常长,从15世纪一直持续到19世纪末。在许多国家,金本位取代银本位之后,白银的影响依然很大,回归银本位的呼声很高。

2. 金本位

黄金的购买力过于巨大,在很长一段历史时期内,黄金主要在大额交易中充当货币,日常交易中则甚少使用。黄金是对白银的补充。到18世纪初期,黄金开始取代白银。然而,金本位能最终确立完全是误打误撞的结果。

18世纪初,英国深受金银复本位之苦,黄金和白银比价的频繁波动使英国经济不堪其扰。牛顿受命计算黄金/白银的均衡价格,其意图是鼓励英国人更多地使用白银充当货币。1700年前后,英国的黄金与白银的比价最低在1:15.2,彼时欧洲大陆最高为1:15,导致白银大量流出、黄金大量流入。到1717年,牛顿已经认识到英国重建银本位的尝试失败了,只能转而采用黄金作为货币。他在英镑与黄金之间建立起确定的比价关系，1盎司黄金兑换3英镑17先令10.5便士，建立了事实上的金本位。百年之后，1816年英国以法令的形式正式确立了金本位，此后，法国、德国、美国和日本等国家陆续确立了金本位。

金本位是比银本位更成熟的货币制度。首先，金本位是国家力量和市场选择共同作用的结果。银本位主要是市场的自发选择，彼时国家对货币事务的认识处于萌芽阶段，以垄断铸造为主。金本位的建立则复杂得多，是黄金进入货币流通干扰了白银的计价职能之后，国家干预的结果。金本位能够最终确立，国家干预顺应了市场的选择是重要原因。其次，货币制度与国家财政之间资金融通的通道开始建立并逐步完善。这种关系由英格兰银行开创并发扬光大。1694年英格兰银行以向英国政府贷款为条件获得了发行120万英镑银行券的特许权，从此就在货币发行和国债融资之间建立起通道。最初，这种关系仅仅是为了应对国债的兑付危机。1720年南海泡沫之后，英格兰银行以拯救之名行消灭竞争对手之实，确立了英格兰银行的主导性地位。英格兰银行开辟了将货币发行与国债结合在一起的经营模式，使国债成为货币发行的准备金，国家成为货币制度的主导性力量。再次，可兑付性是金本位稳定运行的关键，除战争年份之外，各国都坚守可兑付性。可兑付是硬约束，人们持有的货币都能按照既定的官方汇率兑换为黄金，负责货币发行的中央银行就不能随意地、无限制地发行货币、创造信用，否则会破坏本国货币的兑付能力。金本位能够维持200年是不折不扣的奇迹，而可兑付性是这一奇迹的保障。

金本位包括金币本位、金块本位和金汇兑本位。金币本位，是将黄金按照一定的规格和样式铸造成金币参与市场流通，发挥计价手段和交易媒介作用的货币制度；金块本位，是指黄金不再直接参与流通，而是以黄金作为准备发行代金券（银行券），代金券代替黄金参与流通，代金券与黄金之间的兑付需要满足最低数量的要求（比如，英格兰银行规定400英镑之上才能兑换黄金）的货币制度；金汇兑本位是一种特殊的金本位，是二战之后美国在世界经济和金融体系中超然地位的反映，是美元与黄金挂钩，其他货币与美元挂钩，但不与黄金挂钩的货币制度。

第一次世界大战爆发，各国不约而同地放弃了金本位，战后尽管有反复，金本位事实上已经崩溃，到第二次世界大战结束之后，在美国的主导之下，建立了金汇兑本位的布雷顿森林体系，但这只不过是金本位借尸还魂而已。到1971年，金汇兑本位也无法坚持下去，金本位寿终正寝，不复存在。

金本位崩溃的根本原因是其内在的缺陷，黄金数量和生产能力都能够影响价格。长期来看，其价格总体上是下跌的，这是克服黄金不足的唯一方向。在短期内，黄金数量的脉冲式增加使经济经常性地陷入快速扩张和急剧下跌的周期性循环，这极大地影响了经济稳定和劳动大众的就业。罗斯福上任之后的第一件事，就是使美元贬值，给予金本位致命一击。

3. 金银复本位

金银复本位是黄金和白银同时充当货币的货币制度。在历史上，金银复本位并不是从银本位向金本位演化之间的货币制度，因为黄金和白银一样一直是世界各个国家都认可的，黄金一直都发挥货币的作用。只是因为黄金的价值太大，它通常应用于大额交易和国际贸易，日常的非大额交易用白银甚至铜作为货币。

多种金属同时充当货币是正常情况。价值低的交易用便宜的金属，比如粮食和饮料交易，价值高的交易用更贵的金属，比如房子或土地交易。货币的交易媒介职能允许多种金属并存,但计价手段职能不允许。任何一种物品用不同的金属计价,不管黄金、白银还是青铜都应该是一致的,除非金银的比价固定不变,否则金银比价的波动就会制造套利空间,造成资源错配,扰乱经济秩序。

人们一度认为,铸币厂制定的金银之间的比价具有内在的稳定机制,引导金银的市场价格趋向于铸币厂制定的价格。稳定机制的原理是:当金银的市场价格偏离铸币厂制定的价格时,人们就会买入市场价格更低的金银,卖给铸币厂套利,市场上对价格更低的金银的需求就会增加,价格会回升到与铸币厂价格一致为止。

然而,货币史发生的事件表明,铸币厂价格稳定机制并不成立,市场价格决定铸币厂价格,而不是相反。造成这种局面的关键是金银的跨国流动。当一国铸币厂规定的金银比价与市场价格出现偏差,市场价格更便宜的金银就会流入该国,兑换该国定价被低估的金银,低估的金银流出,高估的金银占领市场,这就是"劣币驱逐良币法则",又称为"格雷欣法则"。金德尔伯格认为,劣币驱逐良币本质上是一价定律发挥作用的结果。

4. 信用货币本位:纸币的逆袭

从1971年8月15日美国总统尼克松切断了黄金与美元之间的联系之后,黄金就不再是货币发行的准备,货币与金银实现了不彻底的脱钩,尽管黄金和白银依然有一部分货币属性,却并不再具有完全的货币属性。总体而言,世界经济进入信用纸币主导的时代。

信用纸币取代金银货币是一个渐进的历史进程,第一次世界大战拉开了金银本位消亡的序幕,1971年8月15日正式结束了这一进程,是金银货币消亡进程的最终落幕。

信用纸币的兴起,是为了解除"黄金十字架"对经济形成的羁绊。在金银本位下,货币的内在价值由金银决定,是固定不变的。以金银含量表示的货币,其购买力用金银表示不变,与货币购买力的稳定并不对等。货币购买力稳定,是指在两个不同时点,货币能够购买物品的数量基本相等。在金银本位下,货币的购买力取决于两方面的力量:黄金数量的增长和生产效率的改善。两者增长速度相同,则货币购买力保持稳定;两者增长速度不同,则货币购买力或升或降,不再稳定。当黄金数量赶不上劳动生产率改善,货币购买力大幅升值造成的后果便是经济剧烈下滑,甚至经济危机,这会消除劳动生产率改善与黄金数量增长之间的剪刀差,以毁灭财富的方式在低位实现再平衡。

这种极为惨烈、低效的调整方式,是金银本位下必然出现的现象。经济下滑和经济危机造成的后果是各种价格暴跌,人们的收入普遍地、系统性地下降,造成工厂关门倒闭、小工厂主自杀,大资本家兼并、资本更趋集中,工人收入下滑甚至失业、无力养家、流落街头,阶级对抗愈演愈烈,资本和劳动的对抗使社会被周期性撕裂。每一次经济危机,都要耗费大量资源和时间才能修复。

信用纸币本位的优点是货币供应的弹性。不管劳动生产率改善的速度有多快,弹性的货币供应总能够使货币数量始终与劳动生产率保持一致,不会因货币量不足强行拉低劳动生产率,只会出现因劳动生产率增长速度赶不上货币供应增长而导致经济波动的情况,不再会出现强行毁灭财富创造速度,在低位实现再平衡的调整方式。

信用纸币本位的缺点也来自于货币供应的弹性。货币供应弹性是不负责任的政府掠夺其民众财富的最便捷的工具。最不发达国家经济之所以长期处于最不发达之列,与其缺少良好的货币治理密不可分。有不少曾经历过快速增长甚至已经进入中等发达序列的国家,也因为不负责任的货币治理而再次陨落,委内瑞拉、土耳其都逃不脱货币治理不利造成的恶性通货膨胀和经济崩溃。

(三)货币制度演进的逻辑

如果只是发挥交易媒介职能,多种物品同时充当货币并无不妥。然而,要实现货币的交易媒介职能,就要实现商品换手和货币换手,要付出相应的运输成本。如果要发挥计价手段职能,多种物品同时充当货币就会造成困扰,除非货币物品的比价固定不变,否则混乱的价格体系会干扰正常的生产和交易。货币制度的演进,本质上是探寻成本最小的计价手段的历史。

实用性商品充当货币被金银货币——黄金和白银取代,是因为金银的数量更少、性质更稳定、更容易判断其真伪和质量,由金银充当货币,币值更稳定,确定金银的数量和质量的成本更低,可以有效地降低确定货币真伪的交易成本。白银先于黄金充当货币,因为贸易发展初期的规模小,产品的内在价值普遍较低,白银充当货币的运输成本可以接受,同时黄金的价值太高,即使黄金具有良好的可分割性也无法满足交易的需要。

从18世纪开始,白银逐步被黄金取代,银本位向金本位演进,这是因为:(1)提炼银的技术实现了巨大进步,白银数量增长速度快于经济规模增长速度,以白银作为货币本位无法稳定物价;(2)工业革命使贸易规模出现了数量级的增长,使用白银作为交易媒介,运输成本过于高昂;(3)经过银本位和金银复本位的洗礼,主要大国习惯了发行银行券——银本位下的代银券和金本位下的代金券,代替金银参与流通。在金本位下,银行券的发行和管理进化得非常成熟,通过建立主币和辅币的货币秩序,能够满足多种层次货币交易的需求。在金本位下,国际贸易需要黄金的跨国运输,以白银作为本位货币的运输成本过于高昂,不再适宜。

金本位向纸币本位的演进,因为黄金货币具有抑制经济快速增长的负面作用,由于黄金数量无法跟上世界经济总量扩张的速度,加上民本运动兴起,民众不再愿意承担经济衰退,包括失业和工资下降的后果,维系金本位制度稳定的价格调整特别是向下调整是不可接受的,金本位失去了存续的制度基础。在布雷顿森林体系下,黄金货币抑制经济增长的作用大部分施加于美国之上,造成美国经济增速落后于大部分欧日国家,但却要承担维系金本位的义务,最终导致美元与黄金之间的固定比价不再具有可持续性,最终主动选择美元与黄金脱钩,金本位不复存在。

信用纸币本位能规避金本位的一些制度性缺陷,同时却也将金本位具有优势的制度设计一同抛弃了,是完全不同于金本位的货币制度:(1)信用纸币的公共属性更大,货币购买力由国家(货币当局)决定。不同的国家,货币购买力差异巨大,货币购买力的变化幅度同样巨大,很多国家的国民几乎没有任何能力决定货币购买力。(2)货币发行与金本位差异巨大。在金本位制度下,国家财政已经成为货币发行的基础,但黄金依然具有不容替代的作用,是货币发行的基础和准备。在信用纸币本位下,货币发行完全基于国家财政,货币的表现是国家信用的反映。(3)国家不只是货币发行的决定因素,还深度参与货币和金融管理。货币政策成为决定甚至主导经济发展的最重要因素,金融稳定与就业稳定、物价稳定取得了同等重要的地位。(4)物价稳定被赋予真实的内容。物价稳定是指保持一般物价水平基本平稳,不发生大幅波动。一般物价的对应就是货币购买力,物价稳定必然意味着货币购买力保持基本稳定,即不允许大幅上涨,更不允许大幅下降,纸币供给的完全弹性能够确保物价不会大幅下降,这是金本位制度不能实现的。

第三节 从交易成本的角度认识货币

稀缺、有价值、易分割、稳定,这些是经济学家普遍认为货币应该具备的属性。除了这些因素之外,阿尔钦从物品属性和认知难易的角度分析货币应该具备的必要特征。

一、基本的分析框架[①]

阿尔钦的分析框架中,有四种产品:钻石(Diamond,D)、原油(Oil,O)、谷物(Wheat,W)和货币(Cash,C),两种交易者,即普通交易者(Novice,N)和专家交易者(Expert,E)。阿尔钦定义专家交易者为"能以较低的成本分辨、鉴定某一商品属性(质量)的人"。

阿尔钦假定这四种产品属性的复杂程度不同,认知难度也不同,交易双方对产品的认知及其价值的评估存在的差异也不同,在模型中表现为交易者能够准确判断其真假(价值)的概率,交易之后的剩余是交易双方判断概率的乘积。交易完成后剩余的价值以及不同交易者完成后的价值参见表 1-1。

表 1-1 交易之后的剩余净值矩阵

交易之后的剩余净值	普通交易者(N)				专家交易者(E)			
	D 0.20	O 0.40	W 0.60	C 0.95	D 0.85	O 0.90	W 0.95	C 0.99
普通交易者(N)								
D 0.20	0.04	0.08	0.12	0.19	0.85	0.18	0.19	0.20
O 0.40	0.08	0.16	0.24	0.38	0.34	0.90	0.38	0.40
W 0.60	0.12	0.24	0.36	0.57	0.51	0.54	0.95	0.59
C 0.95	0.19	0.38	0.57	0.90	0.81	0.86	0.90	0.99
专家交易者(E)								
D 0.85	0.85	0.34	0.51	0.81	1.00	1.00	1.00	1.00
O 0.90	0.18	0.90	0.54	0.86	1.00	1.00	1.00	1.00
W 0.95	0.19	0.38	0.95	0.90	1.00	1.00	1.00	1.00
C 0.99	0.20	0.40	0.59	0.99	1.00	1.00	1.00	1.00

Diamond 的认知难度最大,其交易成本最高(N 认知准确的概率是 20%、E 为 85%,下同);Oil 的认知难度次之,交易成本也次之(N 为 40%、E 为 90%);Wheat 的认知难度又次之,交易成本同样又次之(N 为 60%、E 为 95%),Cash 的认知难度最小,交易成本最低(N 为 95%、E 为 99%)。

两个普通交易者对一件物品的交易,价值的剩余为其准确认知概率的乘积,以 Diamond 为例,普通交易者准确认知的概率都是 20%,则他们交易完成后的剩余净值占其真实价值的比例为 $0.2 \times 0.2 = 0.04$。

[①] Alchian A., Why Money? *Journal of Money, Credit and Banking.* Vol(9), Feb, 1977, pp.133-140.

专家交易者参与的交易,剩余净值的计算原则为:(1)某一具体物品的普通交易者与该物品的专家交易者进行交易,剩余净值由专家交易者准确判断的概率决定。在表 1-1 专家交易者与普通交易者的交易矩阵中,对角线的剩余与专家交易者准确判断的概率相同,如 D 的普通交易者与 D 的专家交易者交易后,剩余净值为 0.85,是专家交易者准确判断的概率,其他物品相同。(2)非同种物品的专家交易者和普通交易者交易,剩余的计算同样是概率的乘积。如 D 的专家交易者与 O 的普通交易者交易,剩余为 $0.85 \times 0.4 = 0.34$。(3)专家交易者与专家交易者之间的交易,不损失任何价值,剩余净值为 1。

二、交易路径的比较

在这种假定下,阿尔钦分析了 Diamond 的普通交易者要交换 Wheat 的交易,一共有 6 种路径,交易完成后的剩余净值,结果如下:

(1)两个普通交易者,Diamond 直接与 Wheat 交易,交叉处显示交易完成后的净值为 $0.12(0.2 \times 0.6)$。

(2)三个普通交易者,Diamond 的普通交易者先与 Oil 的普通交易者交换,再用获得的 Oil 与 Wheat 的普通交易者交换,Oil 发挥交易媒介的作用,交易完成后价值的剩余净值为 $0.0196(0.2 \times 0.4 \times 0.4 \times 0.6)$。Oil 参与了两次交易,其认知概率就要乘以两次,即增加了交易环节就增加了认知环节,就会造成价值损失。

(3)与第二步类似,同样是三个普通交易者,但交易媒介由 Oil 换成 Cash。交易后的净值为 $0.108(0.2 \times 0.95 \times 0.95 \times 0.6)$。Cash 参与了两次交易,认知概率同样要乘以两次,由于 Cash 的认知概率要高于 Oil 的认知概率,其损失的价值要小得多,然而由于认知概率总是小于 1,则即使以货币作为中介,只要增加交易环节,就会出现价值的损失,则交易完成后的净值必然小于直接交易。

可见,使用货币作为交易媒介,因为存在认知成本,并不能够降低交易成本,货币便利交易的作用并非发生在交易环节,这是对传统货币理论的颠覆。

(4)从第四步开始引入专家交易者。Diamond 的普通交易者与 Wheat 的专家交易者进行交易,交易完成后的净价值为 $0.19(0.2 \times 0.95)$。显然,增加专家交易者之后,交易的剩余净值大于两个普通交易者的交易剩余净值(0.12),专家交易者的确有助于提高交易的剩余净值。

(5)在第四条路径中增加 Cash 的交易,Cash 的普通交易者,交易后的净价值为 0.1715 $(0.2 \times 0.95 \times 0.95 \times 0.95)$。中间两个 0.95 是货币参与交易的剩余净值,最后一个 0.95 是 Wheat 的普通交易者与专家交易者交易的剩余净值。与第四步相比增加了一道交易环节,就多乘了 0.95,价值的剩余必然减少。

第五步再一次显示,增加货币作为交易媒介,并不会减少交易成本,依然会因为认知环节增加而造成剩余净值损失。

(6)从第四步到第五步,增加一个专家交易者之后,剩余净值得到提高,这一变化的启发是,增加两个专家交易者,是否会使剩余净值更大?

普通交易者将其 Diamond 与其专家交易者交易,剩余净值为 0.85(对角线上的数值),然后用获得的货币与 Wheat 的专家交易者进行交易,交易后的剩余净值为 $0.767(0.85 \times 0.95 \times 0.95)$。此交易之后的剩余净值远大于普通交易者的交易剩余净值。

三、结论

(一) 在交易过程中引入货币并不能节约交易成本

在阿尔钦的模型中,增加一道交易环节,就增加了两次判断、甄别和鉴定物品质量的程序,认知概率会使价值的剩余净值变小,降低剩余净值。货币的交易媒介职能无法改善交易的剩余净值,不是节约交易成本的原因。

(二) 真正提高剩余净值的是专家交易者

专家交易者的认知概率更高,在甄别和鉴定过程中对物品造成的损失更小。当普通交易者认可专家交易者,专家交易者的认知概率就是交易之后的剩余净值,不再由两个交易者的认知概率相乘得到剩余净值,这极大地提高了剩余净值。

(三) 物品的认知难度差异极大,认知难度大的物品不能充当货币

专家交易者的确能够提升交易的剩余净值。然而,搜寻专家本身就是一个问题,同样存在认知概率;即使能确定谁是专家,专家提供专业服务需要收取不菲的费用。货币是每个人每一天都需要使用的物品,依靠专家甄别货币的时间成本和信息成本过于高昂,是行不通的。

既然不能依靠专家解决这个问题,就要从改善货币的可认知性入手。当货币可认知的难度降低到一定程度,人人都有能力甄别和鉴定,就不再需要耗费时间和资源用于甄别货币的真假和质量,交易的剩余净值自然会得到提高。

(四) 可认知性高是货币的重要属性

可认知性高是货币的重要属性,不可或缺。不管是黄金、白银还是青铜,能够充当货币的物品,一个重要属性是容易甄别,具有良好的可认知性。

可认知性是指在物品的基本性能不被破坏的前提下判断该物品真伪和质量的难度与概率。可认知性高的物品,判断其真伪和质量的难度低、概率高。

货币的可认知性,随着充当货币物品的变化而变化。商品货币、金银货币和信用纸币各有其独特的可认知性。

随着货币职能被其他类型金融资产分担,货币的可认知性必然会延伸到其他类型金融资产。反之,若其他类型金融资产不具有应该具有的可认知性,就会造成认知困境,而认知困境又会反作用于金融资产。金融资产的可认知性可以称为金融资产的货币属性。

第四节 信用货币制度的特征和困境:基于认知视角

信用货币制度已经取代金银货币制度,成为主要国家的货币制度,纸币代替了黄金、白银等金银成为主导性流通货币。经过近半个世纪的实验,纸币并没有出现历史上一贯出现的现象——政府无度地滥发货币,造成极其恶劣的通货膨胀,在极短的时间内失败并退出流

通,重新被金银货币取代。

在发达国家,尽管在推行纸币制度的早期一度曾造成比较严重的通货膨胀,然而,从1982年到2007年金融危机爆发为止,发达国家进入了罕见的物价稳定和产出扩张时期,被称为"大温和"(the Great Moderation),2008年金融危机是"大温和"的休止符。

信用货币本位与金银本位类似,有优势,也有劣势。

一、信用货币的特性:无限供给

根据阿尔钦对货币的分析,选择哪种物品充当货币,除了要考虑数量(可得性)和化学性状(稳定性)之外,最重要的是交易成本,甄别该物品的真假、属性和质量需要的知识。钻石之所以无法充当货币,除了其存量少,满足不了对货币的需求之外,也是因为要准确判断钻石的真伪和等级需要复杂得多的知识、经验和其他素养,甚至即便通过学习,也不是人人都能够掌握的。黄金和白银之所以最终发展成为货币,除了可得性和稳定性之外,甄别其真伪、属性和质量的方法比较成熟,大部分人都有能力学会。金银本位的问题是,有限的金银数量成为经济发展的制约,金银数量的增速和产出的增速失衡导致周期性的通胀与通缩,极大地影响了经济稳定。

信用货币的供给不再受制于金银数量,信用货币的供给量可以是无穷大,能够满足任何幅度的经济扩张对货币的需求。并且,甄别真币和假币需要的知识远较金银简单,需要付出的认知成本不高。加之大部分货币是银行存款,现钞只是货币很小的一部分,银行存款的甄别更简单,认知成本更低。显而易见,信用货币的认知不在于甄别其真假,其质量的均等化比黄金白银更好,也不在于甄别其质量等级。

信用货币是中央银行发行的,是国家的负债,其数量增减是国家意志的反映。国家发行多少货币,以什么样的方式发行,采取何种程序发行,都会对经济、对不同人群产生实在的、不同的影响。国家发行货币的方式和程序,其影响类似于以黄金对国家货币的定价,牛顿将英镑定在1盎司黄金兑换3英镑17先令10.5便士,这个数值能够持续300年而不变,可见其定价的准确性和远见。美元在19世纪末期定在1盎司黄金兑换20.78美元,持续不足40年就因大萧条而不得不贬值到1盎司黄金兑换35美元。两相比较,定价的重要性可见一斑。

中央银行是决定货币数量的最重要力量。由于信用货币没有受到金银的制约,中央银行具有无限创造货币的能力。与金本位下中央银行的主要职责是维系货币与黄金的可兑换性不同,信用货币本位下中央银行的主要职责是维系物价稳定和就业稳定。然而,中央银行新印制出来的货币可用于购买物品,是为政府融资的重要渠道;依据人们对货币与其他形式财富的关系,可以人为地创造货币需求,阻止经济陷入衰退;大多数国家难以拒绝超额发行货币的诱惑,这会造成恶性通货膨胀,不但无法实现物价稳定的目标,也无法实现就业稳定的目标。

要实现物价稳定和就业稳定的目标,中央银行须建立货币发行和管理的法规,包括中央银行的法律地位、中央银行与金融机构之间的关系、货币发行规则和程序,以及货币当局建立的货币管理的目标和工具等政策体系,严格依法照章发行和管理货币。严密的法律和法规以及货币当局建立的科学的货币政策体系框架是实现货币稳定、物价和就业稳定的制度基础。

法律、法规及货币政策体系框架的可信性,即是否能够得到不折不扣的执行是信用货币的可认知性的根源。正如金本位下的货币可以兑换成黄金一样,信用货币本位下的货币有章可循、有据可依,是保持币值稳定、取信于市场的约束条件。

信用货币的可认知性,本质上是货币发行和管理规则、货币政策框架体系是否具有可认知性,是中央银行的行为是否具有可认知性。

二、信用货币的稳定性:市场和国家博弈

在信用货币本位下,即使国家以币值稳定为导向实施货币管理,币值能否稳定依然是个问题。金融体系、货币流通速度以及人们对货币的偏好程度等都不是政府能够控制的因素,都会影响币值稳定。

信用货币的货币职能完全源于人们的共同信念,是人们坚信自己持有的货币也是他人愿意接受的信念,该信念的强度取决于货币的购买力在转手过程中的稳定性。若换手之后,稳定性没有变化,这种共同信念会得以强化;反之,就会被弱化。

尽管货币的共同信念弱化不会改变法币地位,不会马上影响其货币职能,但却会影响人们的选择和行为。如果货币购买力贬值,人们就会产生将持有的货币尽快转换为其他类型资产的倾向,只是将货币当作交易媒介以及短期的计价手段,而不愿意将货币作为财富的储藏形式持有,即货币失去了长期的计价手段职能。当货币具有稳定购买力的共同信念被货币贬值的共同信念代替,货币流通速度就会加快,货币数量增加导致的货币贬值的幅度就会加大,导致货币更快和更大幅度的贬值,这又会使货币流通速度变得更快,最终演变成恶性通货膨胀,导致货币体系陷入混乱。

信用货币购买力的稳定性取决于公众的共同信念,共同信念依赖于货币的真实表现,货币的真实表现又依赖于国家管理货币的理念和规则。国家可以公开宣称自己遵从何种理念,但能否被市场认可最终取决于能否保持货币购买力稳定。

货币管理的难点在于,即使国家的确推行稳定物价和稳定就业的货币政策,即使因为判断错误导致购买力贬值,也会引发公众对国家货币管理理念和政策倾向的猜测,猜测货币政策目标是否调整,猜测未来货币购买力是否还会保持稳定,猜测货币政策的变动会带来什么样的经济后果,然后依据猜测调整经济行为,反过来影响货币政策的效力。

因此,信用货币的稳定性是在国家主导下由国家与市场的博弈决定的。

三、信用货币的稳定性:三个层次

由于货币稳定与否取决于国家与市场的博弈,则信用货币的稳定性可以划分为三个层次。

(一) *法律和理念层面的稳定性*

法律和理念层面的稳定性,指的是国家通过立法,明确货币管理和货币政策的基本导向是维护货币购买力稳定。在金银本位下,国家直接规定货币的金银含量,用金银这些实际物品赋予货币实在的价值。信用货币无法从实际物品寻求支撑,就必须转而寻求法律和理念层面的支撑,法律必须是可执行的、具有强制力的,才会形成国家管理的货币可信的共同信念。

货币管理方面的法律通常是由立法机关制定的。《中华人民共和国中国人民银行法》是

全国人大制定的法律,《美联储法》是美国国会制定的,英国缺少针对英格兰银行的立法,但却在历史的演进过程中形成了一套约定俗成的习惯。这些法律赋予中央银行权力和地位,也约定中央银行应负的义务和责任。一般而言,中央银行被赋予的独立性是衡量法律和理念层面稳定性的关键指标。

(二) 货币政策执行层面的稳定性

法律层面的稳定性是国家权力机关赋予的,但由于货币管理具有高度专业性,货币购买力稳定能否实现,取决于货币政策执行层面的规则、体系、工具等,有时候甚至取决于中央银行行长的个人水平。

中央银行在执行层面能否实现稳定性,取决于中央银行认识经济的能力、决策机制和工具手段。准确认识经济所处的阶段,以及经济表现隐含的经济形势,是实现稳定的前提;准确认识只是实现稳定的前提条件,决策机制的有效性是实现稳定的制度保障;准确认识、正确决策之后,还取决于能否选择恰当的时机、选择合适的工具和手段。

比较1929年大危机和2008年大危机,美联储的表现大相径庭,最根本的原因,经过80年的政策实践,2008年美联储的认识能力、决策机制和工具手段都不是1929年的美联储能够媲美的。

(三) 货币购买力的现实稳定性

共同信念是信用货币的支柱,而共同信念建立在公众对货币现实表现的观察和体验上,因此人们对货币的共同信念取决于货币购买力是否稳定,在出现波动的状况下能否很快恢复稳定。如果在现实中的货币表现是稳定的,或者能够很快恢复稳定,公众就能形成中央银行不但以维系货币购买力稳定为目标导向,而且有能力实现货币购买力稳定;如果现实的货币表现不稳定,即使公众相信中央银行的目标是维系货币购买力稳定,也不会相信货币购买力真的能够实现稳定,会根据货币的现实表现预期货币未来的走向,并且采取相应的应对措施。

公众的做法是理性的,也是合理的。政府不能强迫公众相信自己想做什么,而只能接受公众符合逻辑和认知规律的判断,即只能依据货币购买力在现实经济中是否稳定判断中央银行的政策导向和执行能力。因为中央银行宣称其货币政策目标是以购买力稳定为导向,但中央银行的政策宣言是否是其真实意图的反映? 或者只是为了欺骗公众,以收到出其不意的效果? 公众对此很难判断。

公众能够相信的,只能是其亲身体验的,是亲眼见到的货币的真实表现。即使中央银行的确以货币购买力稳定为目标,不管受到何种因素影响,只要没能实现货币购买力稳定,信用货币就不具备稳定性。

因此,信用货币的稳定性不只取决于中央银行说什么,还取决于中央银行做什么,更取决于中央银行能够做到什么。

四、货币政策的科学性

科学,指的是通过特定方法观察、研究自然现象,揭示自然真相,并归纳、总结出有组织体系的知识。科学知识,指的是通过科学方法获得或验证过的覆盖一般真理或普遍规律的知识或知识体系。逻辑推理是科学的基础。

(一) 货币政策的基础是科学性

政策制定者的主观愿望与经济现实的客观存在之间是有距离的,政策制定者只有通过认识经济变量之间的关系、作用机制和因果链条,制定的政策经过层层传导之后,才能够向公众准确地传递其意图。

要做到这一点,必须对宏观经济学各个层次的变量进行实证性研究,由此"获得有组织体系的知识",这些知识能够使主观的想法投射到客观的现实。通过这些知识的运用,公众可以由现实的表现反推政策制定者的主观想法。

(二) 货币政策是模糊的科学性

不同于自然科学可以人为设计、制造理想的实验条件进行重复实验,货币政策是在不断变动、不能重复的社会经济中的政策实践。经济学家固然可以在假定之下推导经济变量之间的关系,但却不能人为设计、制造一个理想的实验。既无法知晓假设是否合理,也无法检验逻辑关系的强度,更无法确定哪些因素真正具有决定性,只能在政策实践中进行政策实验。基于逻辑推理的认识,中央银行家的实践经验和直觉判断极为重要,是弥补无法实验造成缺憾的关键。因此,货币政策是科学,但却是模糊的科学。

第五节 我国的货币:层次划分与数量变化

在讨论货币层次划分之前,明确界定与货币相关的几个概念是非常有必要的,分别是现金(Cash)、通货(Currency)、支票(Check)和银行存款(Bank Deposits)。

通货,在《牛津英语词典》中解释为"特定国家在特定时期使用的货币",是交易的媒介,也是交易的凭证。现金,指铸币(Coins)或纸币(Paper Money),支票和存款都不属于现金。银行存款,是以存款形式记录在银行账户上的资产。支票是不以现金形式出现,以特定形式存放在银行账户上,能够发挥与现金类似作用的存款。

通货,是从其本质属性及其发挥的职能定义货币,是抽象的,也是总括性的;现金、支票和存款是三种不同形态的通货。现金是具有物理形态的实际存在;存款是无形的以银行账户为载体记录的资产,在一定条件下能够转化成现金和支票;支票是介于现金和存款之间的货币形式,具有存款的形态,但能发挥现金的作用。

一、货币层次的划分

根据货币的形式明确了货币的名称及涵义,就可以具体划分货币的层次。以我国为例,中国人民银行将货币具体划分为四个层次,分别是 M0、M1、M2 和 M3。四者涵盖的范围逐步递进、越来越大。

M0＝流通中的现金

M1＝M0＋企业单位活期存款＋农村存款＋机关团体部分存款＋个人持有信用卡类存款

M2＝M1＋企业单位定期存款＋城乡居民储蓄存款＋外币存款＋信托类存款＋证券公司客户保障金

M3＝M2＋金融债券＋商业票据＋大额可转让定期存单

货币层次的划分是一个动态过程。以 M2 为例，2001 年，将证券公司客户保证金纳入 M2 统计范围；2002 年，将外资银行的人民币存款纳入 M2 统计范围；2006 年，将信托投资公司和金融租赁公司的存款排除在 M2 统计范围之外；2011 年 10 月起，中国人民银行将住房公积金中心存款和非存款类金融机构在存款类金融机构的存款划到 M2 中，信托投资公司和金融租赁公司的存款重新纳入 M2 统计范围[①]。

二、货币层次划分的依据

货币是金融资产，除了现金之外，只有商业银行创造出来的存款类金融资产属于货币。除此之外，其他金融机构创造出来的金融资产都不属于货币。货币由现金与商业银行创造出来的存款共同组成。

货币的流动性是将不同类型存款划归为不同层次货币的主要依据。货币的流动性，指的是运用货币交换其他物品需要耗费的成本和时间。现金可以直接用于交易，不需要额外耗费时间和成本。活期存款可以支票的方式实现交易，对于信用无法确信的开票人，支票的接受者要到银行验证支票的确可兑付，才会将产品交换给出票人，因此需要额外的时间和费用。定期存款要实现货币的交易职能，需要花费更多的时间和成本，存款人首先要到银行将定期存款转换成活期存款，才能用于支付。至于证券保证金和信托投资公司的存款这些非银行金融机构的存款，要完成货币的交易职能，需要更多的成本和时间，比如证券保证金至少要 1 个交易日之后才能转换成可用于交易的存款形式。

货币的流动性有比较鲜明的时代性。随着时代变迁，特别是科技进步和金融创新，货币的流动性变化巨大。信用卡的产生，是深刻影响货币相对流动性的重大金融创新，在一定条件下，持卡人可以在一定期限内免息使用银行的资金，超过免息期限，支付一笔费用还能继续使用银行资金，持卡人有了更多选择。比如，可以在不动用定期存款的条件下满足对资金的短期需求。互联网的兴起是改变货币流动性的重大技术进步，人们的活期存款直接可以支付、交易，其流动性等同于现金，在有些场合甚至比现金的流动性更好。余额宝这种新型金融工具打通了活期存款与定期存款的界限，存款人（基金持有人）在获取定期存款利息回报的同时，获得了等同于活期存款的流动性。

三、货币层次划分的作用

划分货币层次的第一个作用是，依据流动性区分不同层次的货币，通过比较不同层次货币的相对关系，分析国民经济的形势和特征。不同层次的货币，其流动性不同，发挥的职能也不同。M1 包括现金和活期存款，其流动性优于 M2 的其他部分，包括定期存款和非银行金融机构存款等。在通常情况下，M1 的主要职能是交易媒介，而定期存款和非银行金融机

---

① 2003 年年底，中国人民银行发布了《关于修订中国货币供应量统计方案的研究报告》，提出了货币供应量统计及调整的七大原则：相关性增强原则、可测性原则、成本效益比较原则、连续性原则、流动性原则、价值储藏手段原则、国际接轨原则。对信托投资公司和金融租赁公司存款的调整，依据国际接轨原则，调整出了 M2 统计范围，但这两者在我国 M2 中的占比较大，并且具有较强的价值储藏手段职能，根据我国国情又重新调整进 M2。

构存款的主要职能是价值储藏手段,用于交易媒介的货币比用于价值储藏手段的货币的流动性更好。用于交易的货币,其数量变化反映了经济活动的活跃程度,M1 数量增加表明交易需求变大,经济在扩张;反之,就可能是经济收缩。用于价值储藏手段的货币,其数量变化是信贷投放及人们投机需求的反映。通过分析不同层次货币的数量、增速和结构变化,有助于判断经济所处的阶段、经济面临的形势以及经济未来的趋势,根据表现出来的现象研判宏观经济的特征和趋势。

划分货币层次的第二个作用是,确定货币政策的方向及侧重的目标,选择适当的货币政策工具,实现经济稳定。不同层次货币的职能不同,在经济中的作用也不同。划分货币层次,就能很清楚地看到每个层次货币的数量、走势及其内部的相对结构,对经济所处的阶段和面临的形势作出研判,有助于选择货币政策侧重的目标,有助于确定货币政策的方向,还有助于判断货币政策的力度和方式。

划分货币层次的第三个作用是,考察货币政策效果,判断货币政策是否能实现目标或者是否走在实现目标的路上。货币政策是框架,是由很多层次目标和工具组成的体系,并且货币政策要实现最终目标,要经历相当长时间的传导过程。划分货币层次,观察不同类型货币的表现,是确保货币政策走在实现最终目标的路上,避免偏离最终目标的重要方法。

四、我国不同层次货币的数量及其变化

我国货币统计口径经历了几次变化,不同时期统计的货币数量包含的项目有所不同。统计口径的差异并不会影响货币统计的可比性,因为之前不被纳入货币统计项目的数量相对较小,影响自然较小。表 1-2 是我国 2008 年 12 月、2013 年 12 月与 2018 年 12 月的各层次货币量。

表 1-2　货币总量统计及比较(括号内是占 M2 的比例)

单位:10 亿元人民币

项　　目	2008 年 12 月	2013 年 12 月	2018 年 12 月
M1=通货(M0) ＋活期存款 M1 总计	3 421.9(7.2%) 13 199.8(27.8%) 16 621.7(35.0%)	5 857.4(5.3%) 27 871.6(25.2%) 33 729.0(30.5%)	7 320.8(4.0%) 47 847.8(26.2%) 55 168.6(30.2%)
M2=M1 ＋储蓄存款 ＋定期存款 ＋其他存款 M2 总计	 21 788.5(45.9%) 6 010.3(12.6%) 3 096.1(6.5%) 47 516.6(100%)	 46 703.1(42.2%) 23 269.7(21.0%) 6 950.6(6.3%) 110 652.4(100%)	 72 168.9(39.5%) 34 017.9(18.6%) 21 319.1(11.7%) 182 674.5(100%)

根据表 1-2,我国各层次货币供应量及其变化存在如下特征:(1)各个层次货币数量的总体趋势是增加,变化的方向相同;(2)现金占比持续下降;(3)2013 年之后 M1 占比下降 5% 左右,此后一直保持稳定;(4)储蓄存款占比不断下降,2018 年相对于 2008 年下降了 6.4%;(5)定期存款占比,2013 年相对于 2008 年上升了 8.4%,2018 年相对于 2013 年又下降了 2.4%,但依然比 2008 年高 6%;(6)其他存款占比,2018 年比 2013 年增加了 5.4%。

我国货币结构在最近 10 年里发生了比较重大的变化。

除了总量和结构之外,考察不同层次货币供应量的运动趋势可以比较它们之间的区别,图 1-3 是三个层次货币量的年度同比。

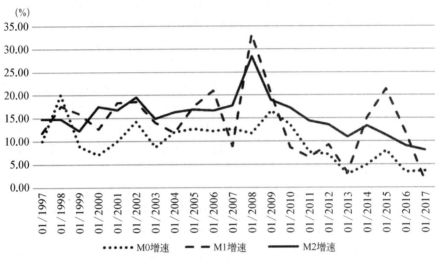

图 1-3　三个层次货币量的增速：总体趋势

三个层次货币量的增速可分为三个阶段：(1) 1997—2007 年,尽管增速有差异,但增速总体上比较平稳；(2) 2008—2011 年,M1 和 M2 增速大幅提高,以 2009 年最为典型,M1 增速达到 33.23%,M2 增速也达到 28.42%；(3) 2012 年之后,M2 增速持续下降,2017 年和 2018 年增速分别降低到 9.04% 和 8.08%。

三个层次货币量的增速差异显著：M2 的平均增速最高(15.43%)；M1 增速次之(14.27%),但与 M1 增速差别不大；M0 增速最低(9.94%)。

三个层次货币量的增速的波动性差异同样显著：M1 的标准差最高(6.93%)；M0 的标准差次之(4.33%)；M2 的标准差最小(4.20%)。这说明 M2 增速相对最稳定。

本章小结

本章阐述了货币形态、货币制度、货币职能、货币属性,以及货币层次划分。

货币以其职能进行定义,或者基于交易媒介职能定义货币,或者基于计价标准定义货币,或者交易媒介和计价标准两大基本职能相结合定义货币。交易媒介是货币的基本职能,也是货币之所以为人们所需的根本原因；货币行使交易媒介职能的前提是货币必须具有计价职能,充当计价标准。

货币形态是历史演进过程,生产力的进步、生产关系的变化,以及国家的介入等因素是货币形态演进的最主要影响因素。生产力进步,人类具有了开采和冶炼金银的能力,功能性实物货币被金银货币取代；随着分工的兴起和发展,交易的需求增大,金银货币由金块和银块直接充当货币逐步发展到标准化铸币,以降低交易过程中的认知成本；国家最初出于获得铸币税的考虑,借助其暴力垄断者的身份垄断了货币铸造、发行和回收等整个流程,国家成为货币形态演进的主导者。

国家介入货币事务之后,货币制度应运而生。国家要确定铸造货币的材料,因此决定了货币本位;国家要确定货币发行的规则和程序,因此决定了货币与政府债务的关系、货币数量及其可控性;国家要确定货币发行和流通的政治框架,因此决定了货币稳定性及其可信性。

货币形态更替揭示了货币物品具有的属性:稳定性、可分割性、高密度性和稀缺性。黄金和白银天然具有货币物品所有的要求,马克思指出"货币天然不是金银,金银天然是货币",这一论断非常深刻,切中货币的本质属性。阿尔钦分析了可认知性对交易剩余的影响,得出了认知能力是决定交易剩余的主要因素,而物品的可认知性是影响认知能力的内在属性。货币可认知性是货币能够行使货币职能的重要属性。

在现代信用货币体系下,根据流动性差异,货币划分为不同的层次:通货(M0)、狭义货币(M1,包括通货和活期存款等)、广义货币(M2,包括狭义货币和储蓄存款、定期存款及其他存款等)以及更广义的货币(M3,包括广义货币和商业票据及大额可转让存单等)。不同层次货币对应的经济活动不同,对就业、物价等其他宏观经济变量的影响也不同。划分货币层次有助于分析经济形势、预测经济走势、确定政策目标,以及选择政策工具和策略。

关键概念

货币　　　　铸币税　　　　交易媒介　　　　计价标准　　　　财富储藏手段
支付手段　　无限法偿　　　有限法偿　　　　货币发行准备　　货币可兑付性
货币流动性　金本位　　　　银本位　　　　　金银复本位　　　金汇兑本位
格雷欣法则　货币制度　　　国家货币理论　　真实票据论　　　名目主义
货币可认知性

问答与思考题

1. 货币需要具备哪些属性?
2. 马克思认为"货币天然不是金银,金银天然是货币",请结合货币形态演化历程予以说明。
3. 影响铸币税的因素有哪些?征收铸币税具有合理性吗?
4. 如何计算纸币的铸币税?
5. 为什么说"货币是一种信念"?
6. 简述货币的职能及其关系。
7. 凯恩斯区分货币与计算货币的意义是什么?
8. 金银铸币与信用纸币的职能有何区别?
9. 简述国家在货币制度中的作用。
10. 简述私人货币的发展历程及其合理性与必然性。
11. 货币为什么具有公共品属性?

12. 简述货币制度的内涵、演变及内容。
13. 简述货币发行方式的分类及演进。
14. 金本位是比银本位更成熟的货币制度吗？金银本位崩溃的原因是什么？
15. 简述金银本位与纸币本位的优缺点。
16. 简述货币可认知性的内容，并分析金融资产货币属性的内涵及意义。
17. 基于货币可认知性分析信用货币制度的困境及解决方式。
18. 简述信用货币稳定性的层次及其内容。
19. 简述划分货币层次的依据、内容及作用。

第二章 金融与金融系统

前文中的王二可以通过两种办法扩大苹果的生产：一是省吃俭用购买更多土地、苹果树苗以及肥料农药，这要经过长时间的积累才可能实现；二是向其他人(丁三)借入资金，等到苹果产量扩大后偿还借入的资金，并适当地支付利息。王二用比较短的时间扩大了苹果的产量，丁三通过在一段时期内让渡资金实现了资金的增值，王二和丁三都从中获利。有借贷的经济比没有借贷的经济效率更高。如果王二和丁三并不相识，如何能够确保借贷的发生？

可见，借贷行为超越血缘关系和地域限制，是借贷质变为金融的关键。

第一节 信 用

信用与金融是近义词，但其内涵并不完全一致。

一、信用的定义

信用，是指以偿还和付息为条件的单方面价值(包括货币、实物或服务等)转移。

《新帕格雷夫经济学大辞典》中没有"信用"的词条，有类似词条"信贷"(Credit)的解释。提供信贷意味着把对某物(如一笔钱)的财产权予以让渡，以交换在将来的某一特定时刻对另外物品(如另外一部分钱)的所有权。

信用关系形成的条件包括：借贷双方构成债权债务关系，即有实际发生的单方面的价值转移；在某一时点发生的单方面价值转移在经过一段时间后以未来某一时点的另一个单方面价值转移为条件；债权人和债务人确立其债权债务关系的凭据——信用工具。

信用只是强调资金和物品的让渡以及随后的偿付，不带有任何其他限制条件。

二、信用与货币

没有货币，信用是偶尔零星出现的行为。因为当缺少统一的标准时，信用只能局限于实物借贷，必然是单向有利的，只能发生在不利一方别无选择的困境之中，并且借出方与借入方通常处于相同的行业和领域，因此可扩展性极低。

当被普遍接受的货币出现以后，信用突破了实物的制约，信用突破实物借贷的制约，覆盖范围随之扩大，可扩展性随之改善。

货币会影响信用的可扩展性，货币形态也会影响信用的可扩展性。

在金银本位制度下，信用扩展受到金银数量的严格约束，其信用创造能力从而信用规模有限，通过提供信用创造资本的能力也有限。当信用创造的规模超过作为准备的金银数量，并且当人们注意到信用规模过度创造的时候，就会卖出资产，并兑换成金银，资产价格下跌

（严重的时候会出现崩盘式下跌），回归到金银数量约束下的价格，以此方式实现再平衡。由于要维护货币与金银的比价，中央银行无法有效阻止资产价格下跌，也就无法阻止信用创造之后的信用收缩。货币数量受到金银数量这一"锚"的制约，即使经济具有内生的强大增长动力，也会因价格下跌而被强行中断。

在金银本位下，经济增长需要适应金银数量的制约，因为通常情况下金银数量不可能适应经济增长。货币的金银价格从而货币数量是经济运行的准绳，也是制约信用创造能力的主要因素。在金银本位下，中央银行应对信用收缩的能力非常有限。

在信用纸币本位制度下，信用创造规模摆脱了金银的实物性制约，信用的可扩展性在理论上可以无限大。并且，因为信用纸币与金银脱钩，人们对信用规模的敏感性降低，可容忍的信用规模随之变大。纸币本位下，信用创造达到一定规模之后同样会出现信用收缩，中央银行具有应对信用紧缩的能力，具有稳定资产价格的能力，避免信用收缩制约经济增长。

三、信用的作用

信用对经济既有积极的作用，也有消极的作用。

信用使资本形成不再受制于积累和储蓄，从而促进价值的创造。资本，从生产角度讲，是指能够生产更多价值的价值。就其本质而言，资本是各种生产要素包括人力资本、实物资本、组织资本和社会资本等的有机组合，资本的生产能力不是简单地由生产最终产品的各种类型资本的加总，而是企业家对各种形态各种类型生产要素的有效组合。在现实中，拥有货币和财富的人未必拥有企业家才能——组合各种生产要素使之生产能力最优的才能；同理，拥有企业家才能的人未必拥有货币和财富。

信用的最重要的作用，是在拥有企业家才能的人与拥有货币和财富的人之间架起一座桥梁，后者向前者以一定的条件让渡资金的使用权甚至所有权，利用前者稀缺的企业家才能创造更多价值，实现增值；企业家可以不必通过缓慢积累——长期抑制消费欲望进行储蓄才能实现其企业家才能。要实现财富拥有者和企业家才能拥有者之间的信用活动，不但双方都要认可"一定的条件"，更需要制度保障。信用活动的规模和覆盖范围取决于制度的有效性和可信性。

信用加速了资本的流转，节约了流通费用。信用使企业经营不再必须是一手交钱一手交货的即时性交易，可以实现钱货分离。通过向交易方开出信用凭证，在一段时期内代替货币流通，就可以加速资本周转过程，提高资本的利用效率；同时，企业开出的信用凭证可能会相互抵消，从而节约现金的流通和使用，节省与现金相关的流通费用。信用工具取代现金参与交易固然可以节省流通费用、加速资本流转，也可能会造成三角债，因为当形成复杂信用关系以后，其中某个企业违约，就会导致很多企业都无法实现资金的流转，复杂的信用关系反过来成为影响自身发展的因素。

信用活动增加了金融资产的类型，对货币总量和金融资产进行控制的难度加大，容易引发经济动荡。信用是创造货币和金融资产的过程，信用活动越复杂，相应的金融资产的形式越复杂，货币的层次越多，进行统计和控制的难度越大，中央银行调控的难度越大，金融稳定越难以实现，信用周期越频繁。

四、信用的形式

根据信用创造主体的差异，信用形式具体分为商业信用、银行信用、国家信用、消费信用、租赁信用和国际信用。在现实经济中,不同形式的信用可能存在交叉。

(一) 商业信用

商业信用是企业之间以延期付款或预付货款等形式提供的信用。

商业信用的提供者是企业、接受者也是企业;其客体是商品资本。商业信用是直接与商品生产和流通相联系的信用形式,其作用在于润滑生产和流通过程,使当前因各种原因无法以现金购买的企业能够通过商业信用实现购买,并进行生产和价值创造,同时已完成生产的企业可以借助于金融体系通过商业信用实现价值的"惊险一跃",通过让渡一部分收入实现价值的快速实现,更顺利地进入新的一轮价值创造和循环过程。

商业信用对商业流通类企业具有极大的价值。如果商业企业的资金规模相对有限,但却拥有其他方面的优势,就可以通过赊销等形式的商业信用从生产性企业那里获得其商品,待价值变现后再支付给生产性企业。赊销是传统商业企业的通常做法。

商业信用有较大的局限性。首先,商业信用的规模有限,受制于企业的生产规模;其次,商业信用的期限有限,通常是短期信用,因为提供商业信用的企业同样需要资金进行新一轮价值创造和循环。

(二) 银行信用

银行信用是商业银行以货币形式向企业和其他债务人提供的信用。银行信用是主要信用形式,它能够克服商业信用的局限,具有普遍的覆盖性和适用性。

银行信用的提供者是商业银行,客体是货币,因此具有广泛的接受性。在一定的条件下,商业银行提供银行信用的过程同时也是货币创造的过程,银行信用具有货币创造功能。商业银行经营的重要内容之一就是管理银行信用。相关内容将在银行体系一章详细展开。

(三) 国家信用

国家信用是以国家或地方政府为债务人形成的信用形式,国家信用的主要载体是债券。国家信用分为国内信用和国外信用。国内信用是国家向国内居民或企业发行债券筹集资金的信用形式;国际信用是指国家向外国政府、居民、企业或国际金融组织借款或在国际金融市场上发行债券的信用形式。国家在国际金融市场上发行的债券,既可以本币计价,也可以外币计价。对于大多数发展中国家来说,主要是以外币计价。

以发行债券募集资金的主体区分,国家信用分为中央政府信用和地方政府信用。中央政府信用是中央政府发行债券募集资金的行为,而地方政府信用是地方政府发行债券募集资金的行为。

在现代信用货币制度下,国家信用是所有信用的根基,是所有信用的源头。国家信用的适度性极其重要,是社会总信用稳定的基础。

(四) 消费信用

消费信用是商业企业或金融机构向消费者个人提供的信用。消费信用旨在解决消费者对耐用消费品暂时性支付能力不足的困难,使消费者以未来的收入进行偿付,使其需求能够提前实现,达到平滑各期消费的目的,在改善消费者整体效用的同时促进企业产品销售。

消费信用既可以表现为商品的形式,也可以表现为货币的形式。在现代信用经济下,消费信用通常与金融机构的业务联系在一起,最终主要表现为货币形式。

(五) 租赁信用

租赁信用是指出租人将其租赁物出租给承租人,在一定时期内出让租赁物的使用权并收取租金的信用形式。租赁信用包括经营性租赁、融资性租赁和服务租赁三种基本类型。

经营性租赁是指出租人将自己购买的设备或用品出租给承租人,并在出租期内收取租金的信用形式。出租人需要承担维修管理的责任,还要承担设备高额折旧甚至提前淘汰的风险,因此承租费率较高。租赁期满,租赁物由出租人收回,承租人无权选择是否购买租赁的设备。

融资性租赁是指出租人应承租人的要求购买租赁物,然后出租给承租人使用并收取租金的租赁形式。租赁期满,承租人可以选择续租、退租或购买;租赁期内,租赁双方均不得终止或取消租赁合同。由于这种租赁的实质是对承租人提供融资,因此称为融资性租赁。

服务租赁是指在融资性租赁基础上,出租人还要承担租赁物的保养、维修、配件供给以及技术人员培训等各项技术服务的租赁形式。

租赁的优势在于,承租人不需要支付设备的全部货款,只要支付首期款,然后每一期支付租金,就可以获得设备的使用权,是节省资金的重要方式。对于那些设备更新换代极快的行业,租赁可以极大地节约设备快速折旧造成的损失,从而部分规避风险。

(六) 国际信用

国际信用是国家之间的借贷关系,是指一国的政府、银行、自然人或法人对别国的政府、银行、自然人或法人提供的信用。国际信用表现为资本在国家之间的流动。

国家信用包括贸易信用和金融信用。贸易信用大多跟进出口联系在一起;金融信用包括短期的流动性提供和长期的资本输出等。

国际金融机构也是国际信用的提供者。国际货币基金组织和世界银行是两大全球性金融机构,亚洲开发银行、金砖银行等是重要的区域性银行,它们都是发展中国家获取信用的重要来源。国际金融机构提供信用的能力来自于世界主要国家,本质上依然是国家与国家之间的信用,摆脱不了国家的影响和制约。

第二节 金 融

金融与信用类似,又有区别。信用与金融同源而异形,两者有交集,也互相独立。

一、金融的定义

在《新帕尔格雷夫经济学大辞典》中,金德尔伯格对金融给出了描述性定义:"金融的核心内容是通过金融市场对金融资产进行定价并引导资本的配置,由于金融资产定价主要依靠对未来回报的评估,而未来的回报是有风险的,因此风险是金融的重要内容。"

基于金融的实质性职能,金融是在对风险和收益进行权衡的基础上对金融资产进行定价,通过价格引导资金盈余方在一定期限内将其货币的所有权或使用权让渡给资金短缺方,实现资本配置的活动。

金融不是偶尔发生的零星的借贷行为,而是经常性、系统性地发生在不特定人群之间的借贷行为。要保证金融活动人群的非特定性、经常性和系统性,制度是不可或缺的因素,金融活动是以制度为基础的行为。

二、金融与货币

任何借贷行为都属于信用活动,只有发生在金融市场上的不特定人群之间的借贷行为才属于金融活动。信用侧重于借贷的行为,金融还特别强调金融资产的风险、收益及其权衡,金融资产的定价以及对资本在经济不同领域的配置作用,其外延比借贷的行为更广。

停留在"借贷"层面,信用与货币之间的关系同样适用于金融与货币。超出"借贷"层面,金融与货币的关系表现为货币制度与金融资产定价以及风险管理的关系。

在金银本位下,货币的价值由内含的金银含量决定,当金融资产未来的回报稳定或者可预测,金融资产价格具有较大的确定性,不会受到货币自身价值变动的影响。风险主要来源于金融资产未来现金流的变动。

在信用纸币本位下,金融资产面临的风险除去未来现金流变动外,利率的频繁变动会造成金融资产价格频繁大幅波动,也是风险的重要来源;而利率的频繁变动又源于汇率的频繁变动;汇率的频繁变动则源于信用纸币缺少相应金银作为准备,货币数量完全由中央银行决定。货币数量增长快的国家,其汇率必然贬值,反之则升值;当汇率存在贬值或升值趋势时,利率平价的作用会导致利率发生变化,继而作用于金融资产价格。金本位和信用纸币本位下美国贴现率的比较参见表2-1。

表2-1 美国的贴现率:金本位与信用纸币本位的统计比较

时间段	1914/11—1971/7	1971/11—2012/11
最大值	6.00	14.00
最小值	1.00	0.75
中间值	3.5	6.5
均 值	3.61	7.21
方 差	1.89	10.28

数据来源:FRED(Federal Reserve Economic Data)。

与金本位相比,信用货币本位下,利率更不稳定,它变动的同时也影响金融资产对应的现金流,从分子和分母两个方面影响金融资产的价格。在信用货币本位下,利率不再是金融资产现金流的客观结果,更是中央银行主动决定的变量,反过来成为影响现金流的原因。管理汇率和利率的变化产生风险——金融资产价格的波动,成为金融机构极为重要的金融活动。这也是金融与货币关系的最独特之处。

三、金融的困境

货币所有者让渡货币是金融活动的关键环节。在让渡前后,所有者都会遇到困境。只有克服这些困境,金融活动才能顺利进行。

首先,在让渡前,所有者会因为知识差距造成的认知差异,无法对风险进行评估。所有者通常希望知道自己出借货币应用的领域以及使用的方式。借入者为了能够获得货币或者为了降低货币借入的成本,总会对拟投入项目进行粉饰和夸大,还会隐藏项目的实际内容,特别是其中的缺陷和暗含的风险。然而,由于在知识储备上的差距,货币所有者难以对这些拟投入项目具有透彻的、全面的、准确的认知能力,在提供资金的事前就会使自己出借的货币处于风险之中。

例如,如果王二是林果专家,当他极力渲染苹果产业未来的前景时,对林果缺少基本的专业知识的投资者丁三是很难做出专业的判断的。

其次,在让渡后,所有者将其货币让渡给借入者后,所有者就要面对借入者滥用甚至侵占其借出货币的可能性。为了保障借出货币的安全性,所有者需要对借入者的行为进行监督,甚至向借入者适当让利。

假设王二的苹果园扩张计划需要50 000元投入,但他自己只有10 000元,他说服丁三投入40 000元。

当丁三将40 000元以债权的形式借给王二,王二在债务到期时需还本付息。丁三必须时刻关心其借出货币的用处和使用方式,因为当王二其他资产有限时,他就有可能携款潜逃;即使王二潜心于苹果园事业,丁三依然必须关注王二的事业,比如病虫害会影响苹果产量、气温会影响苹果口味等,这些都会影响丁三出借的40 000元的回报和安全。

如果丁三不是以债权的形式而是以股权的形式投入到王二的苹果园事业,丁三更要关注其投入货币的安全性。股权与债权的最大区别在于,在企业存续期内股权没有偿还期,并且没有还本付息的硬性要求。王二可以不将货币投入到苹果园事业中去,而是用于其他消费;或者王二还可以设立其他类型的企业如化肥公司,然后高价买入化肥,将丁三投入的40 000元转移到自己控制的公司,而丁三控股的苹果园业绩平平甚至亏损。

为了保障自己投入资金的安全性和收益水平,需要有严格的惩罚措施。当王二有不适当的侵占行为,要对王二追究经济和刑事责任;丁三还需要花费资金和时间对王二进行监督,如果丁三需要投入的监督成本高到一定程度,这笔投资得不偿失,丁三宁愿放弃可能的收益而选择持有货币;或者,丁三要给予王二足够的激励,适当向王二让利,比如丁三出资比例为80%,但未来的权益分配选择60%,而不是80%,其中的20%是对王二的人力资本的回报,这也是激励相容的要求。

四、金融革命与现代金融的兴起

正因为金融活动存在的困境,金融长时间得不到发展,人们只能选择土地和房屋为最主要的投资对象[①]。只是在1688年英国金融革命之后,金融才开始突破藩篱,摆脱土地的桎梏,开始开创人类经济增长的新纪元。

(一) 金融革命

金融革命首先发生于1688年光荣革命后的英国。

---

① 德国铁血宰相俾斯麦不喜欢风险,其理财师赚的钱,他都用于购买森林。

有经济学家认为,第一次工业革命之所以在英国产生而没有在欧洲大陆其他国家产生,是因为英国的金融制度比较先进。著名金融史学家金德尔伯格反对这种论调,他明确指出,金融革命"是指政府财政体制的大的变革,无论是征税权力和赋税种类的变化,政府财政收支机构的变化,还是政府债务管理方面的变化"。他引用迪克森的观点,"英国金融革命的实质不在于征税权力的转移,不在于征税体制的变化,也不在于包税制向中央征税制的转变,而在于国债的偿付"。

当英国政府保证国债的偿付,英国国债的收益率必然下降,英国政府能够以更低的成本获得融资。历史学家认为,保证国债偿付的机制,以及以此为基础建立起来的融资体系是英国能够以相当于约法国1/3的人口和领土面积,却能够从全球争霸战争胜出,最终击败法国的根本原因[①]。

(二) 金融革命的作用

金融革命加强了政府征收国民积蓄的能力。政府征收国民积蓄用于战争或者其他方面支出的手段包括税收、通胀和债券。通胀作为政府间接地掠夺社会财富的手段,必然对财富生产造成破坏性影响,这会在本书相关章节展开论述。

债券和税收是相互可替代的政府满足其支出需求的主要方式。在理性预期假设下,税收和债券是无差异的。债券不过是延迟征收的税收,它与税收并无本质上的差异。实践表明,税收和债券的区别极大,甚至决定了国家的兴衰。

对于税收,政府是主动的征收者,政府的税收增加,国民的可支配收入就减少,即税收是对同一期收入在不同的主体之间进行配置的手段。并且,由于税收是强制征收的,政府征收以后就完全拥有支配权,是国家强权的象征和体现。通常不可避免的现象是,以税收为主要收入来源的国家,税率会很高,甚至会将此后数年的税收提前征收。当税收表现出压榨性特征,收入被剥夺、生产被摧残、国力被削弱。并且,国民会通过各种手段避税,政府又会设置更多辅助性强制机构,使政府权力更趋扩大化。征税体制的成本升高,政府权力强化,国民资产的安全性降低,倒逼国民选择安全性更高的非生产性资产,生产能力必然随之下降。

债券则不同,政府是被动的发行者,国民是主动的购买者,国民拥有更大的选择权。尽管对实物资源的配置来说,政府支配的多了,国民支配的必然少了。然而,由于债券的拥有者可以在未来获得本金和利息回报,持有债券增加等同于国民储蓄增加,未来国民可以从债券得到更多的回报。尽管将收入的支配权转移给政府,但获得的债券是持有者的资产,不像税收,完全是义务,是被迫的。

政府不能强制发行债券,必须迎合投资者的偏好和需求,因此债券买卖是自愿性交易。政府通过债券融资扩大了资金的来源,强化了政府征收本国国民积蓄的能力,还提升了对外国投资者的吸引力。债券融资,资金盈余方拥有选择权,当能够从生产中获得高于债券的回报,就不会选择购买债券;与税收相比,债券具有将生产性强的企业家与生产性弱的普通国

[①] 在英法全球争霸战中,甚至有法国贵族购买英国国债,相当于资助自己祖国的敌人。后来在英德争霸战中,又出现了德国贵族购买英国国债的现象。英国国债更高等级的信用是英国能够动员储蓄,既包括国内储蓄,也包括来自于国外的储蓄,这就使英国在财政上处于比竞争敌手更有利的状况。

民甄别开来的属性,在征收居民储蓄的同时,能够有效地保存创新能力和生产能力[①]。

以英国和美国为代表的依靠债券融资的国家,通常能获得战争的最后胜利,甚至能够在经历战争之后变得更加强大。在殖民时代英国与法国之间的争霸战争、美国南北战争、美国和苏联争霸的冷战中,英国和美国通过其金融体系征收全球投资者的积蓄与对方争斗,最终结局可想而知。成熟的、健全的债券融资体系功不可没。

以国家信用作为背书,建立统一的货币体系,实现货币与债券的良性循环。即使在金本位时代,政府债券同样是货币投放的准备资产。英格兰银行创立的初衷是为英国政府提供120万英镑的融资,后来英格兰银行取得了以英国国债作为准备发行1 400万英镑银行券的权利,英国国债成为发行英镑的资产准备。这就构建了一个循环:英国政府发行债券获得可支配资金;英格兰银行买入英国国债获得稳定收入;英国政府以发行国债获得的资金购买产品,货币流入企业,并从企业流入千家万户;资金存入商业银行就变成高能货币,成为创造信贷的准备金,是信用的源头和基础。金融体系衍生出来的信贷和信用,是由国债也就是国家信用提供背书创造出来的。

金融革命培育了二级市场,改善了政府债务的流动性,进一步提升了政府债务的吸引力。国债存量的交易市场是二级市场,它使债券持有人拥有了更多选择,面临风险事件时,能够将债券兑换为货币,这种流动性的改善会减少损失,给持有人带来极大的便利,使政府债券成为比土地和货币更有吸引力的投资标的,进一步强化了政府征收居民储蓄的能力。

金融革命树立了一个信用标杆,也是资金盈余方可供选择的替代物,具有改善所有类型金融工具信用的作用。国债偿付制度提供了信用基础,倒逼企业提升信用级别,必须偿还其债务。一旦发生债务违约事件,就会失去资本市场的信任,要么丧失举债的资格,要么接受更为严苛的举债条件,不管哪一种都会使企业陷入竞争不利的局面。因此,企业通常会以极为谨慎的态度举债,以其偿付能力为基础举债。正是因为企业的债务也具有良好的偿付性,资金盈余方不再把具有级差地租优势或者具有确定产出能力的土地当作唯一的安全资产。减少对土地的投资,增加对国债和公司相关金融工具的投资,金融开始成为影响经济增长的关键因素之一,不再只是为王侯们服务的"仆人"。

(三) 金融革命的启示

金融革命提升了英国国债的吸引力,使英国可以动员更大规模的储蓄,是开启日不落帝国时代的重要助力。

1694年,英格兰银行以给英国政府提供120万英镑融资为条件,获得了发行银行券的特许权,成为发行英镑的银行。英格兰银行的盈利来源,是持有的国债产生的利息回报;购买国债的资金源于向股东发行的股票,最主要的股东是彼时英国政坛上最有影响力的大人物,包括国王、议员、律师和金融家等。政府不偿付债券本息,这些大人物受到的损失最大;反之,建立国债偿付制度,这些大人物受益最大。英格兰银行以及为英国政府提供融资的其他金融机构包括南海公司和东印度公司,其最主要的股东都是英国政坛上有影响力的大人物,

---

[①] 古典经济学家李嘉图作出推测:在某些条件下,政府通过发行国债和征税筹资的效果是相同的、无差异的。因为政府债券在将来需要偿还,会征收更高比例的税收。当人们意识到这一点,就会把等同于未来额外税收的财富积蓄起来,人们可支配财富的数量与征税是一样的。罗伯特·巴罗将这一现象归纳为"李嘉图等价"。巴罗的分析框架中没有货币,是完全确定条件下的财富转移和财富配置。

这一点对于英国建立国债偿付制度具有积极促进作用。

在历史上,为私人利益服务往往是某些重要制度发轫的诱因。

历史上最常见的现象是人亡政息,建立良好的制度固然困难,长久保持良好的制度更困难。国债偿付制度的建立,是英格兰银行筹资方案这一偶然出现的事件促发的。能够成为坚持下来的制度,是因为英国政府于1720年开始建立减债基金,在和平时期持续偿还为战争举借的国债。坚持了30年之后,英国用持续的偿债行为建立起"国债必偿"的讲信用的国家形象。在1720年前后,尽管英国国会已经确定了"国债偿付制度",但是否真的能够做到国债偿付,投资者并不确信,英国国债收益率与欧洲大陆国家国债收益率差别不大。当减债基金持续运行30年,建立了英国讲信用的国家形象后,英国国债收益率比欧洲大陆国家国债收益率低得多,融资成本差异最终体现为国家信用规模进而综合国力的差异,使英国凌驾于其竞争敌国之上,成为彼时唯一的世界性大国。

作为开创者,英国国家信用起源于权贵集团的私人利益,最终靠日积月累的讲信用的行为确立,得到投资者的认可。作为后来的跟随者,学习开创者的经验,吸取其教训,同样能够树立讲信用的国家形象。一方面,国家要遵从有债必偿的规则,而不是强制推行与债转股类似的债务重组计划,因为这会给市场上的投资者留下只要出问题就想法赖账的印象。遭遇财务困境,咬牙渡过难关,尽管经历会非常痛苦,但树立起来的讲信用的国家形象,对国家来说是一笔巨大的财富。另一方面,追求私人利益、维护私人利益是市场经济的应有之义,只要不是以损害国家和他人利益为代价,鼓励人们追求私人利益是形成和完善信用体系不可或缺的内容。

第三节 金融系统及其职能

金融系统是资金盈余者和资金短缺者在金融中介机构作用下,利用金融工具在金融市场上进行资产配置以完成资金让渡和回收以及风险管理的系统,是所有金融要素构成的整体。

金融中介机构在资产配置和风险管理中的作用,分为市场主导型金融系统和银行主导型金融系统。投资银行在市场主导型金融系统中发挥主导作用,又称为直接融资型金融系统。商业银行在银行主导型金融系统中发挥主导作用,又称为间接融资型金融系统。

这两种类型金融系统都具有七大职能,但具体表现及发挥作用机制有所不同。

一、融通资金

在资金盈余者和资金短缺者之间建立融通资金的通道,保障资金融通能够在不特定的人之间展开的制度和规则,实现资源在现在和未来的跨期配置,是金融系统的核心职能。

资金盈余者不一定是富有的人,资金短缺者不一定是贫穷的人。资金盈余还是短缺,是收入与支出的相对关系:收入大于支出的,是资金盈余者;收入小于支出的,是资金短缺者。收入水平是衡量财富创造能力的最重要指标,金融系统的核心职能是将当前资金盈余者的资金让渡给当前的资金短缺者、未来的资金盈余者,也就是当前缺少资金但具有创造财富能力的人。

金融系统实现资金融通的关键,不是资金短缺者对资金的需求,资金短缺者总是存在对资金的需求,关键是能够甄别当前资金短缺但具有创造财富能力的人。将盈余资金配置给具有创造财富能力的人,才能实现财富的保值增值;若将盈余资金配置给不具有创造财富能力的人,在微观上导致个人财富毁灭,在宏观上造成资源错配。因此,金融系统的资金融通职能,是在盈余资金与创造财富能力之间建立资金让渡和回收机制,由具有创造财富能力的人在未来实现资金最有效的利用(如图2-1)。

金融系统融通资金职能的真实含义,是将盈余者的资金融通给未来有偿还能力的短缺者。难点在于,未来是否有偿还能力在当下是很难判断的,金融系统的核心作用就是甄别,即甄别当下的哪些资金短缺者在未来有偿还能力,也即筛选出当下资金短缺但却具有创造财富能力的人。

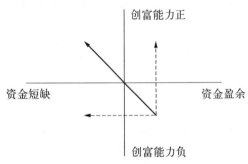

图2-1　金融系统融通资金的职能

银行贷款是间接融资,银行拥有高度专业化的信息收集和分析系统,还拥有高度专业化的资金管理和风险控制系统,银行依靠信息系统甄别客户未来盈利能力,依靠资金管理系统实现经营稳定,依靠风险控制系统跟踪客户经营状况,银行通过构建上述系统甄别贷款客户、实施流程管理、控制流动性风险,实现资金由盈余者融通给有偿还能力的短缺者。

股票和债券等证券是直接融资,投资银行扮演中介角色。投资银行针对不同类型的企业开发估值模型,对未来盈利状况作出判断,根据资金短缺者的具体需求提供与之相适应的融资方案。投资银行识别企业未来盈利状况的能力,决定了其创造信用的能力,也是取得资金盈余者信任的关键,在投资银行发展初期,资金盈余者往往都是豪门、贵族和世家。例如,老摩根在美国金融界的超然地位,很大程度上源于他跟英国贵族和欧洲世家的良好关系。投资银行提供融资中介服务的过程中,会形成独特的理念,理念历经沉淀就变成标志,理念和标志都会有助于塑造形象和地位。还以老摩根为例,他多年的经验,提出了著名的"摩根法则",意指未来充满了不确定性,企业家不可知,资本家亦不可知,既然未来不可知,那就依靠过去的表现推断未来的结果。

二、资产配置

资产配置是资金融通的结果,资金融通是资产配置的要求;资产配置是存量的结构变化,资金融通是流量的跨期配置;资产配置是目的,资金融通是手段。资产配置和资金融通密切相关,但金融学过于重视作为手段的资金融通,反而对作为目的的资产配置着墨不多。实际上,金融系统要发挥作用,宏观经济要实现良性循环,资产配置职能是起点,也是终点。

古典经济学家认为,当下的财货带来的效用比未来的财货带来的效用更大,之所以有投资,是因为投资者对财货的当下效用和未来效用的评价低于消费者,因此愿意部分牺牲当下的消费。在金融经济中,储蓄者和投资者并不完全重合,资金有盈余的储蓄者未必具备企业家能力——投资获得成功需要的独特要素。储蓄者的盈余资金源于其对当下财货与未来财货的评价更低一些,但这最多只能算是储蓄者让渡资金的必要条件,让渡的资金能够保值增值——使用资金的短缺者具有企业家能力,能够实现资金的保值增值是充分条件。本质上,资产配置是支配资源的资金与开发资源的企业家能力的有效组合,通过组合创造更大的价值,储蓄者获得合意回报,投资者获得快速成长。金融系统的职能,是为储蓄者寻找能够保值增值的工具,也是将创造价值的机会转化成财富的过程。

资产配置职能立足于储蓄者的利益,是金融系统的根本职能,是金融系统能够建立良性循环的根基,因为储蓄是金融系统的源头,只有储蓄者的利益获得保障,资金融通才能成为活水。若储蓄者的利益受损,金融系统就失去了根基、缺少了源头,就会陷入无"水"可融的局面,循环也就不复存在。与储蓄者的回报相比,投资者的企业家能力在金融系统的扶助下,能够快速变现为资产和财富,是金融系统对企业家能力提供的激励。

银行主导的金融系统与市场主导的金融系统提供不同类型的资产配置服务。商业银行吸收存款、发放贷款,其收入主要源于存款贷款的利息差。商业银行提供间接融资服务,间接的本意是指商业银行是提供信用的主体,发放贷款的所有权属于商业银行,因此,只要商业银行不倒闭破产,就负有偿还存款本息的义务。投资银行,顾名思义,是直接投资于金融资产的银行,提供融资和信用中介服务,其收入主要源于资本利得和中介的服务费。投资银行提供直接融资服务,通常情况下,资金盈余者是提供信用的主体,资金的所有权也属于资金盈余者,只要不存在犯罪、违法及违规行为,投资银行不对金融资产价格涨跌承担任何责任和义务。

三、支付和清算

支付,是发生在买卖双方之间的货币债权转移的过程。支付分为现金支付和银行支付两大类。现金支付,就是用现金清偿货款和债务;银行支付,是通过银行账户的资金转移实现债务清偿的行为,是银行接受客户委托,从付款单位的存款账户划出款项,转入收款单位存款账户,由此完成债权债务清算,是依托银行信用实现收付的业务,是对现金业务的替代。

银行支付代替现金支付,能够极大地节约成本,包括现金的运输成本、保管成本和清点成本,交易的规模越大,银行支付的优势越明显;银行支付,有助于对经济活动进行统计,认识经济状况;银行支付,是以银行信用为依托的业务,当付款方的信用等级获得银行认可时,银行就会为信用支付提供信用支持,比如为汇票提供承兑服务。

实际上,银行支付要以甄别支付工具为前提。在金银充当货币的时代,银行提供的服务是甄别金币和银币的金银含量及其重量,确定不同金银币之间的比价,本质上提供汇兑服务。在可以自由发行银行券的时代,银行支付首先确定不同银行券的比价。在国家统一货币背景下,银行支付要判断付款方的支付能力,这同样是甄别功能。

清算是支付基础上的业务,是银行主导的,对交易行为引起的货币资金关系的应收应付的计算和结清,清算分为逐笔清算和轧差清算两种方式。逐笔清算指分别计算每笔交易的清算方式。轧差清算指对某一储户的所有收入和支出进行轧差,计算出净额的清算方式。金融系统的清算职能,主要采用轧差清算方式。

只有能吸收存款的商业银行才具有支付清算职能,所有需要支付清算的货币金融业务最终都要由商业银行负责处理。因此,即使商业银行提供的融资占比低于投资银行,商业银行系统依然是整个金融系统的基石与核心。

四、汇小成大和拆大成小

汇小成大与拆大成小都是实现资金融通和资产配置的手段,但两者差异巨大,技术难度有云泥之别。

汇小成大是商业银行的典型业务,将广大储户的零星存款汇集成商业银行的现金资产,为贷款者更大的资金需求提供融通服务。零星存款者无力承担监管贷款者资金使用情况需要付出的成本,贷款者无力承担与众多零星存款者沟通、协商和谈判的交流成本,银行的汇小成大为零星存款者与贷款者之间搭建起一座沟通的桥梁,银行为零星存款者承担监管成本,同时为贷款者承担交流成本,零星存款者与贷款者都愿意为此付出成本,银行获得存贷款利息差。

拆大成小的目的与汇小成大类似,都是为了向闲置资金不多的普通家庭推销金融资产,都需要依托金融中介的信用能力。拆大成小,包括股权拆分细化和债权拆分重组与汇小成大不同之处有二:(1)普通家庭并非将资金让渡给银行,由银行提供中介服务,而是听取投资银行的推介,直接将资金让渡给资金短缺者;(2)拆大成小需要比银行吸收存款更专业的金融技能,股权拆分细化要求对公司未来市值提供合理的评估模型;债权拆分重组要求对资金的收益进行合理分割,重新组合成不同等级的债权凭证,并出售给风险偏好不同的投资者。

拆大成小将数额巨大的融资需求分解成为数量众多的小面值凭证,确保众多普通家庭有能力购买小面值凭证,扩大了金融资产的受众面,改善了金融活动的覆盖面。拆大成小使金融活动深深嵌入经济肌体,金融活动的沉浮必然会造成经济的动荡,金融市场成为经济的主导力量。在1929年大萧条之前,欧美国家时常爆发金融危机,并且不乏跌幅巨大的金融危机,尽管金融危机也会导致经济下滑,但却从来不是经济的主导力量。显然,拆大成小是金融的力量和地位发生根本转变的关键,将其单列为金融系统的职能突出了拆大成小的重要性,唤起对拆大成小的重视和监管。

五、风险管理

风险管理是为管理未来的不确定性造成的损失而建立的风险度量、评估与应对的行为的总和。风险管理的核心是为减小不确定性付出的成本与从中获得收益之间的权衡。风险管理包括风险识别、风险控制和风险规避等活动。

金融系统是实施风险管理的重要场所,金融工具是实现风险管理的重要手段。金融系统不仅能管理金融活动产生的风险,也能通过金融创新来管理不是由金融活动产生的风险。

风险管理是金融系统极为重要的职能。从最初甄别金银质量和含量的一桌一凳式的原始状态的银行,到判断不同国家货币的汇率并经营汇兑业务的跨国银行业务,以及发展出各种估值方法、金融衍生工具以及以衍生工具为基础的投资银行,其业务本质都是实施风险管理。金融系统为风险管理提供的工具、手段和规则,使资金盈余方有可供选择的方案来控制风险,从而更愿意将其盈余资金在一定的期限内让渡给更有效率的使用者,改善投融资的效率。

规则是金融系统不可或缺的一环,是风险管理得以实施的制度基础。金融市场,尤其股票市场,成为金融系统最主要的组成部分,也是财富增值的最重要场所。要在股票市场上管理风险,就要控制上市公司及其控股股东侵占其他中小投资者的行为。缺少相应的制度和规则,管理由上市公司内部人侵害行为造成的风险,成本非常高昂。美国在1929—1933年大危机之后,制定了《1933年证券法》,确立了信息如实披露的基本规则,当拥有信息优势的一方作为被告时就要承担举证的责任,这极大地减少了内部人侵害的行为,使股票市场成为财富增值和保值的最主要场所。这表明,法律和规则,以及国家是金融系统的积极参与者和有效建设者,是使金融系统具有风险管理职能的重要力量。

六、信息生产与发现

金融系统是经济活动集中发生的场所,是经济活动成果显现的场所,是财富发现和积累的场所,也是财富膨胀和湮灭的场所。

获取财富抑或毁灭财富,取决于能否及早获取信息。领先一步获取信息,就能在信息反映在价格变动之前买入或卖出,在价格因信息变动之后获利。

金融系统要具有发现和收集信息的能力。要在竞争中占据优势地位,金融系统的主体——金融机构,也包括个人投资者,必须有能力发现和收集信息。

金融系统还要具有分析和应用信息的能力。发现和收集的信息既有真假之分,也有主次之别。只有去伪存真,才不会被淹没在信息的海洋中无所适从;只有分清轻重缓急,才能找准方向,确定最有价值和影响最大的信息。

金融系统还具有生产和制造信息的职能。在正常情况下,金融系统要有激发金融机构发挥专业性的机制,特别是寻找、挖掘和培育价值的能力。企业所有者和经营者作为内部人,应该是对其企业的现状和未来了解、掌握得最全面和最深入的人。运用其专业能力,金融机构能够看到并挖掘出企业所有者和管理者看不到的价值和前景,甚至会动用其在市场、研发和运营等各方面拥有的资源和人脉,为该企业培育新的竞争优势,这就是通过生产和制造信息创造和挖掘新的价值的机制。

七、提供激励

经济主体的目标和利益不一致,不同经济主体掌握的信息存在差异,并且影响某些经济主体利益的因素不一定受该主体的控制,这种分离就产生了激励问题。

市场主导的金融系统与商业银行主导的金融系统面临的激励问题不同,解决激励问题的方式自然不同。

商业银行开展的资产业务中,银行的利益与存款人的利益总体上是一致的,存款人只能获得由存款利率决定的固定收益,银行所有人和高管占有浮动收益,存款人与银行所有人之间由信息不对称造成的委托代理关系是有制度作为保障的,主要表现为所有人与高管之间的委托代理关系。

投资银行提供中介服务,其利益与资金盈余者的利益的一致性较弱。投资银行按比例一次性收取服务费,承揽的金融中介业务越多,收入越多。由于金融业务的复杂性,投资银行即使隐藏问题,隐藏的问题暴露需要时间,确认投资银行是否故意隐藏问题也不容易,这就给了投资银行极大的操作空间。当资金盈余者与投资银行的利益出现了严重背离时,两者之间的委托代理关系并无激励相容的制度作为保障。

正是因为两种金融系统激励问题的巨大差异,信用基础薄弱的国家通常选择以银行主导的金融系统为主;信用基础雄厚、违背信托责任会受到极其严厉惩罚的国家才可以选择以市场主导的金融系统。

金融系统的七大职能是统一的整体,融通资金是动态的行为,将资金盈余者与资金短缺者链接起来；资产配置既可以是静止的状态，也可以是动态的行为，是资产所有者平衡收益和风险的结果；支付清算是资金融通和资产配置得以实现的通道和手段；汇少成多、拆大成小使规模不大的资金盈余者也能参与金融活动，扩大了金融活动的群众基础和业务规模；风险管理是减小资产配置和资金融通的潜在损失机制和工具，提高金融活动的吸引力；信息提供使金融系统实现价值挖掘和价值培育，是资金融通和资产配置的前提；激励功能是金融机构与资金盈余者的利益具有内在一致性，是激励相容的，否则会造成侵占行为，最终伤害全社会利益。

本章小结

本章区分了信用和金融。

信贷等同于信用，也是金融最基础的业务。然而，金融并不等同于信贷，正规金融机构作为中介创造的信贷才属于金融的范畴。在这一点上，金融包含的范围比信用小；信用活动必然存在风险，但信用风险主要是违约风险。金融中的风险包含的内容更广，除了违约风险之外，运用各种金融工具包括金融衍生工具实施风险管理是金融极为重要的组成部分，是资金融通和资产配置的应有之义。在这一点上，金融包含的内容比信用广泛得多；金融还包含金融资产定价，是金融市场上信贷活动的基础，信用则更侧重信贷活动本身。

简而言之，金融是以金融中介机构提供的标准化金融产品为媒介，在金融市场上实现资金让渡和回收的所有金融要素的总和。金融涵盖的范围与信用有重叠内容，也有延伸的信用不包含的内容，如金融市场、金融机构、金融资产及其定价、金融风险及其管理、金融制度以及与金融相关法律、规则等，这些内容比信用涵盖的范围更广泛。

信用自古就有，金融却是英国金融革命之后才逐步建立起来的。信用侧重于借贷的行为，金融则是系统，强调在不特定人之间的资金让渡和回收，需要更严密的制度、规范和法律、规则予以约束。英国金融革命的核心内容是"国债必偿"制度的确立，其本质是建立国家信用并以之作为全社会信用体系的基础，倒逼其他经济主体建立其自己的信用，塑造信托责任的意识和信念。美国首任财政部长亚历山大·汉密尔顿在美国建国之初实行的"旋转门"将独立战争时期欠下的债务转变成国家债务，本质上也是建立国家信用，这是美国能够后来居上的关键举措。

金融系统包括融通资金、资产配置、支付和清算、汇小成大和拆大成小、风险管理、信息生产与发现、提供激励等七大职能。市场主导的金融系统与商业银行主导的金融系统的职能有相同之处，也有差异之点。一国选择哪种金融系统取决于该国的信用基础是否牢靠，取决于该国的信用意识是淡薄还是浓厚，取决于该国的信用制度是否完善。

关键概念

| 信用 | 金融 | 商业信用 | 银行信用 | 国家信用 |
| 消费信用 | 租赁信用 | 国际信用 | 金融系统 | 金融革命 |

问答与思考题

1. 简述信用关系包含的要素及形成条件。
2. 简述金融关系包含的要素及形成条件。
3. 简述货币形态对信用创造的影响。
4. "资本不是储蓄的结果,而是信用提供的结果",简述该论述的内涵及意义。
5. 简述信用的作用。
6. 比较信用与金融的差异。
7. 货币本位对金融活动的影响有哪些?
8. 简述"金融的困境"的内涵及形成的原因。
9. 简述金融系统的类型并比较其职能差异。
10. 简述金融革命的内涵、作用和意义。
11. 简要比较税收和债券两种融资方式的异同。
12. 简要比较投资银行与商业银行在融资和资产配置中作用的差异。
13. 商业银行系统是金融系统的基石,为什么?
14. 比较汇小成大与拆大成小的异同。
15. 简述金融系统风险管理职能的内容。
16. 简述金融系统信息发现与生产职能的内容。

第三章
金融工具：风险与定价

金融工具是指在金融市场可交易的金融资产，是用来证明贷者与借者之间融通货币余缺的书面证明，其最基本的要素为支付的金额与支付条件。

金融工具是资金短缺方在一定期限内获得资金的凭证，持有凭证的资金盈余方能够从中获得收益，也要承担相应的风险，到期不能偿还会给持有者造成损失。

第一节 金融工具

一、金融工具：权威机构的定义

国际会计准则委员会第 32 号准则对金融工具的定义："一项金融工具是使一个企业形成金融资产，同时使另一个企业形成金融负债或权益工具的任何合约。"

(1) 金融资产泛指如下任何一类资产：① 现金；② 合约规定的从另一企业收到现金或其他金融资产的权利；③ 合约规定的在潜在有利条件下与另一企业交换金融工具的权利；④ 另一个企业的权益工具。

(2) 金融负债泛指如下任何一项负债：① 合约规定的转移现金或其他金融资产给另一企业的义务；② 合约规定的在不利的条件下与另一企业交换金融工具的义务。

(3) 权益工具，是指企业资产抵消相关的负债后的净资产权利的合约。

美国财务会计准则委员会第 105 号财务准则公告(SAS105)对金融工具的定义：金融工具包括现金、在另一企业的所有权益以及如下两种合约：① 某一个体向其他个体转交现金或其他金融工具，或在潜在的不利条件下与其他个体交换金融工具的合约规定的义务；② 某一个体从另一个体收到现金或其他金融工具的合约规定的权利。

上述定义限制了金融工具的范围，即某一项债务合约如果交换的对象不完全是货币或其他类型金融资产，则不是金融工具。

二、金融工具的基本特征

(一) 偿还期

偿还期是指从借款人获得借款开始，到借款全部偿还清为止所经历的时间。债务性金融工具在发行时一般都会规定偿还期，权益性金融工具视情况有所不同。

(二) 流动性

流动性是指金融资产在转换成货币时，其价值不会蒙受损失的能力。

(三) 风险性

风险性是指投资于金融工具的本金是否会遭受损失的风险。

(四) 收益性

收益性是指金融工具能定期或不定期给持有人带来收益的特性。

三、货币市场工具

(一) 货币市场工具

货币市场工具是指期限小于或等于1年的债务工具,它们通常具有很高的流动性。在我国,包括以下种类:现金;1年以内(含1年)的银行定期存款、大额存单;剩余期限在397天以内(含397天)的债券;期限在1年以内(含1年)的债券回购;期限在1年以内(含1年)的中央银行票据;中国证监会、中国人民银行认可的其他具有良好流动性的金融工具。

货币市场工具的到期日在1年以内,因此都属于债务凭证。由于期限较短,本金通常具有较高的安全性。正是因为期限较短,其收益率通常较低。

主要的货币市场工具包括短期国债、大额可转让存单、商业票据、银行承兑汇票、回购协议和其他货币市场工具等。

(二) 短期国债

短期国债是一国政府为满足先支后收所产生的临时性资金需要而发行的短期债券。短期国债在英美称为国库券,英国是最早发行短期国债的国家。

短期国债的特征有二:(1)风险最低,政府在一国有最高的信用地位,一般不存在到期无法偿还的风险;(2)高度流动性,由于短期国债的风险低、信誉高,机构和个人都需要通过持有短期国债调节资产结构、管理风险,这就为短期国债创造了流动性充裕的二级市场。

短期国债按期限划分,短期国债包括3个月、6个月、9个月和12个月等期限;按付息方式分为贴现国债和附息国债,大部分为贴现国债。

(三) 大额可转让存单

大额可转让定期存单,是银行发行的到期之前可转让的定期存款凭证。凭证上印有一定的票面金额、存入和到期日以及利率,到期后可按票面金额和规定利率提取全部本利,逾期存款不计息,大额可转让定期存单可流通转让,自由买卖。大额可转让存单是银行存款的证券化。

大额可转让存单通常不记名,不能提前支取,可以在二级市场上转让;大额可转让存单按标准单位发行,面额较大;大额可转让存单大多由银行发行;大额可转让存单期限多在1年以内。

(四) 票据

票据是具有一定格式、载明金额和日期、到期由付款人对持票人或指定人无条件支付一定款项的信用凭证。票据的期限一般都在1年以内。

与票据相关的行为包括出票、背书、承兑和付款。出票，是指创造和签发票据的行为；背书，是指票据的收款人或持票人为了将未到期的票据转让给第三者而在票据的背面签名盖章的行为；承兑，是指票据的付款人在票据上签名盖章，写明"承兑"字样，承诺票据到期保证付款；付款，是指票据到期时，持票人提交票据，付款人或承兑人付款。

按照种类，票据分为本票、汇票和支票三类。

本票是由出票人签发的、承诺自己在见票时无条件支付确定的金额给收款人或持票人的票据。根据出票人的不同，本票可以分为银行本票和商业本票。

汇票是由出票人签发的、委托付款人在见票时或者在指定日期无条件向持票人或收款人支付确定金额的票据。根据出票人的不同，汇票可以分为商业汇票和银行汇票。汇票可以是见票后立即付款的，也可以是指定在未来的一定期限内付款的汇票。承兑汇票是经过付款人承兑才有效的、在未来的一定期限内付款的汇票。

支票是由出票人签发的、委托办理支票存款业务的银行或其他金融机构在见票时无条件支付确定金额给收款人或持票人的票据。支票经过背书后可以流通转让。

按是否有真实经济活动，分为真实票据和融通票据。真实票据是指有商品交易背景的票据。真实票据通常伴随着商品流通。融通票据是没有交易背景、单纯以融资为目的发出的票据。融通票据通常是为了短期资金融通的目的而发行的。

票据出现之后，票据贴现与票据贴现市场随之出现。票据贴现是票据具有良好流动性的不可或缺的行为。票据贴现是指票据持有人在需要资金时，将其持有的未到期的票据以一定的折扣转让给第三方，获得余款的行为。票据贴现是进行短期融资的一个重要手段。票据的买卖双方进行票据交易的市场就是票据交易市场，这是一个场外交易市场。

（五）回购协议

回购协议是指以有价证券作抵押的短期资金融通，在形式上表现为附有条件的证券买卖。

回购协议的特征包括：(1) 将资金的收益与流动性融为一体，投资者有更多的选择。投资者根据自己的资金安排，与借款者签订"隔日"或"连续合同"的回购协议，在保证资金可以随时收回的前提下，增加资金的收益；(2) 增强了长期债券的变现性，避免了证券持有者因出售长期资产变现而可能带来的损失；(3) 具有较强的安全性，回购协议一般期限较短，并且又有100%的债券作抵押，所以投资者可以根据资金市场行情变化，及时抽回资金，避免长期投资的风险。

较长期的回购协议可以用来套利。如银行以较低的利率用回购协议的方式取得资金，再以较高利率贷出，从中获得利差。

（六）同业拆借

同业拆借资金是为了弥补金融中介机构短期资金的不足、票据清算的差额以及解决临时性的资金短缺的需要而向同行拆借资金的行为。同业拆借资金通过同业拆借市场进行流通。

同业拆借的特征包括：(1) 同业拆借市场的资金交易期限比较短；(2) 同业拆借市场向金融中介机构便捷地提供流动性，调剂头寸，而不是像一般的用于投入实物生产的贷款；(3) 同业拆借的主体都是信誉良好的金融中介机构，因此不需要担保，手续简便。

按照交易方式划分，同业拆借可分为信用拆借和抵押拆借；按期限长短分，同业拆借可分为隔夜(1天)、7天、21天、28天、3个月等品种。

四、资本市场工具

资本市场工具是指期限在1年以上的金融工具,包括股票和长期债券两类。

(一) 股票

股票是由股份公司发行的权益凭证,代表持有者对公司资产和收益的剩余索取权。剩余索取权,就是指股东的权益在利润和资产分配上表现为在公司偿还债务后,才能索取剩余的收益的权利。与剩余索取权相对应的一个概念是剩余控制权,股票所有人的剩余索取权在很大程度上取决于剩余控制权。剩余控制权是对收入的控制权,如使用、支配、处置等权能。现代产权理论把剩余控制权看作产权的本质,它是在契约中事先不能规定的那份控制权的权力。所以,相对于条款列明的或已作规定的特定控制权来说,它们就成了剩余控制权。

股票分为普通股和优先股。

普通股,是指在公司的经营管理和盈利及财产的分配上,在满足所有债权偿付要求及优先股东的收益权与求偿权要求后对企业盈利和剩余财产的索取权。它构成公司资本的基础。

普通股的股东是公司的所有者,享有经营决策参与权、盈利分配享有权、优先认股权和公司解散时的财产分配权。

普通股股东一般有出席股东大会的权利,他们可以在股东大会上行使表决权、选举权和被选举权,通过投票的方式参与公司的经营管理。

普通股一般可以在市场上流通转让,其价格往往会有很大的波动。

普通股股东不仅可以通过卖出股票时得到超出购买价格的差额部分的收益,还有获得企业盈利分配——股息的权利,股息的多少由企业的管理者根据经营状况和发展规划确定。

优先股,是相对于普通股而言的,主要指"在利润分红及剩余财产分配的权利方面,优先于普通股"。优先股是指在剩余索取权上优先于普通股的股票。

优先股股东获得的股息通常是固定的。

优先股的股东往往没有投票权,他们通常不能参与企业的经营管理。

股票的特征包括:(1)股票没有偿还期,企业不必因为到期而收回股票;(2)具有良好流动性,股票在初级市场由证券商承销后,可在二级市场买卖,也可在柜台上买卖,从而较易变现;(3)股票不需要还本付息,也没有确定的股息及红利政策,上市公司可以根据自身发展计划对股票总数和股息支付进行调整;(4)股东有权投票参与决定公司的重大经营决策。

(二) 长期债券

长期债券是发行者为筹集长期资金而发行的债券。一般来说,偿还期限在1年以内的为短期债券;1年以上、10年以下的为中长期债券或称中期债券;偿还期限在10年以上的为长期债券。债券是一种资金借贷的凭证。一旦期限到期,发行人须偿还全部本金,结清所有的利息,债务因此停止存在。

面值、利率和期限是债券的三大基本要素。

债券面值是指债券到期时发行人偿还给债券持有人的金额,又称为债券的票面价值。

债券的票面利率是债券的发行人答应支付的利率,在债券的存续期内,债券的发行人按照债券的面值与票面利率的乘积向债券的持有人支付利息。

零息债券是一种以低于面值的方式发行、不支付利息、到期按债券面值偿还的债券。

固定利率债券是指事先确定利率,每半年或一年付息一次,或一次还本付息的债券。

浮动利率债券是息票利率在某一基础利率之上加一定溢价的债券。

债券发行人是决定债券信用级别的最重要因素,包括政府、公司和金融机构。

政府债券,是指中央政府、政府机构和地方政府发行的债券。政府债券又可以分为中央政府债券、政府机构债券和地方政府债券。

公司债券,是由公司发行的债券。按照公司债券是否有抵押品划分,公司债券可分为信用债券和抵押债券。信用债券是完全凭借信誉,不需要任何抵押品发行的债券。抵押债券相反,是以土地、房屋等不动产作为抵押品发行的债券。

金融债券,是指银行等金融中介机构发行的债券。

债券利息支付方式一般可分为一次性付息和分次付息两类。

一次性付息分为以复利计付利息和以贴现方式计付利息两类。一次性付息是指,在债券发行时,按复利将票面额折算成现值发行,到期时按票面额还本付息,票面额与发行时现值的差额,就是以复利计算的债券利息。以贴现方式计付利息是指,投资人按票面额与应收利息额之间的差价购买债券,到期按票面额收回本息。两者的差别在于,前者按照投资额计算利息,而后者按照票面金额计算利息。

分次付息,是指在债券有效期内分若干次支付利息,分为按年付息、按半年付息和按季度付息三种方式。

债券可能包括其他条款:可赎回条款赋予债券的发行人在规定的到期日之前买回全部或部分债券的权利。可转换条款赋予债券的持有人在一定条件下把债券转换为普通股股票的权利。包含可赎回条款的债券称为可赎回债券。包含可转换条款的债券称为可转换债券。

债券的信用评级是债券定价的基础。信用评级是市场经济环境下,对企业、债券发行者、金融机构等市场参与主体,就其将来完全偿还或按期偿还债务的能力及其可偿债程度进行综合评价的业务。债券信用评级是信用评级的核心内容(见表3-1)。

表3-1 信用评级公司的信用等级

信贷风险	标准普尔 (Standard & Poor's)	穆迪 (Moody's)	惠誉 (Fitch)
投资级别债券			
最高素质	AAA	Aaa	AAA
高素质	AA	Aa	AA
中至高等素质	A	A	A
中等素质	BBB	Baa	BBB
非投资级别或高孳息债券			
稍有投机成分	BB	Ba	BB
投机性质	B	B	B
高度投机性质	CCC	Caa	CCC

(三) 优先股和债券的比较

(1) 优先股与债券都属于固定收益类产品,市场价格都受到市场利率波动的影响,属于利率敏感性产品。与债券类似,优先股也有评级机构进行评级。

(2) 两者在法律属性、偿还约束、利息和股息来源等存在根本性区别。

首先,两者的法律属性不同。优先股的法律属性属于股票。不过,根据我国现行的会计准则和国际做法,优先股作为权益还是负债入账需要由公司和会计师根据优先股的不同条款判断其本质性特征。这种可选择的灵活性使发行人可以通过不同的条款设计实现公司优先股在权益或负债认定方面的不同需求。

其次,两者对发行者的约束不同。优先股没有到期的概念,发行人没有偿还本金的压力;而除了永续债券这种特殊的混合证券外,绝大多数债券需要到期还本付息。

再次,在发行主体违约时,两者的救济和保障机制也不同。

当发行方出现亏损或者利润不足以支付优先股股息时,优先股股东相应的保障机制包括:如有约定,可将所欠股息累积到下一年度;恢复表决权直至公司支付所欠股息。

对于债券持有人而言,定期还本付息属于公司必须履行的强制义务,如果公司不能按时还本付息会构成违约事件,公司有破产风险。因此从风险角度来说,优先股的股息收益不确定性大于债券。

最后,两者的税收处理不同。优先股的股息一般来自于可分配税后利润,而债券的利息来自于税前利润。

五、金融衍生工具

(一) 金融衍生工具的定义和作用

金融衍生工具,是对一种特殊类别买卖的金融工具统称。这种买卖的回报率是根据其他金融要素的表现情况衍生出来的。比如,资产(商品、股票或债券)、利率、汇率,或者各种指数(股票指数、消费者物价指数,以及天气指数)等。这些要素的表现将会决定衍生工具的回报率和回报时间。

衍生金融工具的交易是零和游戏,是智慧游戏。

金融衍生工具可用于对冲风险,采取与标的资产相反的操作,就能有效对冲风险。例如,小麦农夫和磨坊主人订立期货合约,在未来以现金买小麦。双方因此都能减低风险:小麦农夫能确定价格,而磨坊主人则能确定小麦供应。

金融衍生工具还可用于投机和套利。投机是指货币所有者以其所持有的货币购入非货币资产,然后在未来将购得的非货币资产再次转换为货币资产,以赚取较低的购入价格和较高的出售价格之间的利润,即差价。套利是指在某种实物资产或金融资产(在同一市场或不同市场)拥有两个价格的情况下,以较低的价格买进,以较高的价格卖出,从而获取丰厚的收益。

(二) 远期与期货

远期合约与期货合约是同一属性的衍生工具,都是在当前买卖中约定未来某一个特定时间交割的工具。

1. 远期合约

远期合约是指交易双方约定在未来的某一确定时间,按照确定的价格买卖一定数量的某种资产的合约。双方交易的资产又称为标的物。

在合约的规定中,将未来买入标的物的一方称为多方,而在未来卖出标的物的一方称为空方。合约中规定的未来买卖标的物的价格称为交割价格。使得远期合约价值为零的交割价格称为远期价格。

远期利率协议是买卖双方同意从未来某一商定的时间开始在某一特定的时期内按照协议利率借贷一笔数额确定、以具体货币表示的名义本金的协议。

远期合约的特点在于它是非标准化的合约。因此,远期合约的双方可以就交割地点、交割时间、交割价格、合约规模和标的物的要求等许多细节问题进行谈判,从而使双方都得到尽量大的满足。

2. 期货合约

期货合约是协议双方同意在约定的将来某个日期按照约定的条件(包括价格、交割地点、交割方式等)买入或卖出一定标准数量的某种金融工具的标准化协议。

期货的主要特征和与远期的特征区别有以下五点:

(1) 两者的交易场所不同。期货在具体的交易场所之内交易,而远期通常在场外交易。

(2) 两者的标准化程度不同。期货是标准化合约,期限、价格、规模等都是标准化的。远期是非标准化合约,是交易双方协商达成的。

(3) 两者的履约方式不同。期货通常选择在交易所内买入相反方向的合约对冲的方式完成履约。远期通常以实物交割的方式完成履约。期货的流动性远优于远期,但远期的交易规模通常远大于期货,在期货市场上交易会造成价格的大幅波动,导致买卖成本更高。

(4) 两者的价格确定方式不同。期货的价格由交易所内买家与卖家的交易确定。远期的价格由交易双方谈判达成,期货价格是重要的参考标准。

(5) 两者的风险不同。期货交易所实行严格的保证金制度,为交易双方提供信用担保,交易双方只是面临价格波动的风险,不存在信用风险。远期合约交易既存在价格风险,还存在信用风险,交易双方通常要根据对方信用状况在合约中约定缴纳定金、第三方担保等违约赔偿的条款,以降低信用风险。

3. 期货交易的保证金制度

期货交易所通过建立保证金制度,将信用风险标准化。

初始保证金:投资者在衍生证券交易中最初开仓时必须存入的资金数量。

维持保证金:在平仓之前,投资者的保证金账户必须维持在其之上的某一最低数额。

盯市:保证金账户根据前一天和当天的衍生证券价格变化进行调整的活动。

4. 期货价格与现货价格的关系

期货价格的影响因素中,最重要的是标的物的现货价格。

期货价格和现货价格的关系可以用基差表示。基差(Basis)是现货价格与期货价格的差值,即

基差＝现货价格－期货价格

凡是影响决定基差的现货价格与期货价格两方面因素的最终都会影响基差变动。主要包括：该商品的一般供给与需求情况、替代商品的供给与需求情况及相对的价格、运销情况和运输问题及运输价格的构成、商品本身的品质、交割的期限、持有成本的变动、政府政策、战争与动荡、经济周期波动和经济变动因素、投机的心理影响等。

图 3-1 和图 3-2 是现货价格与期货价格的两种情况。在到期日之前,不管基差是正还是负,在到期日,基差总是为 0,期货价格总是等于现货价格,否则就可以在一个市场买进同时在另一个市场卖出以套利。

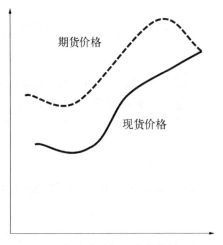

图 3-1　期货价格与现货价格关系(Ⅰ)

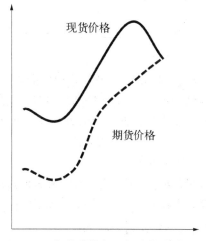

图 3-2　期货价格与现货价格关系(Ⅱ)

(三) 期权

金融期权是一种未来的选择权,期权的买方有权在规定的时间内,按照约定的价格买进或卖出一定数量的资产,也可以根据需要放弃行使这一权利。为了得到这一权利,期权的买方必须向卖方支付一定的期权费。

1. 期权的分类

(1) 根据涨跌区分。

看涨期权：赋予购买者在规定时间内以协议价格向期权出售者买入一定数量某种标的物的权利。

看跌期权：赋予购买者在规定时间内以协议价格向期权出售者卖出一定数量某种标的物的权利。

(2) 根据期权执行的时间区分。

欧式期权：期权买方只能在期权的到期日才能行使买进或卖出标的物的权利。

美式期权：期权买方可以在购买期权后、期权到期前的任何时间执行期权。

2. 期权交易的盈亏分布

期权合约与期货合约的一个重要的区别是，交易双方的地位是不平等的，期权的买方拥有决定是否执行期权的权利，但没有相应的义务；而期权的卖方只能根据买方的决策予以配合，只有义务而没有权利。

我们用 S 表示标的物的价格，X 表示期权合约中约定的执行价格（见表 3-2）。

表 3-2 看涨期权的执行和盈亏分布表

	$S > X$	$S = X$	$S < X$
是否执行	是	否	否
买方的损益	$S - X - C$	$-C$	$-C$
卖方的损益	$C - (S - X)$	C	C
期权类型	实值期权	两平期权	虚值期权

（1）实值期权。

在期权到期时，对于看涨期权的买方，当 $S > X$ 时，如果期权立即履行，期权的买方可以以较低的价格 X 买入标的物，以较高的价格 S 在市场上出售标的物，从中获取差价，这种如果立即履约从而使持有者获得正的现金流的期权称为实值期权（In the Money）。实值期权中，期权的卖方必然遭遇损失。

（2）两平期权。

如果到期时，$S = X$，对于看涨期权的买方，市场上标的物的价格与协议价格相同，如果立即履行合约，持有者也不会有任何损益，这种期权是两平期权（At the Money）。两平期权下，持有人没有必要执行期权。

（3）虚值期权。

还有一种情况是，到期时，期权存在 $S < X$。对于看涨期权的买方，如果执行期权，相当于以较高的协议价格 X 买入标的物，然后在现货市场上以较低的价格 S 出售，这样一来，期权的买方必然遭受损失，这种如果立即履约，其持有者现金流为负值的期权称为虚值期权（Out of the Money）。显然，此时看涨期权的买方宁可放弃也不会执行期权，以避免损失。

由于期权交易中，买方与卖方的权利和义务是不对等的。为了得到在未来买入或卖出的权利，期权的买方要向期权的卖方支付期权费。期权费又被称为期权价格，是期权买方买入权利支付的价格。我们通常用 C 表示看涨期权的价格，用 P 表示看跌期权的价格（见表 3-3）。

表 3-3 看跌期权的执行和盈亏分布表

	$S > X$	$S = X$	$S < X$
是否执行	否	否	是
买方的损益	$-P$	$-P$	$X - S - P$
卖方的损益	P	P	$P - (X - S)$
期权类型	虚值期权	两平期权	实值期权

3.期权买卖双方盈亏的图示
(1)看涨期权的盈亏平衡点。

$$盈亏平衡点＝履约价格＋期权费$$

(2)看跌期权的盈亏平衡点。

$$盈亏平衡点＝履约价格－期权费$$

(3)看涨期权与看跌期权盈亏如图3-3所示。

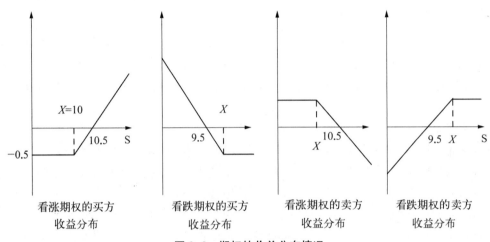

图3-3 期权的收益分布情况

(四)金融互换

金融互换是指交易双方按照约定的条件,在一定的时间内,交换标的物的合约。

利率互换是指双方同意在未来的一定期限内根据两笔同种货币、金额相同、期限相同的本金交换利息现金流的活动。

货币互换是指交易双方在未来一定期限内交换期限相同的两种货币的本金和利息。

第二节 金融工具的收益率

金融工具是在特定时期内货币让渡的凭证,货币的时间价值是金融工具具有收益率的根本原因。金融工具的收益率由两部分组成:一是金融工具产生的回报;二是金融工具买入和卖出的价差。

一、货币的时间价值

(一)货币的时间价值的定义

货币的时间价值是指当前拥有的一定量的货币比未来拥有的一定量的货币具有更高的价值。货币的时间价值的理论基础是机会成本,指的是对拒绝备择品或机会的最高价值的估计。

资金盈余者将资金让渡之后,在让渡期内不能使用这笔资金,丧失了尝试其他选择的机会,其他选择的机会的收益也就是让渡资金的机会成本,资金盈余者只有获得补偿才愿意让渡其资金。

资金受让者可以在让渡期内运用受让资金培育自己的能力或者投资获得更多回报。比如,助学贷款有助于培育人力资本,购置设备有助于资本积累,房屋贷款有助于改善住房条件等。

(二)货币具有时间价值的原因

古典经济学家认为,贪图享受是人类的本性,当下的消费比在未来同等数量的消费获得的效用更大,因此人们对同样数量的同一物品的评价,当下的比未来的更大,这就是"人性的不耐"。因为人性的不耐,要使人们延期消费,就要给予补偿,利息就是延期消费的代价。

出借资金意味着推迟当前的消费,必然要求在未来获得更多的消费,即需要得到比出借的资金额更多的资金,比本金多出来的部分就是利息,利息与本金之比即利率。

对于人性的不耐,庞巴维克称之为"时差论",利息源于"现在的物品通常比同一种类和同一数量的未来的物品更有价值";费雪称之为"时间偏好论","利率是现在财货与将来财货进行交换时的一种贴水,有一部分是由主观因素决定的,即现在财货优于将来财货的边际偏好。这种偏好称为人性不耐。决定利率的另一主要部分是客观因素,即投资机会";马歇尔称之为"等待说",利息源于出借者"抑制现在的消费,等待未来更多的报酬"。

(三)金融工具的收益

金融工具通常具有收益性,其持有人在持有期内可以得到相应的利息。除了利息,金融工具在金融市场上交易过程中,价格的波动会形成买卖价差,称为资本收益。金融工具的收益由持有期内获得的利息回报与资本收益两部分组成。正是在这个意义上,持有金融工具的回报称为收益率。

二、收益率及其分类

收益率分为到期收益率、当期收益率、贴现基础上的收益率与持有期收益率。

(一)到期收益率

到期收益率是计算利率的最重要方法,米什金认为到期收益率就是利率。他给出的定义是,到期收益率是使债务工具所有未来回报的现值与其今天的价值相等的利率。它是不断变动的。

$$P = \sum_{t=0}^{n} \frac{D_t}{(1+i_t)} + \frac{F_n}{(1+i_n)}$$

其中,P:当前的购买价格;D_t:每一期的回报;i_t:每一期的利率;F_n:面值。

给定 P、D_t 和 F_n,计算得出的 i 就是到期收益率。

（二）当期收益率

当期收益率是到期收益率的近似值，它是以年息票利息除以债券价格的比例。

$$i_c = \frac{D}{F}$$

（三）贴现收益率

这是在贴现基础上对收益率的简称。

$$i = \frac{F-P}{P} \times \frac{360}{\text{到期日的天数}}$$

（四）持有期收益率

持有期收益率，又称为回报率，是考虑债券买入和卖出价格的收益率。债券的持有人可以在债券到期以前把所持有的债券卖出去。持有期收益率是债券的持有者在买入债券到卖出债券的这段时期内的收益率。

如果用 P_b 表示买入债券的价格，用 P_s 表示卖出债券的价格，用 C 表示在持有期内所获得的全部的利息，用 y_h 表示持有期收益率。那么持有期收益率可以表示为

$$y_h = \frac{C + P_s - P_b}{P_b} = \frac{C}{P_b} + \frac{P_s - P_b}{P_b}$$

金融工具的收益率并不是确定无疑的，而是存在多种可能性，也即不确定性，金融工具天然地具有风险。收益率和风险是金融工具的一体两面，是相互依存的。

第三节 风险的定义与度量

不确定的因素和信用方面的考虑都可能使投资者面临未来的损失，这就需要引入风险进行估量。金融相关的风险是与收益密切相关的一个概念。

英文的风险 Risk，据考证源于意大利语 Risque，指客观的危险，表现为自然灾害或者航海遇到的礁石、风暴等事件。现代意义的风险，主要指未来的不确定性造成损失或危险的可能。

一、风险的定义

风险是指在某一特定的时间段内损失发生的可能性。奈特将风险定义为"能被计算概率与期望值的不确定性"，不能被预先计算与评估的不确定性是不可控的，因而无法测算，不属于风险的范畴。

奈特定义的风险既有可能带来损失，也有可能带来收益，表现为实际出现的结果与人们的期望之间的差异，属于广义的风险。如果将风险限定为损失的可能性，获利的可能性不属

于风险,这是狭义的风险。

加入人的认知能力的因素,风险的延伸定义是,个人和群体在未来遇到损失的可能性以及对这种可能性的判断、认知和应对。如果能提高认知风险事故的能力,能找到减小造成损失事故发生概率的方法,能控制损失的措施,就能从一般人无法应对的风险中找到机会。

风险由风险因素、风险事故和风险损失等要素组成。

金融活动中的风险是奈特定义的广义的风险。金融系统的一个重要的功能是风险管理。

二、风险的属性

自然属性、社会属性与经济属性是风险的三大基本属性。

(一) 风险的自然属性

风险,顾名思义,是风的不可控造成损失的可能性。前工业时代,几乎主要行业都靠天吃饭,而天气的变化总是以风的变化为先兆;渔民出海打鱼,风是最主要的决定因素;西欧开展远洋贸易,风同样是决定成败和损益的关键。由风进一步引申到自然界其他灾害,包括地震、洪水、雷电、海啸等客观存在的自然现象对人类造成的损失。

(二) 风险的社会属性

社会"是共同生活的个体通过各种各样关系联合起来的集合"。风险的社会属性是指人的活动或者人依托的社会组织、制度、规范及技术等产生的损害人们健康和利益的风险事件。由人的行为以及人依托的组织的行为造成的损害比自然灾害造成的损害更频繁、更常见,损害的总和也更大。

(三) 风险的经济属性

风险的经济属性指的是风险与经济利益的关联性,只有当风险事故对人身安全和经济利益造成切实的伤害,造成实际的损失,才能称为风险;否则,就不是风险。

(四) 风险是客观存在与主观认知的对立统一

风险是客观存在的。佩费尔将风险定义为可测度的客观概率;奈特认为风险是可测定的不确定性。这种风险定义认为风险是客观存在的,通过对风险事件的观察可以在数学上用某些方法予以测度和计算。风险的客观存在性是风险可计算、可度量的理论前提。

客观存在的风险存在两个主要问题:(1) 客观是相对的;(2) 人们对风险评估总是会加入自己的价值观与偏好。

风险同时也是主观感知的。不确定性是主观感知的、个人层面知识上和心理上的认知,是个人依据其对客观事物的认识而作出的主观估计,不存在适用于所有人的衡量风险的客观尺度。

主观感知的风险并非否认风险的客观存在性,只是更强调个人基于其知识和经验在某些具体的特定的精神和心理状态下认识不确定性、作出判断的差异性。

专家交易者和普通交易者对同一事物和状态的认识迥然不同,判断和决断必然不同,对普通交易者而言的风险对专家交易者来说反而是机会。

三、金融风险的种类

金融风险本质上都是违约风险。违约风险是指各种经济合同的签约人到期不能履约而给其他签约人带来损失的风险。

按照不同标准,金融风险可以具体划分为不同类型。

(一) 按风险是否可保

按照风险是否可保分为可保风险和不可保风险。

可保风险是保险人有能力承保的风险,不可保风险是保险人没有能力承保的风险。

可保风险包括的条件包括:

(1) 风险确实存在,并且有发生重大损失的可能性。如果损失有限,投保人自己有能力承担损失,就不需要保险。

(2) 风险事故的发生必须是意外的,风险的发生是偶然的,不是故意行为造成的。

(3) 必须满足大数定律。风险必须是大量标的均有损失的可能,但不存在这些标的同时发生损失的可能性。风险必须满足大数定律并且具有现实可测性,才是可保的。

(4) 风险必须是非投机性的。如果投机性风险可保,则被保险人在风险导致获益时获得投机收益,在风险导致损失时获得保险赔偿,即被保险人确定获利。这会鼓励投机行为,给保险人带来巨大损失。

(二) 按金融变量变化划分

基础金融变量变化造成的风险是金融活动需要经常面对的风险。

(1) 利率风险是指利率的不确定性变动给相关的经济主体带来经济损失的可能性。

(2) 通货膨胀风险是指通货膨胀率的不确定性变动导致经济主体遭受经济损失的可能性。通货膨胀风险,又称购买力风险。

(3) 汇率风险是指汇率的不确定性变动给相关经济主体带来经济损失的可能性。

(三) 按流动性水平划分

流动性是指一项资产被转换为现金的难易程度、所需的成本和时间长短。

流动性风险是指经济主体由于金融资产流动性的不确定性变动而遭受经济损失的可能性。

流动性是金融市场的血液,也是金融机构的生命线。缺失流动性的金融机构往往会陷入经营困境,业务难以为继。

(四) 根据事前事后

风险事件发生前后,当事人都会遭遇信息不对称的困扰。信息不对称是指交易的一方对交易的另一方没有充分了解,因而难以作出准确决策的情况。

信息不对称给交易者带来两方面的风险。

发生在交易之后的信息不对称称为道德风险,是指交易发生以后由于信息不对称引起的交易中的一方遭受损失的可能性。

发生在交易以前的信息不对称称为逆向选择,是指在交易双方信息不对称的情况下,信息优势的一方利用其信息优势作出的选择与信息劣势一方的目标相反,从而给信息劣势的一方造成损失的可能性变大的现象。

(五)按照风险是否能够分散划分

系统性风险是经济体系中所有资产都面临的、不能通过分散投资来相互抵消的风险。非系统性风险是一项资产特有的、可以通过分散投资以相互抵消的风险。

$$资产风险 = 系统性风险 + 非系统性风险$$

(六)按照其他标准

国家风险(National Risk)是指在涉外经济活动中,经济主体因为外国政府的行为变化而遭受损失的可能性。

法律风险(Legal Risk)是指由于交易不符合法律规定从而造成损失的可能性。

四、风险偏好和无差异曲线

(一)风险偏好

风险偏好是人们对待风险的态度。

风险厌恶者不喜欢风险,在预期平均收益率一样的情况下,风险厌恶者倾向于选择风险较小的投资工具。

风险中立者对风险持中立的态度,在预期平均收益率相同的情况下,不同风险的金融工具对风险中立者而言是完全相同的。

风险偏好者在预期平均收益率相同的情况下,会选择风险较大的金融工具以期获得更高的收益。

(二)风险偏好的影响因素

风险偏好的影响因素包括投资者的收入或持有的财富、投资额的大小、投资者对经济前景和市场风险变动的预期。

(三)无差异曲线

无差异曲线是给投资者带来同样满足程度的预期收益率与风险的所有组合(见图3-4)。

风险厌恶者的无差异曲线有三个主要的特征:

(1)无差异曲线的斜率是正的,这说明随着风险的增加,收益也相应地增加,在效用不变的情况下,低风险对应着低收益,高风险的投资必须有高回报,投资者的满足程度才会相同。

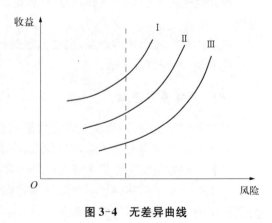

图3-4 无差异曲线

（2）无差异曲线是下凸的，即在同一条无差异曲线上，斜率随着风险的增加而变大，要使投资者多承担等量的风险，收益的补偿必须越来越高。这也是由预期收益率的边际效用递减决定的。

（3）同一投资者可以拥有多条无差异曲线，每一条无差异曲线互不相交，代表了不同的效用水平。

五、单个资产的风险衡量

（一）方差和标准差方法

期望收益率是未来投资收益的各种可能结果与出现概率乘积的总和。

如果用 $E(r)$ 代表期望收益率，一共有 n 种可能的投资结果，其中，第 r 种投资结果的收益率是 r_i，第 i 种投资结果出现的概率是 p_i，则期望收益率可以表示为：

$$E(r) = \sum_{i=1}^{n} r_i \cdot p_i$$

预期收益率是以概率为权数的加权平均收益率，实际发生的收益率与预期收益率的偏差越大，说明收益的不确定性越高，风险也越大。因此，我们用各种未来投资的收益率与期望收益率的偏离程度表示风险。

对于单个资产，这种偏离程度就是该资产的方差，在数学表达式上就是方差。方差的计算如下：

$$\delta^2 = \sum_{i=1}^{n} [r_i - E(r)]^2 \cdot p_i$$

更多的时候，我们用方差的平方根即标准差表示风险的大小。

$$\delta = \sqrt{\sum_{i=1}^{n} [r_i - E(r)]^2 \cdot p_i}$$

（二）变差系数

如果用 CV 表示变差系数，变差系数可以表示为标准差与期望收益率的比值，即 $CV = \dfrac{\delta}{E(r)}$，变差系数衡量了风险相对投资收益的偏离程度。

六、资产组合中的风险衡量

（一）协方差和相关系数

通常用协方差表示资产的收益之间的相互关系。协方差是两种资产的实际收益率和预期收益率的离差之积。

如果用 δ_{AB} 表示资产 A 和 B 的协方差，用 p_i 表示在资产 A 的收益为 r_{Ai}、资产 B 的收益为 r_{Bi} 时的概率，那么，资产 A 和 B 的协方差为：

$$\delta_{AB} = \sum_{i=1}^{n} [r_{Ai} - E(r_A)][r_{Bi} - E(r_B)] \cdot p_i$$

我们还可以用相关系数表示资产的收益之间的关系。相关系数是资产的协方差除以资产的标准差之积的数值：

$$\rho_{AB} = \frac{\delta_{AB}}{\delta_A \cdot \delta_B}$$

(二) 资产组合的风险衡量

假设投资者同时持有资产 A 和资产 B，我们分别用 ω_A 和 ω_B 表示持有的两种资产占所有投资资金的比例，因此可以知道：

$$\omega_A + \omega_B = 1$$

这两种资产组合的收益率应该是各自期望收益率的加权平均值，即资产组合的收益 R 可以表示为：

$$R = E(r_A) \cdot \omega_A + E(r_B) \cdot \omega_B$$

资产组合的风险计算相对比较复杂，不能简单地把两种资产的标准差进行加权平均。

$$\delta = \sqrt{\omega_A^2 \cdot \delta_A^2 + \omega_B^2 \cdot \delta_B^2 + 2\omega_A \omega_B \delta_{AB}}$$

可以把上式变形为：

$$\delta = \sqrt{\omega_A^2 \cdot \delta_A^2 + \omega_B^2 \cdot \delta_B^2 + 2\rho_{AB} \omega_A \omega_B \delta_A \delta_B}$$

资产组合的标准差与相关系数有密切的关系。相关系数越大，组合的风险越高。

$$\rho_{AB} = 1, \delta = \omega_A \cdot \delta_A + \omega_B \cdot \delta_B$$

$$\rho_{AB} = -1, \delta = |\omega_A \cdot \delta_A - \omega_B \cdot \delta_B|$$

$$\rho_{AB} = 0, \delta = \sqrt{\omega_A^2 \cdot \delta_A^2 + \omega_B^2 \cdot \delta_B^2}$$

第四节 金融工具的定价

一、金融工具定价的理论基础：理性与有效市场假说

(一) 理性和预期

理性是经济人的基本假设，也是金融学分析中一个重要的前提。理性的经济人参与金融活动的行为标准，或者是在既定付出下追求利润最大化，或者在既定利润下实现成本最小化。

金融活动的收益来自于未来，人们愿意持有某一项金融工具，是为了在未来获得回报。因此，对未来进行预期是金融活动成败的关键。预期，是参与经济活动的行为主体包括个

人、企业、政府等在采取行动以前,对未来可能出现的状况及其经济影响进行的估计。

1. 适应性预期

过去具有重要的参考价值,金融活动参与者通常要从历史中学习,总结经验教训,得出具有一定适用性的规律规则,然后用于指导未来的金融活动。

在20世纪五六十年代,人们以过去的表现来推导未来的表现,形成适应性预期。

2. 理性预期

未来不会完全是过去的重复,经济活动的参与者为了获得利润,必定会发挥主观能动性,尽可能搜集需要的信息,以对未来作出更准确的判断。如果能够完全获得未来的信息并且能够充分运用这些信息,就是理性预期。

理性预期已为经济理论研究广泛采用,尽管存在过于高估经济行为主体认知能力的缺陷,从而造成经济理论得出的结果与现实的偏差较大。然而,理性预期假设关注经济行为主体的主观能动性,发挥具有思维能力这一人类独有的优势,使经济行为主体还原为有自觉自愿发挥思维优势的人,而不是机械化的人,这是经济理论研究的突破性进展。

(二) 有效市场假说

理性和预期在金融活动的体现,就是有效市场假说。

有效市场假说是现代微观金融理论分析的基础,该假说认为当金融资产的价格已经包含了所有的信息时,金融市场是有效的市场,可以把金融资产的价格视为理性的价格。换句话说,如果市场是有效的,金融资产的价格可以针对最新出现的信息迅速地进行调整,其价格水平可以很快地调整到真实价值的水平。金融市场的有效性,就是指市场根据新信息迅速调整金融资产的价格的能力。

1. 有效市场的分类

有效市场假说最早由美国经济学家Fama归纳总结。Fama根据金融市场的参与者可以获得的信息种类,将有效市场进一步划分为三种有效市场,即弱式有效市场,半强式有效市场和强式有效市场。

弱式有效市场是指在金融市场上,金融资产的价格反映了所有历史价格数据和交易信息。

半强式有效市场是指在金融市场上,现在的金融资产价格不仅包括了历史价格信息,还包括了所有相关的公开信息。

强式有效市场是指在金融市场上,金融资产的价格不仅包括历史信息和所有公开信息,还包括了所有的内部消息。

2. 有效市场假说的实证研究

Fama等学者曾经对1927—1959年纽约证券交易所配股的股票进行了研究,证明了无论投资者对股息分配的预期准确与否,累计的超常收益率的曲线都证明了半强式有效市场假设的成立。许多实证研究的结果表明,在发达国家弱式有效市场和半强式有效市场是存在的,但是强式有效市场的假说并不成立。

(三) 人类理性的不纯粹性

从 20 世纪 80 年代以来，大量的实证研究和观察结果表现出来的结果却不是令人很满意。事实上，有许多结果都对传统的有效市场假说和理性预期理论提出了质疑。

经济学家 Shleifer 在 2000 年出版的《非有效市场》一书中指出，有效市场假说建立的前提包括：投资者是理性的，因此可以利用市场上所有的信息理性预期金融资产的价格；即使有些投资者是非理性的，由于这些非理性的交易是随机的，所以能够互相抵消对价格的影响；如果部分投资者有相同的非理性行为，市场仍然可以利用套利的力量和机制使市场价格恢复理性。

但是，心理学的研究证明了投资者的行为并不总是理性的。当投资者的非理性交易无法互相抵消时，会互相累加、互相影响，严重时就会形成集体无理性，严重扰动市场的正常秩序。

由于人类理性的不纯粹性，金融市场存在一些理性无法解释的现象：(1) 周末效应是指每周周一的平均收益率往往低于周二至周四的平均收益率的现象；(2) 小公司效应是指发行规模比较小的股票(又称小盘股)比发行规模比较大的股票(又称大盘股)的收益率要高。

由于心理学的研究发展和实证检验的结果等因素，有效市场假说受到了很大的挑战。心理学与金融学的学科交叉推动了金融理论的创新和发展，形成了行为金融学这一新的研究领域，乃至新的流派。

二、估值的基本逻辑：现金流量折现法

现金流量折现法(DCF, Discounting Cash Flow)：指将项目或资产在生命期内将要产生的现金流折现，计算出当前价值的一种评估方法，通常适用于项目投资、商业地产估值等。

持有金融工具的最终目的是获取收益，而收益总是来自于未来的现金流量。金融工具存续期内现金流量的折现值就是金融工具的价格。

现金流量折现的公式为：

$$P = \sum_{t=0}^{n} \frac{D_t}{(1+i_t)} + \frac{F_n}{(1+i_n)}$$

要运用现金流量折现公式对金融工具进行估值，就要知道 D_t、F_n 和到期收益率 i。

债券的估值相对简单，D_t 和 F_n 通常是已知的，只要知道到期收益率 i，就能计算得出债券的价格。

股票的估值比债券复杂。股票没有明确截止日期，F_n 可不予考虑。但每一期的股息回报 D_t 和到期收益率 i 都不是确定的。当基于假设计算出股息回报，只要知道到期收益率 i，就能计算出股票的价格。

可见，到期收益率是利用现金流量折现公式进行估值的关键。不同的经济主体，其到期收益率必然不同。对不同经济主体的到期收益率进行估算是金融活动的基础。

三、估值的关键：资本资产定价模型(CAPM Model)

建立在马柯维茨有效组合的基础上，1964 年由威廉·夏普(William Sharp)、约翰·林特纳(John Lintner)和简·莫森(Jane Mossin)等人提出资本资产定价模型(Capital Asset Pricing Model，简称 CAPM)。

(一) 马柯维茨有效组合

把所有的组合的收益率与风险的关系用坐标图上的点表示出来,就得到所有资产组合的收益率与风险的可能组合。图3-5中的曲线环绕的区域是可行集,是图3-5中ABDC等点环绕的部分。资产组合可以落在区域的内部,也可以落在区域的边界上。

在图3-5中,点A是风险最小的组合,而点D是风险最大的组合;点B是收益率最低的组合,而点C是收益率最高的组合。并不是每一个资产组合都是有效率的。作为风险厌恶者,理性投资者会选择风险最小或者收益最大的资产组合,符合这个条件的组合称为马柯维茨有效组合。图3-5中,弧线AC部分是马柯维茨有效组合,它是一条向右上方倾斜的曲线,这条曲线又称为马柯维茨有效边界。

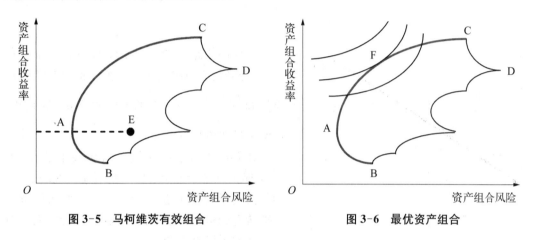

图3-5 马柯维茨有效组合　　　　图3-6 最优资产组合

马柯维茨有效边界与投资者的风险偏好情况即无差异曲线相切,就决定了最优资产组合。参见图3-6。

(二) 资本资产定价模型的假设

资本资产定价模型的假设包括：(1)对于所有的投资者,信息是免费的,是可以立即获得的;(2)所有投资者对于收益率、标准差和风险资产的协方差有相同的理性预期;(3)投资者通过投资组合的收益率和标准差来评价投资组合;(4)投资者是理性投资人,在风险相同的条件下选择收益率最高的资产组合,在收益率相同的条件下选择风险最低的资产组合;(5)每一种资产都是无限可分的;(6)对于所有投资人,无风险利率是相同的,投资者可以按照无风险利率进行储蓄或获得贷款;(7)所有的交易期限相同;(8)不考虑税收等交易成本。

(三) 资本市场线(Capital Market Line,CML)

投资者获得的收益分为两部分,从风险资产的组合中得到的,及由无风险资产带来的。投资者总收益的大小取决于投资者投资于风险资产组合和无风险资产的比例。

所有的投资人都面临同样的无风险利率,我们可以用r_f表示无风险资产的利率,ω_f表示无风险资产在所有投资中占有的比例;无风险资产没有任何风险,因此无风险资产的标准差为零;由于市场上所有的投资者的行为都是理性的,而且所有的投资人的预期相同,都会按照最优化原则选择风险资产组合,因此所有投资人面临的马柯维茨有效边界都是相同的。

风险资产组合的收益率用 $\overline{r_m}$ 表示,组合风险用 δ_m 表示,风险资产组合占总投资的比率是 ω_m;由于无风险资产的风险为零,因此无风险资产与风险资产组合的协方差为零。新的无风险资产和风险资产的组合的收益率为:

$$\overline{r_p} = \omega_f r_f + \omega_m \overline{r_m}$$

组合的风险大小相当于风险资产的比率与其标准差的乘积:

$$\delta_p = \omega_m \delta_m$$

资本市场线代表了所有利用无风险资产和市场组合进行投资的市场交易者的收益率和风险的关系。资本市场线用公式可以表示为

$$\overline{r_p} = r_f + \frac{\overline{r_m} - r_f}{\delta_m} \cdot \delta_p$$

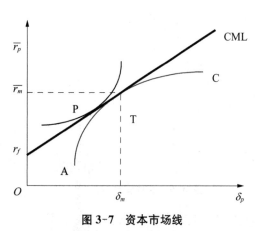

图 3-7 资本市场线

在均衡状态下,投资者的收益率由两部分构成,一部分是无风险利率 r_f,另一部分是单位风险报酬 $\frac{\overline{r_m} - r_f}{\delta_m}$ 与组合的风险水平 δ_m 的乘积。资本市场线参见图 3-7。

如果投资者选择了资本市场线上的点 $(0, r_f)$,那么意味着投资者将只投资于无风险资产;如果投资者选择了点 $T(\delta_m, \overline{r_m})$,那么投资者会把所有的资金都投入到市场组合上面,而不持有任何的无风险资产。

市场交易者最终选择的无风险资产与市场组合的比例还取决于市场交易者的无差异曲线。由于每个市场交易者的风险厌恶的程度不同,因此他们的无差异曲线可能有不同的陡峭程度。

(四) β 系数

在现实生活中,能够构造真正的市场组合的投资者并不多。大多数投资者受其可支配资金数量的限制,往往倾向于投资于一个或几个金融资产。因此,确定每一种资产的收益率与风险的关系对于在资金约束条件下构建资产组合,对于资金短缺者估算其融资成本意义重大。

市场组合的标准差为:

$$\delta_m = \sqrt{X_{1m}\delta_{1m} + X_{2m}\delta_{2m} + X_{3m}\delta_{3m} + \cdots + X_{nm}\delta_{nm}}$$

其中,δ_m 表示市场组合的标准差,假设市场组合中一共有 n 种风险资产,每一种风险资产 $i\ (i=1,2,\cdots,n)$ 的市值占市场组合的总价值的比例是 X_{im},每一种风险资产的收益率与市场组合的收益率的协方差是 δ_{im}。

市场组合的标准差等于所有风险资产与市场组合的协方差的加权平均数的平方根,权重等于各种风险资产在市场组合中所占比例。每一种风险资产的标准差的作用不是很重要,自身风险比较高的金融资产并不一定就对资产组合的风险和收益有多大的影响。真正

重要的是风险资产与市场组合的协方差。

通常用β系数表示市场组合中的特定风险资产对市场组合的风险水平的影响。用 β_{im} 表示第种风险资产的β系数,可以得到:

$$\beta_{im} = \frac{\delta_{im}}{\delta_m^2}$$

对于投资者持有的风险资产组合,该组合的β系数应该等于组合中各个风险资产的β系数的加权平均值(参见表 3-4)。对于一个由 n 种资产构成的风险资产组合 P 而言,组合的β系数为:

$$\beta_P = \sum_{i=1}^{n} X_i \beta_{im}$$

其中,X_i 表示第 i 种风险资产在资产组合中占的比例。

表 3-4　股票的 β 系数示例

股 票 名 称	β 系 数
IBM	0.73
波音(Boeing)	10.15
美国快运(American Express)	1.22
可口可乐(Coca Cola)	0.95
迪斯尼(Disney)	1.26
通用汽车(General Motors)	1.00
通用电器(General Electronics)	1.18
麦当劳(McDonald)	0.96
宝洁(Procter & Gamble)	0.87

(五) 证券市场线

证券市场线(Security Market Line,SML)表示了单个风险资产与市场组合的协方差和预期收益率之间的关系:

$$\overline{r_i} = r_f + \frac{\overline{r_m} - r_f}{\delta_m^2} \cdot \delta_{im}$$

证券市场线的另一种表示方法为:

$$\overline{r_i} = r_f + (\overline{r_m} - r_f) \cdot \beta_{im}$$

这就是资本资产市场定价模型(CAPM)。从上式中可以看出,如果某一种风险资产的β系数越高,则该风险资产的收益率就越高。

证券市场线(如图 3-8)可以用于计算风险

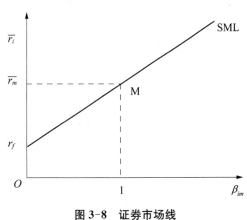

图 3-8　证券市场线

资产的到期收益率,是利用现金流量折现公式对金融工具进行估值的基础。

四、其他股票估值方法

由于股票估值的复杂性,直接应用现金流量折现公式和资本资产定价模型进行估值涉及大量计算。为方便起见,人们发展出其他可以直接应用的股票估值方法。

(一) 相对估值法

(1) 市盈率估值法(PE):合理股价＝每股收益(EPS)×合理的市盈率。
(2) 市净率估值法(PB):合理股价＝每股净资产×合理的市净率。

较适用于高风险行业以及周期性较强行业,拥有大量固定资产并且账面价值相对较为稳定的企业,银行、保险和其他流动资产比例高的公司,以及绩差及重组型公司。PB估值方法不适用于账面价值的重置成本变动较快的公司,也不适用于固定资产较少的、商誉或知识财产权较多的服务行业。

(3) 市销率估值法(P/S):市销率也称价格营收比,是股票市值与销售收入(营业收入)的比率。

(二) 成长性企业估值法

动态股价收益比(Price/Earnings to Growth Ratio,PEG),是彼得·林奇(Peter Lynch)发明的选股指标,结合考虑了目标企业的市盈率(本益比)水平和未来盈利的成长性。一般认为当PEG为1时估值合理,该数值越低,则意味着股价越被低估。

PEG＝市盈率/未来3—5年年度净利润增长率

(三) 绝对估值法

现金流量估值法是最重要的绝对估值法。

另外一种绝对估值法是重置成本法,它是在现时条件下,采用被评估资产全新状态的重置成本减去该项资产的实体性贬值、功能性贬值和经济性贬值,来估算资产价值的方法。

这些方法的本质,依然是现金流量估值方法的拓展和应用。公司的 PE、PB、PS 和 PEG 由其 β 系数决定。

本章小结

本章阐述了金融工具的定义、类型,金融工具的收益和风险,以及金融工具的估值。

对金融工具的定义承接对金融和信用的区分,只有标准化的在金融市场上交易的资产才属于金融工具。标准化通常由金融机构根据相关管理机构包括证券交易所、期货交易所及银行业同业拆借中心等提出的规范设计而成,能作为不特定的资金盈余者和资金短缺者之间资金融通的凭证,也能作为不特定投资者管理风险的凭证。因此,金融工具的类型包括债券、票据、股票等基础性金融工具和期权、期货、金融互换等衍生性金融工具,以及不同类型金融工具的搭配形成具有多重职能的组合性金融工具等。

货币具有时间价值赋予金融工具收益性。当期收益率、到期收益率、持有其收益率等，是衡量金融工具收益性的指标。金融工具的价格不断变化，形成波动起伏，未来价格的不确定性就是金融风险。方差（标准差）是衡量金融风险的工具，单一金融工具的风险由方差衡量，组合金融工具的风险由组合内金融工具的方差及其协方差共同决定。

金融工具的定价是金融的重要内容。金融工具定价的理论假设是理性和有效市场假说，定价的逻辑基础是未来现金流折现。估值大致可区分为两条路径：相对估值和绝对估值。资本资产定价模型（CAPM）是相对估值的基础性方法，市盈率、市净率、市销率等相对估值法均以 CAPM 模型为基础，又称 β 估值法。绝对估值法包括未来现金流折现估值法和重置成本法，由于关注绝对收益，又称 α 估值法。

关键概念

金融工具	货币市场工具	资本市场工具	国债	大额可转让存单
票据贴现	票据贴现市场	回购协议	票据	持有期收益率
同业拆借	股票	可赎回债券	背书	贴现收益率
可转换债券	优先股	金融衍生工具	承兑	有效市场假说
金融互换	当期收益率	可保风险	本票	现金流量折现法
不可保风险	利率风险	通货膨胀风险	汇票	资本资产定价模型
汇率风险	流动性风险	道德风险	支票	马柯维茨有效边界
逆向选择	非系统性风险	系统性风险	远期	资本市场线
国家风险	法律风险	变差系数	期货	证券市场线
周末效应	小公司效应	市盈率	期权	成本重置法
市净率	风险	融通票据		

问答与思考题

1. 简述金融工具的基本特征。
2. 简述融通票据出现的原因及其必要性。
3. 简述回购协议的特征及其作用。
4. 简述同业拆借的特征及其作用。
5. 简述股票的特征，并比较其与债券的差异。
6. 比较优先股与普通股的异同。
7. 简述债券付息方式种类，比较其差异。
8. 简述债券评级的内容和作用。
9. 比较优先股和债券的异同。
10. 金融衍生工具都有哪些特征？发挥什么作用？
11. 比较远期与期货的异同。

12. 简述期货保证金制度的内容和作用。
13. 简述期货价格与现货价格的关系。
14. 简述期权的类型及其盈亏状况。
15. 货币具有时间价值的原因是什么?
16. 简述收益率的类型,并比较其异同。
17. 简述风险的属性。
18. 为什么风险必须是非投机性的?
19. 简述风险偏好的分类及其影响因素。
20. 简述风险厌恶者的无差异曲线的特征。
21. 简述金融资产的风险的衡量方法。
22. 简述有效市场假说的分类及内容。
23. 简述金融资产估值的基本逻辑。
24. 比较资本市场线与证券市场线的异同。

第四章 利率的决定

利率是一个价格,是由实际资本、货币或者两者加总的供给和需求均衡决定的价格。利率决定因素的变化,反映了经济学家对利率认识的演化。

第一节 利率的定义、决定因素与类型

一、利率的定义

(一) 利率的定义

利息,是借款人为其所借资金支付的代价,亦是放款人延迟其消费,借给借款人所获得的回报。利率是利息与本金之比。

资金出借的期限不同,利息自然不同,利率必然不同。

(二) 利息存在的理由

利率由利息决定。利息的存在以区分生产要素为基础。庞巴维克认为,"现在的产品通常比同一种类和同一数量的未来的产品更值钱",因为现在的产品为其所有者提供了更多的选择,未来的产品只能在得到时才能为其所有者提供选择的机会。当资本具有生产性,当下与未来之间的一段时期内,资本的生产力使利息为正,即利息是资本的收益。

费雪从人的主观感受角度给出了利息存在的理由。费雪认为,人们偏好现在消费更甚于未来同一产品同等数量的未来消费,这就是"人性的不耐"。为了克服"人性的不耐",就要对人们抑制现在消费予以补偿,补偿的额度就是利息。"人性的不耐"也就是时间偏好率。

马歇尔认可费雪的利息源于人性的假设,人们要在未来获得更多的报酬,就要抑制现在的消费,要"等待"。"等待"需要克服"人性的不耐",利息就是使人们愿意"等待"向其付出的报酬。

(三) 利息与收入

在费雪看来,利息不仅是"资本所获得的收入的一部分",还是"考察各种收入流的一种方式"。所有的生产要素都会随时间变化产生收入流量,对该收入流量以某一个利息率进行贴现,就可以得到资本化价值,也就是生产要素本身的价值。费雪以土地这种要素为例,"地租与利息仅仅是度量相同收入的两种方式",由此得到的结论是,"利息不是收入的一部分,而是收入的全部"。

正是因为人们对现在产品的评价高于等量的未来同一产品的时间偏好,生产要素现在

获得的报酬通常低于未来能够生产出来的最终产品的价值,前者是后者的折现。

二、利率的影响因素

影响利率的因素很多。人们的时间偏好、资本的边际收益率以及通货膨胀、风险等因素都会影响利率。

(一) 出借资金的机会成本

决定利率是否存在的根本力量来自于出借人的主观感受——人性不耐。出借资金对出借人来说是一种"痛苦"和"损害"——痛苦是因为出借人要时时刻刻担心自己本金的安全,损害是因为出借人不能在约定期内支配自己的资金,而这本来可以改善出借人的效用。不出借资金就可以使用这些资金改善效用,放弃改善效用机会的回报就是利率。出借行为对资金所有人造成的机会成本是利率的决定性因素。

(二) 资本的边际收益率

资本的边际收益率是资金借入方使用资金能够获得的回报,是投资能够带来的回报。投资的收益越大,对借入资金的需求越大,利率越高。

(三) 通货膨胀

通货膨胀会侵蚀货币的购买力,当通货膨胀率上升,需要获得更多的回报补偿出借资金购买力的损失,因此利率必然随之上升。

(四) 风险

风险大,利率高。风险即遭受损失的可能性。风险大,遭受的损失就更大,只有提供更大的风险溢价,资金盈余者才愿意出借资金。

(五) 流动性

金融资产的流动性越好,持有人变现付出的成本越低,利率越低;反之,金融资产的流动性越差,变现付出的成本越高,利率越高。在通常情况下,人们更偏好流动性强的资产,为让出借人放弃流动性就需要对其补偿。

人们宁肯牺牲一部分利息收入也愿意持有货币的偏好,凯恩斯称为"流动性偏好"。流动性偏好越大,利率越高;反之,利率越低。

三、利率的分类

依照不同的划分标准,可以将利率区分为不同的类型。

(一) 单利和复利

依照计息方式,利率区分为单利和复利。

单利,是利息不产生利息的计息方式。具体而言,对本金在前一期得到的、尚未提取的利息在未来期不计利息的计息方式。

如果用 P 表示本金(Principle)，r 表示利率，n 表示期限，S 表示到期可以得到的本金和利息的和，那么单利下本息和可以用公式表示为：

$$S=(1+r\times n)\cdot P$$

复利，是利息产生利息的计息方式。具体而言，复利就是对本金在前一期得到的、尚未提取的利息在以后各期计算利息，又称为利滚利或息上加息。

如果用 V 表示复利下的本息和，P 表示本金，n 表示期限，r 表示利率，那么我们可以得到：

$$V=(1+r)^n\cdot P$$

如果在上式中，r 为年利率，n 为年数，一年计息 m 次，此时的复利本息计算公式就变为：

$$V=\left(1+\frac{r}{m}\right)^{mn}\cdot P$$

如果 m 趋向于无穷大，我们称之为连续复利，连续复利下本息的计算公式变为：

$$V=e^{nr}\cdot P$$

其中，e 是自然对数，有固定的数值。

（二）名义利率与实际利率

依照是否考虑通货膨胀的影响，划分为名义利率与实际利率。

名义利率是指以名义货币表示的利率；实际利率则是指物价水平不变、从而货币的购买力不变条件下的利息率。

如果用 r_r 表示实际利率，r_n 表示名义利率，π 表示通货膨胀率，则名义货币计价的资产与实际资产之间不存在套利空间，即

$$1+r_n=(1+r_r)(1+\pi)$$

则名义利率和实际利率的关系可以表示为：

$$r_r=\frac{r_n-\pi}{1+\pi}$$

如果通货膨胀率比较低，分母中 p 的影响可以忽略不计，则上式可以简化为：

$$r_r\approx r_n-\pi$$

即实际利率是名义利率与通货膨胀率之差。实际利率与名义利率、通货膨胀率的这种关系称为费雪效应。

（三）自然利率与市场利率

由货币市场供需平衡决定的利率即市场利率。一种说法是，由债券特别是政府债券市场平衡决定利率。

自然利率是指由实际资本市场供需平衡决定的不受货币影响的利率。

维克塞尔最早对其进行明确表述。自然利率可以看作是"不受货币干扰时真实资本的

供求所决定的利率"。他认为,"货币利率的水平绝不是由货币的匮乏或充裕,而是由真实资本的过量或短缺决定的"。

(四) 固定利率和浮动利率

固定利率(Fixed Interest Rate)是指整个债务期间内不发生变动的利率。

浮动利率(Floating Interest Rate)是指在债务期间可以调整的利率,一般由债务双方协定根据一定的市场利率进行调整。

(五) 长期利率和短期利率

期限在1年以下的金融债务为短期信用,相应的利率称为短期利率;而1年以上的债务的利率就是长期利率。

(六) 年利率、月利率和日利率

以时期长短为标准把利率分为年利率(Annual Interest Rate)、月利率(Monthly Interest Rate)和日利率(Daily Interest Rate),它们分别以年、月、日为计息单位。

(七) 市场利率、官方利率和行业利率

市场利率(Market Interest Rate)是指由市场机制决定,随市场供需状况变化而变动的利率。

官方利率(Official Interest Rate)是指由政府金融管理机构如中央银行等制定的利率,也称为法定利率。

行业利率则是非官方的金融组织为了维护行业内部公平竞争而制定的利率。

(八) 一般利率与优惠利率

如果按照是否附有优惠条件来划分,利率可以分为一般利率和优惠利率。优惠利率(Preferential Interest Rate)是指低于一般利率的利率,如商业银行的优惠贷款利率等。

四、现值和终值

(一) 终值和终值系数

终值是用复利计息方法计算的一定金额的初始投资在未来某一时期结束后获得的本息总额。

如果我们用 PV 表示本金,r 表示利率,n 表示计息的期限数,用 FV 表示终值,终值的计算公式可以表示为:

$$FV = (1+r)^n \cdot PV$$

终值系数用 $FVIF$ 表示,即 $FVIF = (1+r)^n$。

(二) 现值和现值系数

现值是在复利计息方式下,未来一定金额按照某一利率折算出的现在的价值。

现值的计算公式：

$$PV = \frac{1}{(1+r)^n} \cdot FV$$

$\frac{1}{(1+r)^n}$ 称为现值系数，用 $PVIF$ 表示。

第二节 利率决定理论

作为价格，利率是供给与需求相等的结果。在古典经济学家看来，利率由资本边际生产力这种实际力量决定，因此实际资本供给与需求的平衡决定利率；凯恩斯认为，利率由流动性偏好决定，因此货币供给需求的平衡决定利率；约翰逊等现代经济学家认为，利率既受实际资本供需影响，也受货币供需影响，因此发展出可贷资金利率决定理论。

一、古典利率理论

古典经济学派认为，产品市场的均衡决定了真实利率，即利率决定于储蓄和投资。庞巴维克和马歇尔构建了古典利率理论的基础，而维克塞尔和费雪等经济学家则将其发展为完整的古典利率决定理论。

（一）资本供给源于储蓄，储蓄是利率的增函数

古典经济学派认为，储蓄取决于人们对于消费的时间偏好。不同的人对于消费具有不同的时间偏好：有些人偏好在当期进行消费，而有些人则偏好于在未来进行消费。

在现实中，更多的人偏向于当期消费，因此要使他们放弃当期的消费，增加储蓄，投资者就必须给予其利息补偿。利率越高，补偿就越多，人们愿意延迟的消费越多，储蓄越多。储蓄是利率的增函数。

（二）资本需求源于投资，投资是利率的减函数

投资取决于资本的边际收益（即每一单位新增资本投入能够产生的收益）和利率。资本的边际收益代表了投资的收益，而利率代表了投资的成本，因为企业为了获得用于投资的资本，必须向资本所有者支付利息以弥补对资本的让渡。只要资本的边际收益率高于利率，投资就有利可图，企业也就会选择增加投资。由于资本的边际收益率随资本投入量递减，因此企业增加投资的行为将持续到资本的边际收益率下降到与利率相等为止，此时企业实现了投资的利润最大化。在任何给定的时点，资本的边际收益率是外生给定的，则利率越高，投资越少；利率越低，投资越多。

（三）利率是资本供给和资本需求均衡时决定的价格

当前消费相对于未来消费的偏好程度，时间偏好属于主观力量；资本的边际收益率是客观力量。主观力量决定了资本的供给，而客观力量决定了资本的需求。当资本的供求达到均衡时，就决定了资本的均衡价格，也就是均衡的利率水平。

由于储蓄和投资均是由实物层面因素所决定的,因此古典经济理论中的利率指的是实际利率。

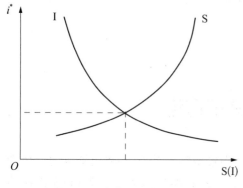

图4-1 古典利率决定理论

（四）自发调节机制

利率对于投资和储蓄具有自发调节均衡的作用。当利率高于均衡利率,储蓄多于投资,资金盈余者为获得回报愿意降低出借的价格,直到资金短缺者愿意接受,重新回归均衡利率和均衡资本供需。

正是因为如此,古典经济学家们认为,经济不会出现长期的供求失衡,它将通过利率的自发调节作用自动趋于充分就业水平(如图4-1所示)。

二、凯恩斯的流动性偏好理论

凯恩斯基于其对利率的定义发展出流动性偏好决定利率的理论。凯恩斯认为,利率是一种纯粹的货币现象,利率的决定取决于货币的供给和需求。

（一）凯恩斯对利率的定义

凯恩斯认为,利息是对人们放弃流动性的补偿,是流动性的报酬；相应的,利率是流动性的价格,是公众愿意以货币形式持有的财富总量(即货币需求)恰好等于现有的货币存量(即货币供给)的价格。

可见,利率是对人们的流动性偏好的衡量指标。流动性偏好就是指人们持有货币以获得流动性的意愿程度。

（二）凯恩斯区分债券和货币两种资产

凯恩斯把人们用于储存财富的资产分为货币和债券两种,人们只能从中选择。

（三）货币需求源于流动性偏好,流动性偏好是利率的减函数

货币与债券是可以相互替代的资产,货币具有更优良的流动性,而债券拥有更高的回报。利率是影响债券回报的最关键变量。当利率上升,债券带来的回报提高,人们更偏好债券,因此货币需求减少；反之,当利率下降,人们对债券的偏好减弱,货币需求增加。货币需求是利率的减函数。

（四）货币供给源于中央银行,是外生的,与利率无关

凯恩斯认为,货币供给是由中央银行决定的外生变量,与利率无关,因此是一条垂线。

（五）利率是货币供给与货币需求均衡决定的价格

由于货币供给由中央银行外生给定,因此利率由货币供给曲线所在的位置决定。中央银行增加货币供给,货币供给曲线向右移动,利率下降；中央银行减少货币供给,货币供给曲线向左移动,利率上升(如图 4-2)。

(六) 自发调节机制

人们出于趋利避害考虑,在货币与债券之间的转换,使流动性偏好决定的利率存在内在的自发调节机制。

当利率低于均衡利率 i^* 时,货币需求(主观意愿的货币需求)大于现实中的货币存量(客观存在的货币供给),人们会卖出手中的债券来满足对流动性的需求。这样会使得债券的价格下跌,由于债券价格与利率是反向相关的,所以利率将会升高,直到达到均衡水平为止。反之,当利率高于

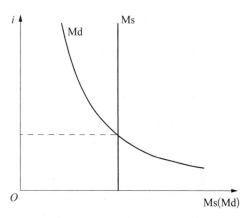

图 4-2 凯恩斯主义利率决定理论

均衡水平时,人们将减少货币的持有量,付出货币买进债券,债券价格上升,利率下降,直至均衡水平为止。货币与债券之间的转换使货币供需与利率决定存在自发调节机制。

(七) 流动性陷阱

流动性偏好利率决定理论的自发调节机制是有条件的,条件就是利率不能降低到不能再继续下降的水平。当利率下降到最低水平,人们预期未来利率只能上升,则债券价格只能下跌,买入债券的资本利得是负值,给买入者带来损失。在利率处于最低水平时,不管中央银行如何增加货币供给,人们都不会将新增的货币转换成债券,即人们的货币需求无穷大。这就是凯恩斯提出的流动性陷阱的基本思想(如图 4-3)。

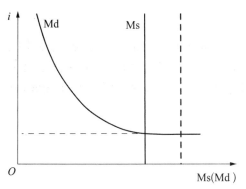

图 4-3 流动性陷阱的图示

在"流动性陷阱"状态下,凯恩斯认为货币政策必然无效,财政政策更加有效。

实际上,货币数量和利率并非总是存在确定性关系。中央银行完全可以在控制利率的前提下增加货币数量,而货币数量增加,人们必然会增加对债券的需求,债券价格会随之上升,只要货币数量增加推动的债券价格上升的幅度大于利率提高导致的债券价格下跌的幅度,人们依然会将货币转换成债券,货币政策依然有效。只要货币供给数量不受制约,流动性陷阱并不会真的存在。

流动性偏好利率理论提供了一种货币传导的利率机制——利率通过影响人们在货币和债券之间的选择,影响投资和总产出。在凯恩斯主义理论体系中,利率始终是最核心的变量之一,是连接货币市场和产品市场的桥梁。

三、可贷资金利率理论

罗伯逊(D. H. Robertson)提出了可贷资金利率理论(Loanable-funds Theory of Interest Rate),试图综合考虑货币层面和实际层面因素对利率的影响。这一理论得到了俄

林(B. G. Ohlin)、勒纳(A. P. Lerner)等经济学家的发展和完善。

可贷资金理论认为,古典经济学派的利率决定理论完全忽视货币因素是不恰当的,不能反映利率受货币因素影响的事实;凯恩斯强调货币因素对利率决定的影响固然是可取的,但完全不考虑实际资本的供需同样欠妥当。可贷资金理论试图将古典利率理论与流动性偏好利率理论糅合在一起,兼顾货币因素和实际因素,使利率决定理论更趋完善。

(一) 可贷资金的概念

罗伯逊提出的"可贷资金"与马歇尔惯称的"可支配资本"或"对资本的处置权"类似。新帕尔格雷夫货币金融大辞典给出的定义是,"在货币是唯一可接受的支付手段的货币经济中,可贷资金是在一定时间内以一定的价格所提供和所需求的、供立即使用的货币的总和"。

可贷资金理论将利息视作借贷资金的代价,因此,利率应当由可用于贷放的资金的供求来决定。

(二) 可贷资金的需求

可贷资金的需求主要包括:(1) 投资,这是可贷资金需求的主要部分,它与利率呈负相关关系;(2) 货币的窖藏,这是指储蓄者并不把所有的储蓄都贷放出去,而是以现金形式保留一部分在手中。货币的窖藏是与利率负相关的,因为利率代表了窖藏货币的机会成本的高低。

(三) 可贷资金的供给

可贷资金的供给主要来源于三个渠道:(1) 储蓄,它是可贷资金的主要来源,与利率同向变动;(2) 货币供给增加额,这主要是指银行体系有时会通过扩张货币供应量来满足资金贷放的需求,它与利率正相关;(3) 货币的反窖藏,即人们把前一期窖藏的货币用于贷放,显然它与利率也是正相关的。

(四) 可贷资金供需均衡确定利率

可贷资金的供给＝储蓄＋货币供给增量
可贷资金的需求＝投资＋货币需求增量

可贷资金供给与需求相等就决定了均衡利率和均衡可贷资金规模(如图4-4)。

可贷资金利率理论的一种特殊情况是,可贷资金供求双方之间的借贷都采取发行债券的形式。这时,当期的可贷资金供给和需求可以分别用新增债券发行和新增债券需求来代替。于是,均衡利率就决定于债券的供求。

可贷资金利率理论实际上是在古典利率理论的框架中引入了货币层面的因素,从而综合考虑货币面和实物面的因素,弥补古典学派的不足。正因为如此,它也被称为"新古典利率理论"。

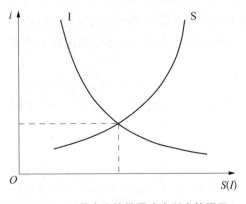

图4-4 可贷资金的供需决定利率的图示

(五) 货币市场均衡与债券市场均衡的关系

凯恩斯将作为财富储藏手段的资产划分为货币和债券两种,因此经济中的财富总量就等于货币总量和债券总量之和,即等于货币供给量(Ms)与债券供给量(Bs)之和。而由于人们购买资产的数量要受制于所拥有的财富总量,所以人们意愿持有货币(Md)和债券(Bd)的数量也必须等于其财富总量。也就是说,货币和债券的供给总量和需求总量应当相等,即 $Ms+Bs=Md+Bd$。该式等价于 $Md-Ms=Bd-Bs$。

这个变形后的等式表明,如果货币市场处于平衡状态,即 $Md=Ms$,那么 $Bd=Bs$ 一定成立,即债券市场也处于平衡状态。换言之,货币市场与债券市场总是同时处于平衡状态。

可贷资金理论与流动性偏好理论的区别主要在于,前者采用了流量分析方法,而后者采用存量分析方法。

可贷资金利率理论可以看成是对古典利率理论和流动性偏好利率理论的一种融合。它从可贷资金市场的供求出发,既考虑了实际面因素的影响,又融入了货币面因素的作用,从而使得利率的决定更加符合现实。如果假定资本市场均衡,对可贷资金供求的分析就类似于对货币供求的分析;而如果假定货币市场均衡,可贷资金利率理论就类似于古典利率理论。

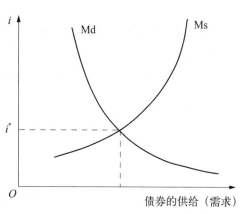

图 4-5 债券的供给和需求决定利率的图示

四、IS-LM 模型分析的利率理论

古典利率理论不考虑货币面因素,流动性偏好利率理论忽略了实际面因素,而可贷资金利率理论则在兼顾资本市场和货币市场的同时却忽略了两个市场的各自均衡。为了弥补它们的弱点,希克斯和汉森(A. H. Hanson)在凯恩斯《就业、利息和货币通论》的基础上发展出 IS-LM 模型,成为二战之后相当长时期内宏观经济学的主流分析框架。

(一) 汉森认为,三种理论存在着共同的不足之处,即它们都没有考虑收入因素

若事先不知道收入水平,则无从知晓利率。因为储蓄和投资都是收入的函数,并且货币需求中的投机性货币需求也与利率变动直接相关,因此若事先不知道收入水平,就不可能知道利率是多少。

若事先不知道利率,又无从确定收入。因为收入由投资决定,而投资又被利率影响,如果不知道利率,就无法确定收入。

因此,收入和利率存在相互决定的关系,并且只能是同时决定的。

汉森认为,应当将投资需求函数、储蓄函数、流动性偏好函数和货币供给予以综合,同时兼顾商品市场和货币市场的均衡情况,分析收入和利率的相互决定关系。

(二) 由 GDP 的收入法和支出法,可以得出 IS 曲线表达式

$$Y=C+S$$

$$Y = C + I$$
$$I = S$$

其中,投资 I 是利率的减函数,而储蓄 S 是收入的增函数,则进一步变形为:

$$I(i) = S(Y)$$

对该式求导数可得为使产品市场保持平衡 Y 与 i 的关系:

$$\frac{dY}{di} = \frac{\frac{dI}{di}}{\frac{dS}{dY}} < 0$$

收入与利率呈负相关关系。这种关系亦可以通过图形分析的方式得出,见图 4-6。

IS 曲线是产品市场平衡曲线,Y 与 i 为负相关关系,其经济学内涵是,当收入上升,储蓄增加,为了使产品市场保持平衡,利率必须下降,以使投资增加,使储蓄与投资保持相等。

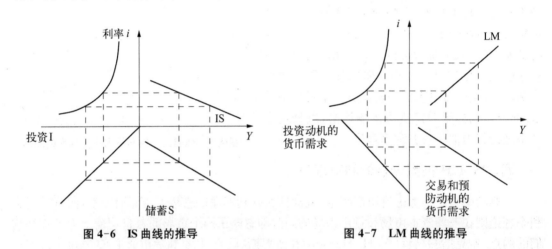

图 4-6 IS 曲线的推导   图 4-7 LM 曲线的推导

(三) 由货币市场平衡,可以得到 LM 曲线

根据凯恩斯的三大动机,货币需求由两部分组成:一是由收入决定的交易动机和预防动机,该货币需求是收入的增函数;二是由利率决定的投机动机,该货币需求是利率的减函数。货币供给则由中央银行外生决定。

$$M_d = M_1(Y) + M_2(i)$$
$$M_S = M_d$$

求导可得为使货币市场保持平衡 Y 与 i 的相关关系:

$$\frac{dY}{di} = -\frac{\frac{dM_2}{di}}{\frac{dM_1}{dY}} > 0$$

收入与利率呈正相关关系。该关系亦可由图形分析得出,见图 4-7。

LM 曲线是货币市场平衡曲线，Y 与 i 为正相关关系，其经济学内涵是，当收入上升，交易和预防动机决定的货币需求增加，为了保持货币市场平衡，利率必须上升，以减少投机动机的货币需求，使货币需求与货币供给保持相等。

（四）产品市场平衡和货币市场平衡同时实现，决定均衡状态的收入与利率

将 IS 曲线和 LM 曲线放在同一个坐标系中，就可以求出在商品市场和货币市场同时均衡，也就是投资等于储蓄，以及货币供应等于货币需求同时成立时的均衡利率和均衡收入（见图 4-8）。

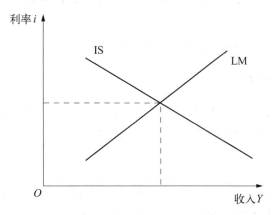

图 4-8　IS-LM 分析与利率决定

五、资本边际收益率与时间偏好率：哪个决定利率

新古典经济学将宏观经济分析建立在代表性主体的最优化行为的基础之上，从而为宏观经济分析设定了微观基础。在新古典分析中，资本边际收益率和时间偏好率是两个重要的概念。资本边际收益率和时间偏好率，哪一个被设定为外生，哪一个就是决定另一个变量以及利率的主要因素。

当假定资本边际收益率（MPK）是外生给定时，真实利率（均衡条件下即为真实自然利率）和时间偏好率（主观的）都是由外生的 MPK 决定的。

$$r = \rho = f_k$$

当假定时间偏好率是外生给定的，真实利率（以及真实自然利率）和资本边际收益率（MPK）都是由外生的时间偏好率决定的。

$$r = f_k = \rho$$

终其一生，凯恩斯都是货币经济学家。他认为因果关系的逻辑链条，不应该是实际变量决定名义变量，而是名义变量即货币或信用体系下决定的利率决定时间偏好率和资本的边际收益率：

$$f_k = \rho = r$$

根据维克塞尔的观点，自然利率最终是由资本等实际要素的供需平衡所决定的，或者是

由资本的边际收益决定的。然而,经济学世界中存在的一个公理即边际收益(效用)递减。弗里德曼等人假定人类技术进步会抵消掉边际递减作用的影响,从而使资本的边际收益率,继而自然利率保持稳定。然而,即使人类技术进步的确会对资本的边际收益率递减起到缓冲作用,什么力量使它能够恰好能够冲销资本的边际收益率递减的幅度,不多也不少?

不顾及货币的生产性,就不能真正把握货币的精髓,也无法理解名义货币均衡决定的名义利率对人们时间偏好的影响,以及对社会生产也即资本边际效率的影响。

第三节 利率的结构理论

利率结构理论包括利率的风险结构和利率的期限结构。

一、利率的风险结构

利率的风险结构,是指期限相同的不同风险的信用工具(主要指债券)利率之间的关系,它主要受三个因素的影响,即违约风险、流动性风险和税收。

(一)违约风险

债券发行人可能会由于业绩不佳等原因无法按时还本付息。极端的情况是债券发行人破产了,这时债券的持有人将血本无归。这种债券发行人未按时支付本息的风险就是违约风险。

正是由于违约风险的存在,人们在购买债券的时候,要求债券发行人就这部分风险支付补偿。这种补偿就是违约风险的溢价,它构成债券的风险溢价的一部分。一种债券的违约风险越高,相应的风险溢价也就越高,债券的利率也就越高。

(二)流动性风险

流动性风险是指债券持有人在需要资金时不能把债券迅速变现的风险。

在收益率和风险一定的条件下,人们总是偏好流动性更强的债券,因为它可以随时变现以满足临时的资金需要。对于流动性较差的债券,人们会要求得到补偿。这种补偿就是流动性溢价,它构成了债券风险溢价的另一部分。

债券的流动性可以用债券变现所需支付的成本来衡量。债券变现的成本主要包括:(1)佣金,即买卖债券时需要支付给经纪人的手续费;(2)买卖差价(Ask-bid Spread),也就是债券的卖出价和买入价之间的差价。

(三)税收因素

税收之所以影响债券的利率,是因为债券持有人真正关注的是债券的税后收益。如果债券利息收入的税收待遇因债券的种类不同而存在差异的话,这种差异应当会反映在税前的利率上。在其他条件相同的情况下,债券利息收入的税率越高,它的利率也应当越高,否则债券持有人的税后实际收入将减少。

税收因素能够解释一些违约风险和流动性风险所无法说明的问题。

二、利率的期限结构

把那些其他条件都相同,而仅仅在期限上有所区别的债券的利率放在同一个坐标系中,连成一条曲线,称为收益率曲线。收益曲线的可能形状有三种,如图 4-9 所示。

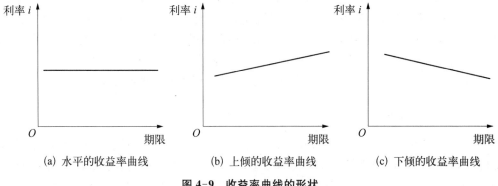

(a) 水平的收益率曲线　　(b) 上倾的收益率曲线　　(c) 下倾的收益率曲线

图 4-9　收益率曲线的形状

利率期限结构,是收益率曲线所反映的利率与金融资产(这里主要指债券)期限之间的关系,也就是在某一时点上因期限不同而产生的利率水平的差异。

在现实中,收益率曲线呈现出三个典型的特征:(1)不同期限债券的利率随时间有共同的变动趋势;(2)如果短期利率较低,收益率曲线更倾向于向上倾斜,而如果长期利率较低,则收益率曲线倾向于向下倾斜;(3)收益率曲线几乎都是向上倾斜的。

主要的利率期限结构理论有三个:预期理论、分割市场理论和优先聚集地理论。

(一) 预期理论

预期理论(Expectation Theory),也称无偏预期理论(Unbiased-expectation Theory),它的理论假定是,债券市场中不同期限的债券之间是可以完全替代的。在这种前提下,人们并不会偏好某一种特定期限的债券,只要某种债券的预期回报率低于期限不同的另一债券,人们就不会再持有这种债券。这实际上意味着,互为完全替代品的债券的预期收益率必须相等。

在此基础上,预期理论认为,人们的预期是无偏的,长期债券的利率等于长期债券到期之前人们对于短期利率预期的平均值。

根据预期理论的观点,利率的期限结构是由人们对未来短期利率的无偏预期所决定的。如果人们预期未来短期利率上升,长期利率就高于短期利率,则收益率曲线向上倾斜;反之,如果人们预期未来的短期利率下降,收益率曲线则向下倾斜。当人们预期未来短期利率保持不变时,收益率曲线则是呈水平状的。

以 1 期和 2 期债券为例。以 $i_{0,1}$ 表示 0 时刻的第 1 期利率,以 $i_{0,2}$ 表示 0 时刻的第 2 期利率,以 $i_{1,2}$ 表示 1 时刻的第 2 期利率。无套利条件下,存在如下关系:

$$(1+i_{0,2})^2 = (1+i_{0,1})(1+i_{1,2})$$

当短期利率 $i_{0,1}$ 低时,也就是预期未来短期利率上升,即 $i_{1,2}$ 上升,则 $i_{0,2}$ 必然更大,则收益率曲线向上倾斜;同理,当短期利率 $i_{0,1}$ 高时,收益率曲线向下倾斜;当短期利率 $i_{0,1}$ 不高不低时,收益率曲线平行。

预期理论能够解释利率期限结构的前两个现实特征：

（1）不同期限债券的利率随时间一起波动。预期假说认为，短期利率的上升将提高人们对未来短期利率预期。而长期利率取决于人们对未来短期利率预期的均值，因此长期利率也将随短期利率的上升而升高。

（2）预期假说揭示了为什么短期利率低会使得收益率曲线趋于向上倾斜，而短期利率高会导致收益率曲线趋于向下倾斜。如果短期利率较低，人们会预期它在未来上升到某一正常水平，因此相对于当期的短期利率，未来短期利率的预期将较高，从而长期利率也将高于当期的短期利率，收益率曲线向上倾斜。短期利率过高将导致相反的结果。

然而，预期理论却无法解释第三个特征，即为什么现实中收益率曲线通常是向上倾斜的。

（二）分割市场理论

分割市场理论（Segmented Market Theory），顾名思义，认为不同期限的债券市场是分割的、完全独立的。各种期限债券的利率仅仅取决于该种债券的供给需求，不受其他期限债券预期收益率的影响。换言之，分割市场理论假定不同期限的债券并非替代品，因而持有一种期限债券的预期收益率对另一种期限债券的需求没有任何影响，这一点与预期理论正好相反。

分割市场理论认为，投资者对债券是有其独特偏好的，这种偏好主要源自于他们对于意愿的债券持有期的选择。投资者必须使得债券的期限与持有期相匹配，才能够完全避免债券的利率风险。意愿持有期则受制于投资者的投资动机、收入流和负债结构等因素。

根据分割市场理论，收益率曲线的不同形状是由不同期限债券的市场供求决定的，而各种期限债券的供需又受到投资者期限偏好的影响。如果较多的投资者偏好期限较短的债券，则对短期债券的需求增加将导致较低的短期利率，收益率曲线向上倾斜；反之，如果更多的投资者偏好长期债券，收益率曲线将向下倾斜。

分割市场理论的优点：它能为利率期限结构的第三个现实特征即通常收益率曲线向上倾斜提供解释。当人们更加偏好期限较短、利率风险较低的债券时，收益率曲线就会向上倾斜。

分割市场理论无法解释前两个现实特征。它将不同期限的债券市场彻底隔离开来，各种债券的预期收益率相互独立，因此根本无法解释为什么不同期限债券的利率会同向波动；它也不认为短期利率的变动会影响长期利率，因此也就没有办法解释为什么当短期利率较低时收益率曲线向上倾斜，而当短期利率较高时收益率曲线向下倾斜。

（三）优先聚集地理论

优先聚集地理论（Preferred Habitat Theory）也称为期限选择和流动性溢价理论，是将预期理论与市场分割理论有机融合得到的理论。

优先聚集地理论认为长期债券的利率应当等于该种债券到期之前短期利率预期的平均值，加上该种债券随供求变化而变化的流动性溢价。

优先聚集地理论的关键假设是不同期限的债券相互之间是可以替代的，这也就意味着一种债券的预期收益率会影响其他期限债券的预期收益率。但是，该理论又强调这种替代性并不是完全的，人们对不同期限的债券具有特定偏好。这种偏好使得人们聚集到他们所希望购买的债券市场中，也就是所谓的"优先聚集地"。为了满足对流动性和收益性的组合需要，人们将不会轻易地离开他们所偏好的期限的债券市场，即使这个市场中的预期收益率略低于其他市场。

但是,这并不是绝对的。如果偏好短期债券的人们能够获得足够多的补偿,也就是流动性(风险)溢价,那么他们可能会放弃流动性强的短期债券,而转向风险更大的长期债券市场。对于偏好长期债券的人们来说,只要在他们支付了一定的补偿之后,短期债券市场能够给他们提供更多的流动性,他们可能会转向短期债券市场。

优先聚集地理论是对预期理论的修正,在描述长期利率和短期利率的式子中加入了一项流动性溢价,也就是

$$i_{nt} = \frac{i_t + i_{t+1}^e + i_{t+2}^e + \cdots + i_{t+n-1}^e}{n} + l_{nt}$$

优先聚集地理论中,长期利率由两部分组成:一是预期的短期利率;二是流动性溢价。该利率可以有效地解释三个现象:首先,不同期限的债券收益率建立了联系,当流动性溢价保持稳定时,不同期限债券的收益率会出现同涨同跌的现象;其次,当短期债券收益率高时,预期未来的收益率会下降,则长期债券收益率会随之下降,反之则反是,由此可以解释第二个现象;再次,流动性溢价总是为正,长期债券收益率通常会高于短期债券。

优先聚集地理论假设投资者通常偏好流动性强、利率风险小的短期债券,因此随着债券期限的延长,流动性溢价会随之增大。(1)如果对未来短期利率预期的平均值提高,长期利率将高于短期利率,从而使收益率曲线向上倾斜,并且由于正的流动性溢价的存在,收益率曲线将更加陡峭(如图4-10a)。(2)如果对未来短期利率预期的平均值不变,由于流动性溢价的存在,长期利率也将高于短期利率,从而收益率曲线向上倾斜(如图4-10b)。(3)对未

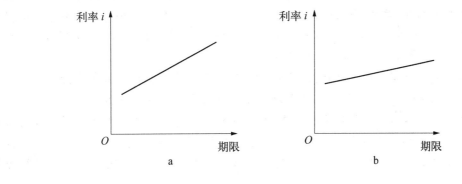

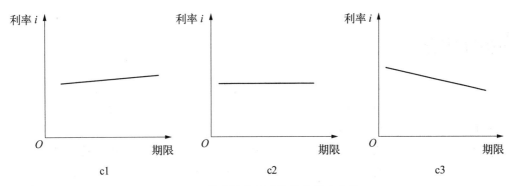

图4-10 优先聚集地理论的收益率曲线

来短期利率预期的平均值下降,可能会根据下降的程度导致三种不同的结果:如果预期下降不足以完全抵消流动性溢价,则收益率曲线微微向上倾斜(如图4-10c1);如果预期下降恰好抵消流动性溢价,则收益率曲线保持水平(如图4-10c2);如果预期下降程度较大,则收益率曲线向下倾斜(如图4-10c3)。

优先聚集地理论将预期理论和分割市场理论综合起来,能够解释利率期限结构的三大现实特征,成为目前得到广泛认可的利率期限理论。

本章小结

本章在给出利率定义的基础上讨论了利率的影响因素、分类,利率的决定机制,以及利率风险结构和利率期限结构。

利率是为了让资金盈余方愿意出借资金而向其付出的回报,是资金盈余方的收益,也是资金短缺方的成本。之所以要向资金盈余方付出回报,根源于"人性的不耐",人类对当下物品的评价总高于对同样数量未来物品的评价,付出的回报是资金盈余方愿意抑制当下消费的条件。影响利率的因素包括时间偏好、机会成本、资本边际收益率等。利率根据不同的分类标准可以区分为不同的类型,这些区分可以从多角度、多层次来认识利率的决定机制和作用。

利率的决定是经济学的核心内容之一。古典经济学家以实际资本供给需求均衡作为利率决定机制;凯恩斯在剑桥学派传承的基础上,提出了流动性偏好概念,以货币供给需求均衡作为利率决定机制,并进一步提出了流动性陷阱的概念;可贷资金理论统一考察实际资本供需和货币供需,力图在一个统一的框架中分析利率决定问题;IS-LM分析框架认为收入和利率是同时决定的,否则就会陷入循环论证的困境。

利率决定是极为复杂的经济过程,既有客观因素,又有主观偏好。资本边际效率或货币的价格是客观因素,时间偏好是主观因素,两者的动态均衡是决定利率的核心。

利率结构分为风险结构和期限结构,重点是期限结构,即同一主体发行的不同期限债券的收益率之间的关系。在假设不同期限债券之间的替代性差异的基础上,利率期限结构利率包括预期理论、市场分割理论和优先聚集地理论,最后一个理论是前两个理论的综合和扬弃。

关键概念

利率	名义利率	实际利率	自然利率
单利	市场利率	固定利率	浮动利率
复利	流动性偏好	流动性陷阱	可贷资金
终值	现值	利率风险结构	利率期限结构
预期理论	分割市场理论	优先聚集地理论	

问答与思考题

1. 简述利息的来源。
2. 费雪认为"利息是收入的全部",简述这一论断的合理性。
3. 简述利率的影响因素。
4. 简述古典利率理论的决定机制及其自发调节机制。
5. 简述凯恩斯对利率的定义及其意义。
6. 简述流动性偏好决定利率的内容及决定机制。
7. 简述流动性陷阱的内容、决定机制及其条件。
8. 简述可贷资金理论的决定机制。
9. 简述货币市场均衡与债券市场均衡的关系。
10. 简述收入在利率决定中的作用。
11. 利率期限结构理论需要解释的现象有哪些?
12. 简述并解释利率期限结构的预期理论的内容及其优劣。
13. 简述并解释利率期限结构的分割市场理论的内容及其优劣。
14. 简述并解释利率期限结构的优先聚集地理论的内容及其优点。

第五章
商业银行与投资银行的信用创造

根据考古挖掘出来的文物,货币以及债务凭证普遍存在于人类各种文明,但金融和金融系统是西方商业文明的独特结晶。金融机构功能和形态是不断变化、不断演进的。

商业银行和投资银行是金融系统中最典型、最重要的两类金融机构。在市场经济中,商业银行和投资银行都是不可或缺的,是金融系统的重要组成部分。商业银行主导的金融系统和投资银行主导的金融系统,它们的信用创造机理存在显著区别。

第一节 银行的历史演进

银行的功能、作用和类型在历史演进过程中不断发展。

一、从事金银货币甄别业务的银行

银行何时何地最早诞生已经不可考了,寺庙和教堂在很多国家曾经发挥银行的作用。

近代意义上的银行出现在意大利沿地中海的城邦城市,随东西方贸易而兴起。它们的主要功能是甄别来自于各国的金银币的真假、质量和金银含量,并确定不同类型金银币的比价,从事"汇兑"业务。金德尔伯格援引银行的拉丁文"Bancor"的本义"一桌一凳",在贸易聚集地为贸易双方同时也是来自不同区域的金银币兑换者提供包括甄别和定价在内的货币服务,本质上是利用专业知识提供服务的金融活动,是有能力甄别金银币真假以及质地的专家交易者。

后来,东西方贸易商发现携带大量黄金白银进行贸易的成本过于高昂,就开始将黄金白银委托受信任的银行保管,银行发展出记账功能,详细记录贸易商存放的和交易的金银数量。再到后来,贸易商不再直接用金银支付货款,由存放金银的银行在其资产负债表上更改客户存款数额的方式完成货币的支付,银行又发展出支付功能。

二、衍生出借贷业务的银行

通过竞争,有些银行脱颖而出,成为支配力更强的大银行,并且形成势力强大的家族,如佛罗伦萨的梅第奇家族。当银行的资金规模大到一定程度,银行出现了将闲置的资金借出去获取利息的需要,银行又发展出借贷功能。银行家的贷款对象通常是王公贵族等,借贷的资金主要用于战争。如果战胜,银行就能收到本息,大赚一笔;如果战败,王公贵族通常赖账不还,银行不只收不到利息,甚至收不回本金,这几乎总是会导致银行破产。

1500年之后,大西洋贸易逐步取代了地中海贸易,成为最重要的贸易通道。17世纪是荷兰称霸海洋的世纪,荷兰成为"海上马车夫",银行跟随贸易中心变迁,荷兰取代意大利成为贸易中心,银行业从佛罗伦萨、热那亚等地转移到阿姆斯特丹。当荷兰人积累了巨额财富,银行随之发展出吸收存款功能,为海上贸易获得的巨额财富提供保值增值服务。阿姆斯特丹的银行家将吸收存款功能与借贷功能结合起来,开创了现代银行运营模式。尽管这些银行家贷款的对象主要是德意志的选帝侯们,借贷的资金同样主要用于战争,银行贷款能否收回本息同样取决于战争胜负,但阿姆斯特丹的银行家并未因此遭受致命打击。

真正致命的打击来自于荷兰与英法,特别与英国的战争。英荷战争是海洋争霸之战,荷兰战败,"海上马车夫"的地位被剥夺,英国顺势成为海洋霸主,垄断大西洋贸易,为贸易服务的银行业转移到英国伦敦;英法联手,英国与荷兰争夺海洋的同时,法国在陆地入侵荷兰,银行家是最厌恶风险的群体,从事存贷款业务的银行家也转移到伦敦,英国取代了荷兰成为大西洋贸易的主导国家,伦敦取代荷兰成为银行聚集的金融中心。

三、助推英国称霸的银行

英国是谦逊的跟随者,对荷兰先进的制度和成功的经验几乎全盘吸收。有趣之处在于,作为金融中心,聚集在伦敦的银行几乎不从事存贷款业务,主要从事汇兑业务,为来自世界各国的货币进行定价。乡村银行——伦敦方圆35英里之外的银行更多地从事存贷款业务,但也并非乡村银行的主要业务。由此,金德尔伯格极其反对将英国的金融革命看作英国首先发生第一次工业革命的原因。英国经验的启示,为企业提供融资未必是金融服务实体经济的主要功能。在委托代理困境下,一个国家可以依靠融资推动经济发展,在逻辑上也是不成立的。

伦敦真正成为欧洲金融中心得益于多方面综合因素的共同作用,有些纯粹是偶然事件。最重要的因素毫无疑问是工业革命的兴起。

英国国债偿付制度,建立减债基金,通过30年的不懈努力建立起良好的国家信用,是资金持续流入英国的关键。资金的大规模流入为英国金融系统提供了可用于发展金融业务的资金,使英国能够保持较低的利率水平,这显然有利于经济发展。

合理处理南海泡沫事件也是英国建立可信的金融系统的重要原因。南海泡沫起源于为英国政府偿债。面对一地鸡毛的结局,英国政府难辞其咎,也未辞其咎,其将投资者在南海泡沫中的损失转换成年金等其他形式的金融资产,未因南海泡沫事件导致全社会陷入贫穷,这与法国处理密西西比泡沫的做法形成鲜明对比。

英格兰银行抓住机会确立了实际上的中央银行地位,在经济处于危机的紧要关头,能够发挥最后贷款人的功能,对于稳定经济、保护经济发展的成果居功至伟。英格兰银行在南海泡沫事件中异军突起,出资拯救了南海公司,却放任南海公司的母公司剑刃银行被挤兑,最终破产倒闭,消除了威胁其地位的最大竞争对手,确立了自己在英国金融体系的主导性地位。英国能够成为金融大国,英格兰银行功不可没。借助领先的金融系统,18世纪和19世纪是英国称霸全球的两个世纪,英国成为毫无争议的霸主。

四、美国特色的银行

19世纪,美国独立之后,其首任财政部长亚历山大·汉密尔顿模仿英格兰银行成立了第一国民银行,银行业开始在美国发展起来。由于美国存在反对大银行的政治传统,全国性大银行一直受到抑制,1836年第二国民银行特许权到期后,美国再未设立中央银行,直到

1913年美联储成立。从19世纪到20世纪初,美国经历的经济危机比英国更多,后果更严重,与美国缺少中央银行关系密切。美国缺少大银行造成的不利后果是,商业银行无法适应第二次工业革命相伴的资本大规模集中的趋势,任何单一银行都不具备为规模日渐巨大的企业提供融资的能力。同时,产业的种类更多样、更复杂,商业银行以往评估收益和风险的工具与方法无法应用于新兴产业。在这种背景下,投资银行于19世纪下半叶在美国兴起,从原本主要从事国债承销延伸到运河、铁路、钢铁以及零售、烟草等各行各业,以发行股票的方式为企业提供融资,是美国经济在19世纪最后20年能够快速成长为第一经济强国的重要助力。

股票这种融资工具由来已久,在1720年前后先是在法国制造了密西西比泡沫,后来又在英国制造了南海泡沫,极其严重地扰乱了英法两国的经济,因此在欧洲被禁止了120余年,但美国企业运用股票这种方式获得极其快速的发展。造成这种差异的一个重要的原因是,英法两国在1720年通过发行股票融资时缺少合格的信用中介,实际上是政府主导的,为解决政府债务危机而发起的,带有鲜明的投机和欺骗色彩。1870年之前,华尔街的投机者之间同样充斥着贪婪和欺诈。1870年之后,以摩根和高盛为代表的投资银行开始为各行各业提供股票承销服务,其高度的专业化能力和基于宗教的道德准则使这些投资银行具有甄别企业优劣、确定企业价值、塑造企业业务的能力,成为创造信用和财富的金手指。

五、现代银行业伴随着工业发展而崛起

金融业能够发展起来,与工业的长足发展是分不开的。

工业的最大优势是稳定经营,风险可控。农业生产需要看天气的眼色,而天气是经营者和银行都无法控制的。工业在厂房中生产,不需要看天吃饭;因为相对稳定,可以形成预期,然后根据MC(边际成本)=MA(边际收益)确定生产规模。

工业的规模更大,门类更多,需要更多的金融服务,银行发展出多种类型的业务,包括固定资产贷款这种长期贷款、流动资金贷款、提供中介支付这种方便交易的服务,以及承兑信用证等改善信用的服务;农业则不同,其规模更小,需要的服务的类型也非常有限,最多就是季节性贷款,几乎不需要其他类型服务,银行业务相对单一。

为规模大、门类多的工业经济提供金融服务,商业银行吸收存款、发放贷款赚取存贷款之间的息差是其最主要的利润来源。投资银行为企业提供承销证券、兼并收购等金融服务,获得中介服务费是其利润来源。

相比较而言,农业经济不稳定并且规模有限,商业银行无法保证发放的贷款的安全性和赢利性。作为专家交易者,银行在农业经济没有发挥"专家"的优势的余地。在工业经济中才有银行发挥"专家交易者"作用的空间。

第二节 商业银行及其信用创造

对于商业银行,西方有学者提出过很形象的说法:你借银行的钱是银行的优良资产,但你借你爸爸的钱通常是坏账。

一、商业银行的职能

(一) 支付中介

支付中介职能是指商业银行利用活期存款账户,通过为客户办理货币的结算、收付和汇兑业务而为客户实现资金支付的职能。

支付中介是商业银行的传统职能,它大大减少了现金的使用,节约了现金的制造、保管、运输等流通费用,提高了结算效率,加速了货币资本的周转,从而促进了社会的扩大再生产。

(二) 信用中介

信用中介职能是指商业银行通过吸收存款、同业拆借、发行债券等负债业务,把社会上的各种闲置资金集中起来,通过资产业务,把这些资金投入到需要资金的社会经济各部门,从而实现资金让渡的职能。在这个过程中,商业银行充当资金盈余者和资金短缺者之间的中介,实现资金的融通。信用中介是商业银行最基本的职能之一。

商业银行通过信用中介职能:(1) 把社会上闲置的非资本货币集中起来,并转化为职能资本,从而增加社会资本总量,扩大社会的再生产;(2) 把从再生产过程中游离出来的暂时性的闲置资本集中并利用起来,在不改变社会资本总量的情况下,提高资本的使用效率,扩大再生产规模;(3) 把短期货币资金转化为长期货币资本,即商业银行的短期存款在期限上相互衔接,来源比较稳定,形成数额巨大的长期稳定余额,满足社会对长期资本的需要;(4) 在逐利思想的支配下,把货币资本从效益低的部门转移到效益高的部门,从而达到对经济结构的调节优化;(5) 大幅降低项目投资评估和资金运用的监管成本,提高评估和监管效率。

(三) 货币创造

在支付中介职能和信用中介职能基础上,商业银行具有创造货币的特殊职能。

商业银行的信用创造是信用工具的创造,不完全等同于资本本身的创造。商业银行创造的信用由于可以用于支付,因此具有货币职能,也就几乎等同于创造货币。商业银行创造的货币受存款规模、贷款需求、中央银行存款准备金率和商业银行自身现金准备等因素的制约,不能无限制或凭空创造。

货币创造职能对社会经济的发展有着重要意义:当经济发展产生大量货币资金的需求时,商业银行就可以通过信用创造同时实现货币创造,为经济活动提供活水。另外,中央银行也可以通过各种手段的运用,控制和调节商业银行派生存款的规模,调节乃至控制货币供应量,对社会经济运行施加影响。

(四) 金融服务职能

金融服务职能也是在商业银行支付中介职能和信用中介职能的基础上产生的。商业银行凭借其在社会经济中的特殊地位,通过在支付中介和信用中介过程中获得的大量信息,利用自身技术优势、良好的信誉和雄厚的资金力量,能为客户提供汇兑、信托、承兑、代收、咨询和租赁等各种服务。

通过金融服务,商业银行可以不断开拓和巩固发展与客户的关系,并收取服务费。不断开拓和创新的金融服务业务也进一步扩大了商业银行传统资产负债业务的规模,通过新技术的运用,开拓新的服务领域。

(五)跨期资金配置与风险管理

储户通过将资金存放在银行中可以实施主动的资金跨期配置和风险管理。

如果储户认为当前的存款利率高于他的时间偏好率,就会选择存款而不是消费;反之,则会选择消费而不是储蓄。银行是一个集中的机构,可以有效降低储户进行资金跨期配置的风险管理成本。

这些职能是通过商业银行发挥自己作为资金平台和信息平台的优势提供的,是商业银行发挥"专家交易者"作用的结果。

二、商业银行的组织制度

(一)单一银行制度

单一银行制度是指银行业务只由一个独立的银行机构经营,不允许设立分支机构。

单一银行制度可以防止银行垄断,有利于自由竞争;确保商业银行的独立自主性,保证其业务经营的灵活性;有利于地方政府和商业银行间的协调,促进本地区的经济发展;减少银行管理层次,有利于央行政策的贯彻执行。但是,这种单一银行制度影响了商业银行的业务拓展和规模扩大,体现不出新技术、新设备的规模效益和成本节约。

(二)分支行制度

分支行制度,又称总分行制度,是指商业银行在总行之外,可根据业务发展的需要,在各地设立若干分支机构。

分支行制度有利于扩大银行资金来源和经营规模,提高其竞争实力;便于新设备、新技术的使用,发挥规模效益,分摊成本,提供更优质的服务;便于银行调剂资金、分散放款,有利于降低风险;总行数量少,便于央行管理和控制;各分支行受总行统一管理,地方政府干预少。但是,分支行制度容易形成垄断,并且由于管理层次过多,会影响政策的贯彻执行。

(三)代理行制度

代理行制度是指商业银行之间互相签订代理协议,委托对方银行代办各种指定的业务。商业银行之间的代理关系一般是相互的,双方互为对方的代理行。

(四)银行控股公司制度

银行控股公司制度是指由某一集团成立股权公司,再由该公司收购或控制若干独立的银行。该股权公司可以由一家大银行组建,被收购的小银行从属于这一大银行,也可以由非银行的大企业通过拥有某一银行的股份而组建。

银行控股公司制度可以有效地扩大资本总量,提高抵御风险的能力,增强银行的竞争实力,弥补单一银行制度的缺陷。银行控股公司容易形成银行的集中,并产生垄断;另外,该制度也限制了商业银行经营的自主性和创造性。

(五) 连锁银行制度

连锁银行制度与银行控股公司制度类似,是指两家以上的商业银行受控于同一个人或集团,但不需要成立股权公司,而是以银行间相互持股的形式组建。

连锁银行的成员一般是形式上独立的小银行,围绕在一家主要银行周围形成。

三、商业银行的业务

商业银行的业务包括负债业务、资产业务、中间业务和表外业务四类。

(一) 负债业务

负债业务是指商业银行吸收存款的业务。

商业银行的资金来自商业银行的自有资金和吸收的外来资金。自有资金即银行的所有者权益,包括银行成立时所募集的股本和资本公积、未分配利润;外来资金包括吸收的存款、同业间拆借、向中央银行借款,以及发行债券筹集的资金等。

1. 吸收存款

吸收存款是商业银行的传统业务,是其重要的资金来源。可以将存款分为活期存款、定期存款和储蓄存款三大类。

2. 同业拆借

同业拆借是指商业银行为解决临时性的资金短缺及满足流动性需求而从事的从其他商业银行借入短期资金的业务。

3. 央行借款

商业银行向央行借款主要是用来缓解暂时性的资金短缺,并非用于获利,其借款方式主要有再贴现和再贷款两种。

再贴现是商业银行将其持有的已贴现但尚未到期的商业票据卖给中央银行,实现由中央银行向商业银行提供融资的行为。

再贷款是指中央银行对金融机构发放的贷款,也是中央银行提供融资的行为。

不管是再贴现还是再贷款,都是金融机构主动而中央银行被动接受的行为。中央银行可以通过调节再贴现利率和再贷款利率影响金融机构的主动性。

再贴现利率,又称为再贴现率,是商业银行将其贴现的但尚未到期的票据申请再贴现时,中央银行预扣利息的利率。

再贷款利率,是商业银行向中央银行申请再贷款时付出的利息成本。

4. 发行债券

商业银行可以通过发行债券来满足自身对长期资金的需求。发行债券是商业银行主动性创造负债的金融活动。

（二）资产业务

资产业务是指商业银行把通过负债业务所筹集到的资金加以运用，并取得收益的业务。

常见的资产业务包括贴现、贷款和证券投资。此外，商业银行也可以通过经营性租赁或融资性租赁进行投资。商业银行还必须将其资金的一部分以现金资产的形式加以保留，以随时应对客户提取存款的需要，商业银行必须保持一定的流动性。

1. 现金资产

商业银行的现金资产主要包括其库存现金、存放在中央银行的存款准备金和同业存款。

库存现金是存放在商业银行金库中用于满足日常客户提现和零星开支的资金。

中央银行存款准备金是商业银行存放在中央银行的资金，包括法定存款准备金和超额准备金两部分。法定存款准备金是按照法定比率向中央银行缴存的准备金；超额准备金是商业银行存放在中央银行的超过法定存款准备金的那部分存款。

同业存款是商业银行为了便于在银行间开展代理和结算支付业务而存放在其他商业银行的存款。

2. 贷款

贷款是商业银行将其吸收的存款按照约定的利率贷给客户，并约定日期归还的业务。贷款一直以来就是商业银行的核心业务，是商业银行主要的营利途径。

3. 贴现

贴现是商业银行根据客户的要求，买进其尚未到期票据的行为。贴现原来以商业票据为主，现在已扩展到政府短期债券，由于政府债券信用较高、风险较小、便于转让，商业银行对其贴现，既能获利，又可以满足流动性需求。

（三）中间业务

中间业务是指商业银行不需要运用自己的资金，代理客户办理各种委托事项，并收取手续费的业务。

1. 汇兑

汇兑是指汇款人委托商业银行将其交付的现金款项支付给异地收款人的业务。汇兑有电汇和信汇两种方式。

2. 信用证

信用证是由商业银行提供付款保证的业务。信用证是在国际贸易中被广泛使用的支付方式，有效解决了异地商品交易时双方互不信任的矛盾。

3. 承兑

承兑是指商业银行为客户开出的票据签章，承诺到期付款的业务。

4. 信托

信托是指商业银行接受他人委托，代为管理、经营和处理所托管的资金或财产，并为其营利的活动。商业银行对信托业务一般只收取相应的手续费，而经营所获得的收入归委托人所有。

5. 代收

代收是指商业银行接受供货方委托，向购货方收取款项的业务。

（四）表外业务

表外业务是指未列入商业银行资产负债表内，不影响资产负债总额，且能为商业银行带来额外收益的业务。

广义的表外业务包括前面提到的中间业务，狭义的表外业务则包括贷款承诺、备用信用证、贷款销售以及衍生工具交易等。

1. 贷款承诺

贷款承诺是指商业银行向客户作出承诺，保证在未来一定时期内，客户可以随时按照事先约定的条件获得贷款的业务。

2. 备用信用证

备用信用证是指商业银行应借款人的要求向贷款人作出付款保证的业务。

3. 贷款销售

贷款销售是指商业银行通过直接出售或证券化的方式将贷款进行转让，以此来降低风险资产的比例，提高资金流动性的业务。

四、商业银行的业务管理

（一）商业银行经营管理的一般原则

商业银行作为企业，必然以利润最大化为经营目标。商业银行特殊的资金结构和经营方式，使得其资产的流动性和安全性备受关注。安全性、流动性和盈利性构成商业银行管理的三个基本原则。

1. 安全性原则

商业银行作为经营货币的特殊企业，通过负债筹集资金，进行资产经营，其自有资金比重很小。商业银行的主要资金来源是吸收存款，如果其经营缺乏安全性，就很难吸收到资金。

商业银行经营面临着信用风险、利率风险、违约风险、投资风险和流动性风险，商业银行必须格外谨慎，力求减小或避免各种资金损失的风险，确保银行经营的安全性。

2. 流动性原则

商业银行要想发展,要想获利,首要的是生存问题,能随时满足存款人的取款要求,避免被挤兑,这就要求保持充足的现金储备和充足的流动性。

商业银行保持其流动性的措施:一方面,商业银行要保留足够多的流动性资产;另一方面,商业银行应加强负债管理,拓展更多的低成本融资渠道,保持较强的融资能力。

3. 盈利性原则

追求利润最大化是商业银行的经营目标,是银行的企业性质的体现,也是银行生存和发展下去的内在动力和根本原因。

盈利可以增加商业银行的留存收益,提高资本充足率;盈利才能体现资金在运动周转中保值增值的本质属性,满足还本付息、有偿使用的要求,是借贷资金得以延续下去的内在动力;盈利才能扩大经营规模,巩固自身信誉,提高竞争能力;盈利才能满足股东获得较高回报率的要求,保证他们不会抽出资金去转投其他行业。

在商业银行经营管理中,安全性、流动性和盈利性缺一不可。这三个原则之间存在着既统一又矛盾的关系。

一般来说,流动性和安全性是正相关的。流动性越好的资产,其风险就小,安全性也越高;反之亦然。就某项资产而言,流动性越强,安全性越高,其盈利性就越低。因此,商业银行在经营管理中要兼顾和协调这三方面的原则,找到最佳的平衡点。

(二) 商业银行的管理方法

1. 资产管理

资产管理的目的是在商业银行经营管理的三大原则下,将银行资金在现金、贷款和证券等各种资产业务中合理分配,寻求最佳组合。

商业银行在进行资产管理时应尽可能保证流动性,尽可能降低现金持有量,这就要求寻找信用良好的贷款对象,寻找高回报、低风险的证券,以及通过资产多样化分散风险。

2. 负债管理

负债管理主要通过调整资产负债表的负债项目,来满足银行经营目标和方针。

该理论认为,商业银行不需要完全依靠资产管理来满足其流动性,向外借款也可满足需要。只要负债管理有效,借款途径较广,就不需要大量持有库存现金、短期债券等高流动性资产,而将这部分资产投资到利润更高的其他资产业务中去,以提高商业银行的盈利水平。

负债管理大大丰富了银行处理流动性需求的新途径,变被动负债为主动负债,扩大银行资产投资规模,提高了盈利水平。但是,向外借款融资要支付高于存款的利息,这提高了商业银行的融资成本。另外,也容易因为将富余出来的高流动性资产投入到中长期资产业务中而产生与短期借款期限不匹配的情况,增加银行的经营风险。

3. 资产负债联合管理

第一种方法是资产分配法。资产分配法强调根据各种资金来源的周转速度来确定资产分配方向,将周转速度很快的资金用于高流动性资产,而将周转速度较慢的资金用于长期投资。

该方法通过周转速度和流动性的相互匹配,把负债和资产有机地联系起来,但也有缺陷。首先,周转速度并不能说明各种资金来源的变动性;其次,在利率及其他限制条件发生变化的情况下,该方法缺乏自动调整机制。

第二种方法是缺口管理方法。缺口管理方法是指根据利率或期限等指标将资产和负债进行分类,然后对同一类型的资产和负债的缺口(差额)进行分析管理。

以利率敏感性缺口为例,其管理有三种战略:

(1) 当浮动利率资产等于浮动利率负债时,利率敏感性缺口为零,银行的净利差不受利率变化的影响(如图 5-1a);

(2) 当浮动利率资产超过浮动利率负债时,利率敏感性缺口为正,则利率的上升将增大利息收入与利息支出之间的差额,也就是使得净利差变大;利率下降时则净利差变小(如图 5-1b);

(3) 当浮动利率资产少于浮动利率负债时,利率敏感性缺口为负,则利率的上升将使得净利差减小(如图 5-1c)。

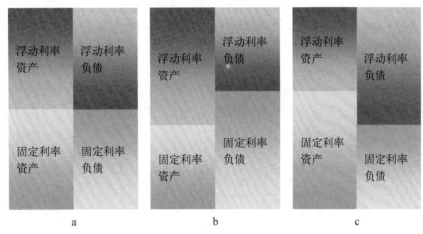

图 5-1　银行利率敏感性缺口管理

商业银行应根据对利率未来走势的预测,来选择不同的缺口战略。

要注意的是,缺口管理方法可以鉴定商业银行的利率风险,明确其利率敏感性的方向和程度,找出造成利率风险的具体项目。但是,缺口管理方法本身并不能表明或预测利率的变化值。

五、商业银行的信用创造

商业银行的货币创造过程是同时创造资产和债务的过程,商业银行、借方和贷方的资产负债表都会发生变化。

(一) *存款创造贷款,还是贷款创造存款?*

对于某一具体银行来说,若没有存款余额,就没有能力创造贷款,因为必须有可用于贷放的货币,贷款这一经济行为才可以发生,这样看来,存款似乎是发放贷款的前提条件;也有人认为,即使没有存款,只要商业银行具有贷款的功能,特别是贷款的资格,贷款本身就可以创造自己的存款。因为,只要商业银行具有发放贷款的资格,并且拥有发现资质良好的贷款的能力,即使没有存款,也可以通过融资发放贷款,并且创造出存款,或者从其他商业银行借入,这意味着依然需要有存款才行;或者从金融市场借款,资金出借方依然要有银行存款才行。

站在某一具体商业银行的角度来进行分析,对于整个商业银行体系来说,存款是贷款的基础和前提。然而,商业银行体系并不等于金融体系,中央银行和财政部也是一国金融体系的重要组成部分。中央银行具有向商业银行提供贷款的功能,这是信用创造的源头之一。中央银行提供信用创造源头的能力又受制于财政部,即国家税收和融资能力。吸收其他经济主体的收入为政府所用的功能成为向经济提供信用的源头,这既是现代金融体系的神奇之处,也是其制造经济灾难之处。从这个角度讲,贷款可以创造自己的存款,用于发放贷款的存款来源于政府的信用。

(二)商业银行的资产负债表:联结资金盈余方和短缺方的桥梁

停留在商业银行体系的层面无助于理解货币的本质和货币创造的实质。同时考虑资金盈余方、商业银行和资金短缺方这三方的资产负债表的变化和相互影响,才能够真正理解金融活动的本质和特征。

经过商业银行体系的存款——贷款——存款的转换,最初进入商业银行体系的1 000元存款全部转化成为商业银行的准备金,同时形成了10 000元的信用货币(见表5-1)。看起来这是很神奇的过程,商业银行的贷款同时也就是其存款,竟然就能创造出数倍的货币,当假定商业银行可以无限次创造,则其创造的倍数为 $\dfrac{1}{存款准备金率}$。

表5-1 商业银行的资产负债表

商业银行	负 债	资产(准备金率10%)
Bank A	1 000元 D(存款)	100元 R(准备金) 900元 L(贷款)
Bank B	900元 D	90元 R 810元 L
Bank C	810元 D	81元 R 729元 L
……	……	……
银行体系总计	10 000元 D	1 000元 R 9 000元 L

商业银行贷款的过程同时也就是存款形成的过程。然而,商业银行贷款的对象不应该通常情况下也不会是存款的主体,因为贷款的成本几乎总是高于存款的收益,即总是亏损的。显然,如果贷款和存款的是同一个主体,则该主体是不理性的。既然经济主体的基本假设是理性人,贷款和存款是同一主体的现象就不应该存在,即这种极为抽象的存贷款同一主

体不会带来信用货币的创造。

同时考察存贷方的资产负债表在货币创造过程中的变化,有助于全面深入地理解信用货币创造的实质。下面分别考察存款方和贷款方的资产负债表(见表5-2和表5-3)。

表5-2 存款方的资产负债表

存款方	(或有)负债	资产
甲	健康/养老	银行存款900元
乙	投资	银行存款810元
丙	不可预估的折旧	银行存款729元
……	……	……
总计		9 000元

表5-3 贷款方的资产负债表

单位:元

贷款方	负债	资产	
子	银行贷款900	经营性资产900 a/adr	人力性资产900(1−a)/adr
丑	银行贷款810	经营性资产810 a/adr	人力性资产810(1−a)/adr
寅	银行贷款729	经营性资产729 a/adr	人力性资产729(1−a)/adr
……	……	……	……
总计	9 000	9 000 a/adr	9 000(1−a)/adr

将存款方看成是净存款人,既可以是自然人,也可以是法人,是收入扣除支出之后具有正的余额的自然人或者法人。不管是自然人还是机构的法人,其负债是或有的,比如个人可能是牺牲了健康换来的净收入,或者法律规定的养老资金并不是很充足,需要个人储蓄予以补充,但健康问题和养老问题并没有暴露出来,还没有从潜在的负债变成实际的负债;如果是法人,则体现为投资、潜在的损失或者不可预估的折旧等负债。

存款方的资产在某一确定时点是社会财富的重要组成部分。不能认为存款方形成的资产是价值确定性的财富,在某些状况下它也是或有财富。

接下来看贷款方资产负债表的变化。贷款方以自有(净)资产作为准备(抵押品)融资,设资产负债率为 adr=负债总额/资产总额,则资产总额=负债总额/adr。再设贷款方形成的经营性的实物资产的比例为 a。之所以要对资产进行区分,是因为只有实物资产才能够归为企业的资产;企业为劳动力支付的工资、提供培训的支出特别是在企业工作不断累积经验形成的人力资本属于个人所有,无法计入企业的资产;只有归为企业的资产才能够作为企业融资的抵押,形成其信用基础。

将存款方和贷款方分开来考察之后,就可以形成金融部门与实体经济部门构成的经济循环体系。

在图5-2中,商业银行是联结存款方与贷款方的桥梁,是形成经济循环系统的中枢,发挥了将闲置的储蓄集合起来转化成为投资的功能,是经济体系形成良性循环的关键环节。

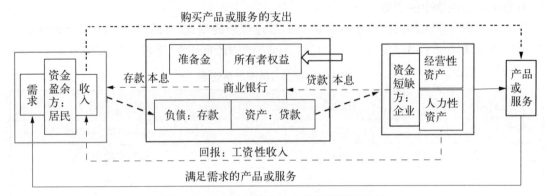

图 5-2　以商业银行为中介的经济循环体系

（三）信用能力：商业银行创造货币的必要属性

资金盈余方把其闲置的资金存放在商业银行形成后者的负债，是商业银行开展其资产业务——发放贷款的源头。资金盈余方为何愿意将其闲置资金存放在商业银行呢？这是因为：(1) 资金盈余方可以确保其本金安全，并获得利息回报，即资金的安全性高，同时有一定盈利；(2) 资金盈余方随时可以支取其存款满足他用，即资金流动性好；(3) 资金盈余方可通过商业银行系统完成清算支付等业务，与其他清算支付方式相比，成本更低、渠道更安全、手续更便捷。换位到商业银行角度，商业银行必须是最能够平衡安全性、盈利性和流动性，从而最具信用能力的金融机构，资金盈余方才愿意将闲散资金存放在商业银行。

首先，商业银行必须具备杠杆经营的能力，这是安全性的基本要求。由于商业银行是杠杆经营，其吸收的存款和发放的贷款往往数倍于其自有资本（根据《巴塞尔协议》的要求，至少为 10 倍杠杆），总资产 10% 的损失就会导致商业银行净资产归零，总资产 2% 的损失就会严重影响银行经营，制约其信用创造能力，因此商业银行的杠杆经营能力——充分利用杠杆经营的优势，同时有效控制杠杆伴随的风险——就尤为重要，也是商业银行区别于其他形式商业机构的最重要特征。

其次，商业银行必须具备很强的资产配置能力，有能力在盈利性和流动性之间实现平衡。因为商业银行的负债是存款人的货币性资产，而存款人随时都会产生支取的需求，这就要求商业银行保有一定比例的高流动性资产，以满足流动性约束。资产的流动性高，其收益率必然低，商业银行的资产配置能力就是在资产的盈利性和流动性之间实现平衡的能力，追求更高的流动性必然伤害盈利性，影响其竞争力；追求更好的盈利性则会伤害流动性，影响其信誉和稳定性。

再次，商业银行必须具备一定的对经济和产业发展趋势的判断力以及对贷款对象的甄别力，这样才能够形成在发放贷款和创造存款之间的平衡力。商业银行在发放的贷款同时形成派生存款，不能也不必区分派生的由贷款转化而来的存款与原始的外部注入的存款（来自中央银行或者出口换汇），它们都是能够行使计价、交易和支付职能的货币。问题是，派生的存款有可能与生产有效供给的资本相对应，也可能与不能生产有效供给的资本相对应；前者的对应关系形成贷款与存款的良性循环，商业银行可从中稳定获利，后者的对应关系造成贷款与存款的失衡，或者会造成银行破产，或者会造成通货膨胀。困难之处在于，贷款决断在生产能力形成之前,但生产能力是否与社会需求相适应在贷款决断之后才能见分晓。商业银行的判断力和甄别力是其信用能力极为重要的内容。

最后,商业银行必须建立以信用责任为前提的、对称的激励相容机制。信用责任主要是指商业银行在商业道德层面上负有保障存款人的存款本金安全的责任。不应该出现商业银行所有人、管理者及其员工主动地侵占存款的行为,也不应该允许任何其他人侵占存款行为。对称的激励机制意味着,盈利是银行的盈利,亏损是银行的亏损,商业银行要对其经营行为负完全责任,储户的损失也就是商业银行自己的损失。储户和商业银行两者利益一致,既是避免商业银行内部人产生内在的侵占存款人利益这种不当行为的制度安排,也是银行屏蔽外部其他力量干预银行经营、破坏银行资产负债表平衡的制度保障。相应地,当商业银行诚实地履行信用责任,促进存款的保值和增值,作出贡献者应该得到与其贡献相匹配的回报。鉴于商业银行业务的特殊性,对称的激励相容机制特别重要,这对避免内部人侵占储户的存款本金非常必要。

对称的激励相容机制主要表现为存贷款在商业银行发生所有权转换的制度设计。

(四) 存款-贷款所有权转换的中枢:商业银行信用能力的制度基础

商业银行是存贷款所有权转换的金融机构,这是商业银行能够成为金融系统基础性信用创造机构的关键。在商业银行资产负债表的负债端,银行是负债方,存款人是资金的所有方;在商业银行资产负债表的资产端,银行是所有方,借款人是负债方。在商业银行从吸收存款到发放贷款的过程中,资金的所有权在银行开展业务的过程中发生了转换。这一转换的重要性体现在下列三个方面。

(1) 存款人将其资金存放在银行,存款的所有权属于存款人,商业银行承担着保全存款的信用责任——任何损失都要由银行承担赔偿责任。这样一来,商业银行必须建立能够保全存款本金的一系列风控制度。鉴于银行经营业务的对象就是人们追求的财富,银行内部人就有极大的动机侵占存款人的本金,则商业银行得以存在的信用基础就消失了。反之,当银行担负着确保存款安全的义务时,就对商业银行施加了确定的约束,商业银行发展出能确保存款安全的一系列制度和经营原则,这是商业银行开展业务的前提。

(2) 银行开展资产业务(比如发放贷款)的过程也就是运用其负债创造信用的过程,银行开展资产业务形成的资产的所有权归属于银行,收益由银行享有,损失也由银行承担,这是银行发挥其专业能力的动力所在,是避免银行与贷款方合谋侵吞存款人本金的必要制度安排。须知,侵吞存款人的本金对资金管理者是最具诱惑力的发财捷径。只有当银行资产业务形成的资产的所有权归银行所有时,银行才会承担完全责任,主动地收集信息、情报,关注企业运营状况,对贷款实时跟进和监控,避免贷款被恶意使用、无效使用、滥用,保护贷款的安全性。

(3) 因为银行是负债-资产所有权转换的中枢——银行负有对存款人还本付息的义务,同时承担保证收回贷款本金和利息的责任,银行必须建立充足的信用能力,认知经济走势和市场冷热,辨别产业兴衰和企业优劣,观察和管理流动性以确保不被挤兑,识别和控制风险,将存款有效地转化为贷款,实现稳定经营和盈利。

要实现将存款有效地转化为贷款,银行必须开发信息与情报的汇集、挖掘和处理系统,必须建立宏观经济研究与产业前景分析和甄别系统,必须建设企业运营状况与资产质量的跟踪和判断系统，能够筛选贷款和清算支付业务中出现的独有信息，还必须搭建综合性的风险评估、识别和控制系统。经过试错和探索，逐步建立起来这些系统使银行成为独特的具有信用管理能力的金融机构，成为金融系统的核心。可见，这种制度安排对银行不只是义务，还十分有益于改善银行制度化的信用创造能力。

（五）存款准备金制度是商业银行信用能力的根基

商业银行系统具有坚实的信用创造能力，成为创造信用的主体，存款准备金制度是根基。存款准备金制度固然是制约商业银行信用扩张的"金箍"，同时也是信用创造的基础。

之所以需要存款准备金制度，是因为银行创造出来的存款具有支付功能——银行有义务为存款者提供资金存取、清算和支付服务。问题在于，存款是由贷款衍生出来的，而贷款通常都有期限，银行不可能随时要求贷款者偿还贷款。若贷款的规模过于巨大，银行的超额准备金就无法满足存款者资金支取和支付的需要，银行的信用就受到伤害，信用能力就会被削弱。存款准备金制度，看起来似乎制约存款规模增长，实际上制约贷款发放的规模，制约信用创造的规模，使存款准备金与衍生存款的比例保持在安全边界之内，保持银行资产负债表中资产和负债的平衡，是商业银行信用能力的制度基础。

商业银行的信用能力不只是利用杠杆作用创造信用的能力，还必须具有管理杠杆创造的数倍信用的能力。存款准备金制度具有管理信用的能力，并且部分准备金制度就足够了。在系统稳定的条件下，假设现金漏损率是一个固定值，则当有人从银行取出存款，必然有人向银行存入存款，取出多少存款就会存入多少存款。存款准备金意味着，任何一笔存款都有一定比例的准备金存放在其中央银行的账户上，银行的存款由一定比例的准备金提供保障，银行管理信用风险的能力也就是有保障的。

商业银行是"专家"，应该具有洞悉、甄别投资项目真假的专业能力，具有判断投资项目前景的专业知识，具有控制融资过程中潜在风险的风控体系。具备上述能力之后，就可以取信于存款人，汇少成多，聚沙为塔，发挥规模效应，获得规模经济带来的回报。存款准备金制度对商业银行发放贷款设定了规模限制，倒逼商业银行提升洞察力和甄别力，将信用良好、盈利能力强的企业甄别出来，保障贷放资金的安全性，改善盈利性。

（六）商业银行、信贷通道和经济运行

商业银行是经济系统中的一环，必须在经济系统中理解其发挥的作用。在图5-2中，商业银行是储蓄转化为投资的桥梁，在市场经济体系下，商业银行既非起点，也非终点，而是联结点（在计划经济中，银行有可能是起点）。

作为联结点，商业银行的主要职能应是为存款人和贷款人提供服务，而不应成为其他主体的主宰者，拥有创造利润能力的贷款人应该是经济发展的最关键因素，而为贷款人提供资金的存款人应该是经济稳定的最基础力量，是经济发展服务的对象。

在现实经济中，商业银行控制了存款人与贷款人联系的通道。Rajan认为，通道控制者在一定程度上成为事实上的所有者，所有者就要分享收益，对通道的控制力越大，通道控制者获得的收益越多。其他融资渠道越是不通畅，商业银行对融资通道的控制力越大，作为事实上的所有者分享的收益越多，越有可能成为其他经济主体的支配者，在压低存款利率的同时抬高贷款利率，将本属于存款人和贷款人的收益占为己有。这种鸠占鹊巢的行为势必破

坏经济体系的平衡和稳定,原本是解决融资困境的商业银行,反而成为困境之源。

第三节 投资银行:职能、业务及信用创造

投资银行与商业银行的职能有重合之处,也有差异之处。投资银行的业务与商业银行的业务在性质上存在差异。投资银行作为金融中介,创造的是信用而不是货币。

一、投资银行的职能

投资银行既不能吸收存款,也不能发放贷款,无法从贷款利息和存款利息之间的差额获得收入,而是通过为资金供需双方提供专业化程度极高的服务获取收入和利润。投资银行的职能包括信用中介、价值甄别、信息收集和处理、证券市场和金融工具的构造和组合,以及提供流动性等职能。

(一)信用中介

投资银行同样是将资金盈余者和资金短缺者撮合在一起的中介,资金盈余者可以获得更高的收益,而资金短缺者获得发展所需的资金。投资银行的信用中介职能,要同时使资金盈余者和资金短缺者实现帕累托改进才能实现。

投资银行要行使信用中介职能,必须有一定的信誉,要能够中立地为资金供需双方提供服务,既要忠实履行客户的委托,也要维护其他相关方的利益。资金短缺方需要投资银行的专业能力,而资金盈余方更看重投资银行的信誉。能够获得利益相关方的信任,是投资银行行使信用中介职能的关键。

(二)价值甄别

为了使资金需求双方都能够实现帕累托改进,投资银行需要具有价值甄别的职能。根据服务的类型,分为对权益性证券的价值甄别和对债权性证券的价值甄别。根据服务的对象,分为对政府债券的价值甄别和对企业证券的价值甄别。

现金流贴现是常用的债券估值方法。由于债券未来的回报通常是固定不变的,债券的价值取决于债券是否会违约,因此风险是投资银行关注的重点,投资银行的价值甄别包括甄别风险的类型和风险的大小。

现金流贴现也是股票估值的基础。由于投资股票能够随企业的成长而获得更高的收益,因此需要预测未来的现金流,而未来的现金流存在很大的不确定性。投资银行针对不同类型的企业发展出不同的估值方法。投资银行更关注股票的成长性,因此价值甄别的关键在于判断盈利能力及其持续性。

(三)信息收集和处理

有了信息,投资银行才能甄别价值。信息收集不是零星的、偶尔的、被动的行为,而是批量的、持续的、主动的行为,因此投资银行需要建立高度专业化的信息收集和处理系统。

真实的信息产生价值,虚假的信息毁灭价值。投资银行既要有信息收集系统,还要有信息处理系统,把真实的信息筛选出来,把有价值的信息挑选出来。投资银行信息收集和处理能力是其专业能力的重要评判标准。

(四)证券市场和金融工具的构造和组合

证券市场由发行者、投资者、组织管理者和投资银行等四大主体构成。投资银行是联结发行者和投资者的桥梁,是证券从无到有、从不能流通到能够流通的推手,是维护证券市场流动性的中坚力量。没有投资银行,就没有证券市场。

投资银行或许不是金融工具的原初创造者,但投资银行对金融工具的标准化改造,有效地降低证券市场从认知到甄别、再到交易等各个环节的成本,使证券市场能够提供系统性金融服务。这是现代金融体系和证券市场与其草莽时代的根本区别。

投资银行还会对基础性概念和工具进行排列重组,创造出新型金融工具,满足经济对金融服务多层次的需求。

(五)提供流动性

中央银行是流动性的终极提供者。商业银行和投资银行是流动性在操作层面的提供者。商业银行主要通过提供贷款的方式提供流动性,投资银行则主要通过提供证券承销的方式提供流动性。相对而言,证券承销的条件更为严格、成本更高,但手续相对简单、耗费时间更少。一般而言,企业经营越成功,投资银行提供服务的成本越低、耗费时间越少,这是对成功企业的褒奖(Success Bonus),为企业经营成功提供动力和激励。

投资银行还是政府债券的承销商,为政府提供资金,用于供给公共产品。中央银行买卖政府债券等方式调节货币供应量,为经济的稳定发展提供流动性。

二、投资银行的业务

投资银行的业务包括证券承销、证券交易、兼并收购、资产证券化和金融创新等,这些业务彼此存在交叉之处,并非泾渭分明。

(一)证券承销

证券承销是指为资金短缺的企业承销证券,为其提供融资的业务。投资银行提供的证券承销业务属于销售,但与销售实际物品相比,投资银行销售的是企业未来的盈利能力。由于未来的盈利能力存在极大的不确定性,投资银行既要确定企业未来盈利能力的方法和指标,也要帮助企业塑造盈利能力。投资银行是高度专业化的金融服务提供商,不只是证券销售商。

(二)证券交易

证券交易是指投资银行在二级市场买卖证券的行为。投资银行买卖证券,即成为上市公司的做市商,保持市场流动性和交易活跃,也是为了发现价格,从错误定价中获利。投资银行具有更专业的金融知识和技能,也有更充足的财力开发认识市场和公司的框架、内容,能更准确地认识公司的价值,从证券交易中获利。

(三) 兼并收购

投资银行的兼并收购是指经营状况良好的企业通过收购其他企业实现迅速发展,在比较短的时间内通过横向一体化或纵向一体化降低成本,实现规模经济,完善产业结构。

兼并收购是投资银行主导的,用金融工具对企业的所有权进行重新配置,实现要素更合理的组合,改善产能、利润和收入。兼并收购的目的是实现横向一体化或者纵向一体化,降低成本。兼并收购的理念简单、易理解,但在实践中的效果受到很多因素影响。

(四) 资产证券化

资产证券化是指以基础资产未来所产生的现金流为偿付支持,通过结构化设计进行信用增级,并发行资产支持证券(Asset-backed Securities,ABS)的行为。资产证券化要确定未来的现金流,要进行结构化设计包括分层等,还要信用增级。通过资产证券化,资产的主体可以将未来多期获得的收益在当前变现,改善资金的使用效率。投资银行是资产证券化的设计者和操盘者,参与到资产证券化的每一个环节。资产证券化是投资银行积极主动行为的结果。

(五) 金融创新

金融创新,是将基础金融工具重新组合形成新的金融工具,或者新的组织形式或交易方式形成新的金融市场,或者出现新的经营模式的金融机构创新。金融创新之所以出现,是因为"能更有效地完成金融业务"。金融机构都可以是金融创新的主体,在20世纪80年代之前,商业银行是金融创新的主体。20世纪80年代之后,投资银行是金融创新的主体。20世纪80年代,投资银行的主要创新是杠杆收购和垃圾债券。20世纪90年代之后,投资银行的主要创新是各种类型的资产支持证券(ABS)。

金融创新对于改善流动性,提高资金利用效率作用显著。然而,金融创新同时催生出不可预知的风险。20世纪80年代和90年代的两大金融创新,最终都导致了金融危机。

三、投资银行的信用创造

投资银行同样可以创造信用,但其信用创造机制与商业银行不完全一样。最大区别在于,商业银行创造的信用,因商业银行本身是支付和清算机构而具有了支付功能,即直接成为货币;投资银行没有支付和清算功能,其创造的信用不具有支付功能,不能直接充当货币。

(一) 投资银行创造信用的过程

现代投资银行是提供金融中介服务的金融中介机构,其核心内容是"中介",不像商业银行,是"实体"本身。与商业银行是资金所有权转换的平台不同,投资银行的业务不涉及资金所有权的转换,资金盈余者的资金不会转移并置于投资银行的控制之下,而是在投资银行的推介、撮合之下,直接转移给资金短缺方,资金短缺方对资金的使用负全责。投资银行的中介作用,是将资金盈余方与资金短缺方撮合在一起,完成资金的转移和让渡,实现储蓄向投资的转化。

由图5-3可见,投资银行只是发挥中介作用,资金盈余方与资金短缺方之间的资金往来不进入投资银行的资产负债表,创造的是信用资产,而不是货币资产。

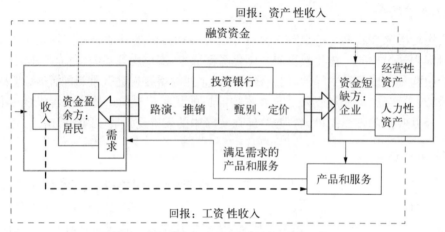

图 5-3 以投资银行为金融中介的经济循环体系

根据表 5-4,投资银行创造的信用规模不像商业银行那样受存款准备金率的限制。在信用创造过程中,商业银行资产负债表作为整体没有变化,不会增加货币。

表 5-4 投资银行作为中介的信用创造

投资银行	资金融入方	资金融出方	商业银行资产负债变化
A	甲+1 000	子−1 000	甲存款银行+1 000,子存款银行−1 000
B	乙+1 000	丑−1 000	乙存款银行+1 000,丑存款银行−1 000
C	丙+1 000	寅−1 000	丙存款银行+1 000,寅存款银行−1 000
……	……	……	……
n	1 000n	−1 000n	0

投资银行承销证券发行的过程,同时也就是形成金融资产和金融负债的过程,资金融入方甲、乙、丙获得资金,资金融出方子、丑、寅获得其让渡的资金对应的所有权凭证——债券或股票。因为没有存款准备金的限制,信用创造过程中没有任何损耗,以投资银行为金融中介能够创造出来的信用规模在数学上没有任何上限。如果可以循环无数次,即当 n 趋向于无穷大,投资银行能够创造的信用规模也就是无穷大。

(二) 投资银行创造信用的机理

商业银行的三大制度设计,即准备金制度、核心资本要求、确保激励相容的所有权转换制度,使商业银行能够创造货币性资产。投资银行不具有任何一种制度,其创造信用的能力源于何处?

最早的投资银行,以雷曼兄弟和高盛为代表,最初只在很小的地域范围内为小业主提供票据服务——向小业主提供货币,换取小业主的票据,然后将这些票据去银行贴现,获取中间的差额。投资银行在这其中的主要风险,是这些票据不能到期兑付,投资银行要么承担不能兑付票据的损失,要么信用受损,银行不再接受该投资银行提供的票据。因此,投资银行保持盈利的关键,是甄别票据的可兑付性,也就是判断企业业务的盈利能力和经营的稳定性。

投资银行实践业务的过程,不断累积经验,培育出判断企业优劣和发展前景的能力,同时累积财富。投资银行的业务不再只是"中介",而是动用其真金白银参与认购企业的股票和债券,然后再推销给其他投资者,是名副其实的"投资"。这些投资银行,以高盛为例,规定合伙人必须以真金白银认购合伙股份,承销业务如果失败,会损失其相应份额的合伙资金。准确判断企业的盈利能力是投资银行成败的关键。投资银行针对不同类型的企业开发不同的估值方法和模型,为钢铁、运河等企业开发了净资产估值法(PB),为净资产不多的雪茄企业开发了市盈率估值法(PE),为零售连锁类企业开发了市销率估值法(PS)。

(三) 投资银行创造信用的基础

投资银行创造信用的能力来源于以下因素:(1)具有认识和甄别企业盈利能力的能力,开发相应的估值方法和模型,对企业未来的发展有比较准确的预测;(2)以自有资金参与企业融资,与其他投资者承担相同的风险,建立有效的参与约束和激励相容约束机制;(3)具有良好的社会诚信体系和信托责任意识,即企业诚信和信托责任意识意味着企业获得投资者让渡的资金,就要自觉自愿地为投资者谋利益,而不是侵吞投资者的本金。

投资银行业务是渐进的发展过程,除了形成系统的显性知识外,在业务实践过程中还形成不是那么系统的隐性知识。显性知识是从业者都掌握的知识,是共同知识。隐性知识是隐藏的,由特定企业掌握的私人拥有的知识,是企业真正的竞争力所在。高盛之所以能够历百年而不衰,与其在投资银行的业务实践过程中发展出来的隐性知识密不可分。如果只是学习显性知识,而忽略了学习隐性知识,学会的极有可能只是皮毛,而掌握不了精髓,难免造成差之毫厘、谬以千里的恶果。

(四) 投资银行信用创造规模的制约

信用创造的规模不可能是无穷大的,原因有以下四个。

首先,经济总是存在各种摩擦的,消除这些摩擦需要花费时间,则一定时期内信用能够循环的次数是有限的。

其次,即使监管机构不要求投资银行在信用创造过程中留存一部分资金作为预防损失的准备金,随着创造出来的信用规模的不断增加,对货币的需求也会随之而增加。信用规模越大,货币需求越大,能用于融资的货币余额越少,信用创造必然随之递减。

再次,信用供给规模受制于需求数量,当对需求施加的约束比较大时,比如资金需求方的行为受到严格的管制,或者资金需求方需要支付很高的成本,需求的数量就是由成本与收益的相对关系决定的,需求数量的有限性决定了信用供给规模的有限性。

最后,投资银行创造的信用规模受制于投资银行创造信用的能力,若投资银行创造的信用规模小于其信用创造能力对应的最优规模,信用创造能力出现闲置,是能力的浪费。若投资银行创造的信用规模高于其信用创造能力对应的最优规模,超额信用规模要通过资产价格的下降消除掉,这通常表现为经济危机和金融危机。

(五) 投资银行的道德性

投资银行创造信用时没有准备金要求,其创造的信用缺少制度性制约。当投资银行处于发展的早期,还没有垄断融资通道,投资银行注重风险控制,要求合伙人用自有资金参与企业融资,自有资金和客户资金的盈利性与安全性被捆绑在一起,形成利益共同体,投资银行具有内在的控制信用创造规模,与其信用创造能力相匹配的机制。

竞争的结果,与其他行业类似,形成几大投资银行垄断的市场格局,比如,华尔街就形成五大投行垄断的局面。当垄断了融资通道,投资银行的地位就超乎寻常的资金盈余方和资金短缺方,取得了支配性地位。投资银行的支配性地位,既是对资金盈余方的支配,也是对资金短缺方的支配,投资银行不再需要动用自有资金发展业务,数量取代了质量,成为投资银行最关心的因素,利润取代了风险,成为投资银行的导向。这种转变,最终必然使信用创造的规模超过了信用创造能力对应的最优规模,为金融危机埋下了种子。

银行家约翰·皮尔庞特·摩根,最让他自豪的,并非主导重组美国经济,而是植根于其内心深处的道德律令——他自己认为源于宗教虔诚——使他始终以国家利益和投资者利益为终极追求,其个人利益从来不是排在第一位,更不会为了个人利益而欺骗或操纵。这种发自内心的道德感,在现代银行家中已经极为罕有,私人利益已经成为银行家的首要考虑,财技的泛滥使投资银行业务的私人利益大于社会利益,导致私人成本小于社会成本,造成了过度的信用泛滥。

第四节 商业银行与投资银行信用创造的比较

投资银行创造的信用与商业银行创造的信用有共性,也有差异。

一、商业银行与投资银行信用创造的共性

商业银行与投资银行信用创造的共性包括如下三个方面。

首先,信用的背后都有经济活动,这些经济活动既会通过商业银行融资,也会通过投资银行融资。通常认为,只要背后有真实经济活动相对应,创造出来的信用就不会造成通货膨胀。这是"真实票据说"的应用。

其次,尽管表现形式不同,商业银行创造出来的存款与投资银行创造出来的债券和股票对于持有者来说都是财富。

再次,商业银行与投资银行创造出来的信用,资金借入方都需要偿还。偿还的方式和期限有所不同,债务性信用(债权债务关系)有固定的金额和偿还期;权益性信用(所有权关系)没有固定金额和偿还期,但并不是不需要偿还。

二、商业银行与投资银行信用创造的差异

商业银行与投资银行信用创造的差异包括如下三个方面。

首先,商业银行创造信用需要消耗准备金,投资银行创造信用不需要消耗准备金。

其次,商业银行创造的信用因为商业银行的独特性——其负债是具有支付清偿结算功能的货币,商业银行创造信用的过程同时也就是创造货币的过程。投资银行创造的信用只具有部分货币属性,这类信用要先转换成货币,才能用于交易。

再次,商业银行要为其创造的信用背书、承担完全的责任——对存款人的存款负有完全的责任,对贷款人的贷款也负有完全的责任。投资银行则不然,它们的主要责任是撮合资金短缺方与资金盈余方,融资过程完成之后,投资银行就不再对债务负有任何责任,也不对债权负有任何责任。

三、商业银行与投资银行创造信用的制约和规模

商业银行与投资银行创造信用受到的制约不同,从而规模不同。

因为商业银行创造信用需要消耗其准备金,而投资银行不需要,投资银行作为中介的信用创造能力比商业银行作为中介的信用创造能力要强。

假设一个经济中商业银行的准备金总量为1 000元,存款准备金率为10%,当货币存量达到10 000元,货币创造受制于商业银行准备金数量而达到极限,无法再进一步扩张。商业银行想再发放贷款,就必须先收回一笔贷款才行,收回多少,才可以发放多少。可以认为,存量货币是商业银行信用创造的结果,当准备金全部耗尽之后,业已形成的货币存量无法用于继续发放贷款。这就会出现商业银行的存款货币数量巨大,但却丧失了货币创造能力,也就是发放贷款的能力。

商业银行受制于存款准备金做不到的事情,投资银行却可以做到。当某人用其商业银行的存款1 000元购买投资银行推销的金融资产时,投资银行就额外创造出1 000元的信用,同时却不会减少货币存量,因为有人买,就必然有人卖,卖出金融资产的一方将获得的款项存入商业银行,存款又会增加1 000元,两相抵消后货币存量不变。当投资银行从事n次规模为1 000元的业务,其创造的信用规模就变为1 000n元。与此同时,商业银行资产负债表不会发生任何变化,货币存量保持不变。

本章小结

本章阐述了商业银行和投资银行创造信用的机制,并比较了其差异。

商业银行与投资银行最初是不区分的,都是银行的业务。银行的初始业务是甄别货币真假和质量,存贷款业务和投资业务随着经济发展的需要而得到逐步发展。存贷款业务最初在荷兰出现,是欧洲大陆国家的主要业务,英国的金融系统尽管总体领先欧洲大陆100年,但英国银行业的主要业务是汇兑,而不是存贷款业务。现代投资银行于19世纪下半叶出现在美国,随着美国第二次工业革命对金融业务的需求而迅速发展成熟。

商业银行的职能中,支付中介是最核心职能,因为具有支付职能,其创造的信用成为货币本身。为了维护货币体系的稳定,商业银行信用创造受到比较严格的限制,包括存款准备金制度和存贷款所有权转换制度,构建了一个商业银行既要为储户存款的安全负责,又要为其发放贷款的安全负责的制度框架。商业银行系统是金融系统的基础,也是核心。

投资银行不具有支付职能,因此其创造的信用不能直接充当货币。投资银行的业务更灵活,产品更丰富,受到的限制更少。投资银行之所以能够创造信用,是因为投资银行具有认识企业价值的能力,合伙人要用自己的钱投资,有诚信意识和信托责任,以及所有这些因素的基础——根植于内心的不欺骗的道德要求。

投资银行和商业银行创造的信用的表现形式不同,发挥的作用也不同,但两者具有互补性,都是信用创造体系的构成部分。

关键概念

贷款　　　　贴现　　　　贷款承诺　　　商业银行　　　投资银行
表外业务　　备用信用证　　贷款销售　　　资产分配法　　缺口管理法
证券承销　　证券交易　　　兼并收购　　　金融创新

问答与思考题

1. 简述银行发展的历程及逻辑。
2. 简述商业银行的职能及内容。
3. 简述商业银行组织制度的分类。
4. 简述商业银行的负债业务及内容。
5. 简述商业银行的资产业务及内容。
6. 简述商业银行的中间业务及内容。
7. 简述商业银行的表外业务及内容。
8. 简述商业银行经营管理的一般原则及其内容。
9. 简述商业银行资产负债联合管理的方法及内容。
10. 简述商业银行的存款和贷款之间的关系。
11. 为什么商业银行的存款是货币?
12. 简述商业银行信用能力的内容、影响因素及其对货币创造的作用。
13. 简述投资银行的职能。
14. 简述投资银行的信用创造机制及其影响因素。
15. 比较商业银行和投资银行创造信用的机制差异。

第六章 融资决策、资本结构与企业价值

企业的发展通常需要融资,企业融资面临的问题包括:(1)是否能够获得资金盈余方的认可,是否有融资的资格;(2)企业选择从商业银行获得间接融资,还是由投资银行作为中介从市场获得直接融资,即融资成本问题;(3)不同类型的融资方式对企业价值是否会产生影响,这是资本结构与企业价值的关系问题。

第一节 信息不对称与融资啄序

货币是边界最清楚的资产,对专业知识的要求最少。资金从借出的盈余方转移给借入的短缺方,借入方通过将货币资产转换为其他形式的资产而创造价值和利润。

一、信息不对称与金融活动

在货币借出之前,借入方会隐藏自己的真实意图和能力,只向借出方展示后者希望看到的信息;当货币借出之后,借入方就可以操纵、实现财富从借出方向借入方的转移;由于非货币资产的权属边界更模糊,其安全性、盈利性和流动性需要专业知识,借入方对借出方的侵占行为既难以发现,又难以确认[①]。

借入方与借出方对信息的掌握程度不同,是借入方得以实施侵占的关键。

(一)信息不对称的类型

由于信息不对称,借出资金的盈余方要想知道自己资金的安全状况和盈利状况,需要付出高昂的成本。信息不对称是指融资双方信息不对等的现象。交易前的信息不对称称为逆向选择(Adverse Selection),交易后的信息不对称称为道德风险。

(二)逆向选择的影响:股票和债券市场中的"次品车"问题

在证券市场上,因为信息不对称,区分好的投资标的和坏的投资标的很困难。当面临这样的状况时,投资者只愿意支付一个中间价格(确定好和坏各自的概率,然后加权平均)。

借入方知道自己的状况,对于好的投资标的来说,不愿意以更低的价格卖出股票或者不愿意以更高的成本借债。对于坏的投资标的来说,借入方愿意以上述条件获得融资。结果就是,投资者能够买到的只能是不好的投资标的。

---

① 例如,A股上市公司康得新和康美药业大规模财务造假,其银行存款都是假的。康得新银行账户的122亿元存款,直到5亿元债务无法兑付时才发现是虚增利润。康美药业银行账户中有299亿元存款也是虚增利润来的。银行存款都能造假,遑论其他权属边界更模糊的资产。

投资者如果清楚这种状况,他的最优选择是不购买证券。造成的结果是,能够实现交易的股票和债券很少。这也决定了直接融资不是最主要的融资渠道。

(三)道德风险的影响:解决股权合约中的委托—代理问题

道德风险是在金融交易完成后出现的信息不对称,即证券发行者有掩盖信息、从事损害投资者利益的动机和行为。

控股股东和公司管理层比投资者拥有更多的信息,当金融交易完成后,公司管理层会以其自身利益最大化而不是投资者利益最大化的原则行事,给投资者带来损失。

缺少话语权的中小股东要审计公司的财务状况,监督企业管理层的行为是否适当需要付出高昂的时间和货币成本,核实成本很高。道德风险也会影响债权人的利益,但影响程度与对中小股东的影响相比较小。在通常情况下,只要公司能够按期还本付息,债权人就不需要时时刻刻地对公司进行监督。

为了消除这种信息困局和知识困局,就需要引入金融中介机构。金融中介机构的作用是缓解信息不对称的困扰。

二、金融中介机构的信息生产与"搭便车"问题

金融中介机构的重要作用是通过收集、生产区分好公司和坏公司的信息,帮助投资者缓解信息不对称的影响,选择更好的投资标的。

(一)信息具有价值

直接融资的投资银行和间接融资的商业银行,其本质都是专家交易者,通过发挥专家的知识优势,减少资金借出方和借入方在知识和信息方面的差距,尽可能地降低信息不对称和知识不对称的影响。通过高度专业化的信息挖掘和运营,金融机构为客户创造价值,并获取收入和利润。

(二)信息具有公共品属性

信息的公共品属性使信息的供给会因为搭便车问题而受到制约。公共品是指兼具非竞争性和非排斥性的物品或服务,即一人使用并不妨碍其他人使用的物品。

信息具有公共品属性。信息生产出来之后,其他人可以不购买信息,而是选择"搭便车",购买那些生产信息的投资者购买的证券,这些证券的价格将会上涨,从而使那些生产信息的投资者无法买到足够数量的证券。在信息公共品属性的作用下,不会有人愿意生产信息,信息的供给不足。

(三)金融中介机构:专业的信息生产商和信息消费者

金融中介机构建立了高度专业化的信息生产和消费体系,包括信息收集的组织和机制、信息保密的制度和纪律,以及最重要的、高度专业化的信息消费能力,信息消费过程确保信息不会泄露,市场其他参与者无法获悉。

商业银行作为专业化的信息生产商和消费商,银行贷款建立在商业银行与客户之间,信息的私密性不会因为信息消费而被破坏,商业银行消费自己生产的信息以获取收入和利润,

因为发放的私人贷款不在金融市场上公开交易,可有效避免被"搭便车"。

投资银行同样是专业化的信息生产商和消费商,但投资银行提供的产品往往在金融市场上公开交易,信息消费的过程会作用于价格。投资银行必须开发出专业化的交易能力,确保信息消费不会导致信息泄露,不被其他市场参与者"搭便车"。这些专业化能力包括获取有效信息的手段、分析投资对象状况的技术和方法,以及管理价格和风险的技术。

金融中介机构可以缓解,但却无法完全消除借入者和借出者之间的信息不对称,因此需要建立一些特别制度,甚至需要政府的介入,才能改善金融中介相对于资金借入者的知识劣势和信息劣势。通行办法是,政府对金融市场进行监管,鼓励甚至强迫公司披露真实信息,使投资者降低甄别成本,降低整个金融体系运行的成本。

三、金融中介机构与交易成本

(一)金融中介机构具有汇少成多的职能,有助于中小投资者跨越投资门槛

参与金融市场需要支付交易成本,这些交易成本通常是金融活动经纪人的利润。如果投资规模较小,经纪人不会提供服务,投资者也就无法投资。因此,投资规模的有限性使投资者的投资范围受到限制,缺少分散风险的能力。

金融中介机构具有汇少成多的职能,众多小额分散的资金汇聚,可以突破小额分散资金对中小投资者独自投资的限制。

(二)金融中介机构可以通过规模经济降低交易成本

金融中介机构汇少成多的职能可以既定的交易成本参与金融活动,实现多样化投资,从而有效地改善收益风险比。规模扩张改善投资有限性,同时交易成本上升的幅度有限,意味着收益比成本增加得更快,从而降低了单位资金的交易成本,从规模经济中获益。

(三)金融中介机构开发专业技术以降低交易成本

专业技术开发的固定成本相对较大,使用过程中的边际成本几乎为0,不会因为资金增加而增加。因此,使用专业技术的资金规模越大,获得的收益也就会越大。

相对而言,资金规模有限的中小投资者不具备开发专业技术的能力,资金利用效率相对更低,资金的流动性相对更差。

四、金融中介机构缓解信息不对称的其他方法

金融中介机构发展出其他方法缓解信息不对称,改善收益风险比。

(一)缓解逆向选择的方法

要缓解逆向选择,就要建立某些机制,使处于信息优势的一方主动披露信息。激励相容是最重要机制。当激励相容条件满足时,投资者只要考虑未来盈利的前景即可,因此也是参与约束条件。当激励相容条件和参与约束条件都满足的时候,金融交易就可以完成,金融体系就可运转良好。

1. 企业内源融资的比重

如果内源融资是企业最主要的筹资方式,本身就是激励相容的,资金借入方自己更看好投资项目的前景,逆向选择可在一定程度上消除。

金融机构在投资时通常会考察融资者将自己财富的多大比例投入到项目中,比例越大,融资者与金融机构的利益一致性越高,融资者逆向选择的可能性越小,因此是激励相容机制。

2. 净值和抵押

净值,又称折余价值,指固定资产原始价值或重置完全价值减去累计折旧额后的余额。当资产净值高,即使项目失败,也可以通过出售资产得到补偿,减少违约对贷款人的损害。净值越高,融资者与金融机构(或资金提供者)之间的利益一致性越强,逆向选择出现的可能性越小。

抵押,是指融资者和资金提供者以书面形式约定,在不改变财产占有的条件下,将该财产作为融资的担保。当融资者不履行债务时,资金提供者有权以该财产折价或者以拍卖、变卖该财产的价款获得受偿。抵押是居民个人和企业债务合约的普遍特征。同理,抵押品的价值越大,即使项目失败,资金提供者也可以抵押品受偿,因此融资者与资金提供者的利益一致性越强,逆向选择出现的可能性越小。

(二)缓解道德风险的方法

道德风险对资金提供者的危害更大,缓解的难度也更大,除了金融机构开发高度专业性的技术之外,通常还需要政府的干预。

金融机构通常会对债务合约增加限制性条款,包括限制违背贷款人意愿的行为的条款、鼓励符合贷款人意愿的行为的条款、保持抵押品价值的条款,以及提供信息的条款等,金融机构还要设立相应的机构执行这些条款。典型的债务合约是对借款人行为设置了无数限制条件的、极为复杂的法律文本。

金融体系是经济体中受到最严格监管的部门,政府立法对于缓解道德风险同样重要,例如,政府会制定要求信息披露的法律法规、赋予股东更多权利的法规和条例,以及约束融资者和金融机构权利的法律规则等。

五、信息不对称与融资啄序理论

融资啄序理论(Pecking-order Theory)描述的是不同类型融资的优先排序。

(一)融资啄序:现象

融资啄序是指,在内源融资与外源融资之间比较,以内源融资为主为先;在外源融资中,商业银行提供贷款的间接融资与投资银行提供中介服务的直接融资比较,以商业银行贷款为主为先;在直接融资中,债券与股票比较,以债券为主为先;股票通常是最后一种选择。

融资啄序现象在不同国家的表现差异较大。首先,所有制会影响融资啄序。国有企业具有融资的优先选择权,改变了融资啄序的排序。其次,制度安排会影响融资啄序。我国股票市场是以融资为导向,对中小投资者利益的保护相对不足,我国企业存在股票融资偏好,融资啄序一定程度上被改变了。再次,产业比重也会影响融资啄序。不同产业融资来源的差异较大,则产业比重必然会影响各种类型融资的比重。

(二) 融资啄序的逻辑

内源融资是指企业投资来源于股东的积蓄,以及企业生产经营过程中的留存盈利和折旧等,内源融资具有原始性、自主性、低成本和抗风险的特点,是最稳定的融资来源;外源融资是指企业的投资源于其他经济主体的储蓄,外源融资具有杠杆性、外来性、偿还性、期限性等特点,对企业经营形成约束的融资来源。在内源融资和外源融资之间,内源融资具有特殊的重要性,是外源融资的基础。

外源融资分为间接融资和直接融资。商业银行提供的间接融资是商业银行的资产业务,商业银行要为资产的盈亏负责,会严格把关资产的质量,有动力降低信息不对称的程度;投资银行只是为直接融资提供中介服务,当投资银行不动用自己的资金参与时,也就不属于投资银行的资产业务,即使尽职尽责,动力通常不如商业银行,信息不对称的程度会更大一些。正因为此,间接融资应该是比直接融资更重要的融资方式。

直接融资分为股票和债券两种。债券有期限,有固定的利率;股票既没有明确的期限,也没有明确的股息要求。债券如果不能还本付息,企业通常要破产清算,这对企业形成硬约束,因此企业偿还债券的本金利息与其存续密切相关,也就是激励相容的。股票没有偿还本金的要求,也没有明确的股息要求,企业的管理层和控股股东有动机将本应属于中小投资者的财富占为己有,受信息不对称的影响更大。因此,在直接融资中,债券是更重要的融资方式,通常只有组织完善的大公司才能进入金融市场筹资,只有满足更高要求的大公司才能进入金融市场发行股票融资。

对于企业而言,利用经营活动产生的现金流入满足投资需求是较为理想的融资方式,因为这不会给企业带来较大的负面影响。因此,企业往往倾向于内部融资渠道。当企业的现金流不足以支撑其投资项目时,企业将不得不进行外部融资。管理者将首先选择低风险的借款或债券,因为债权人对企业的管理干预较少,筹资成本也小于其他类型的外部融资;接下来管理者会选择优先股,因为优先股具有一些债券的特征;再次是各种混合证券,例如可转换证券;最后才是发行普通股融资,这不仅因为股票所有者对公司的干预在所有融资方式中是最强的,而且股票的融资成本也是最高的。

第二节 资本成本与融资决策

融资是有门槛的,企业必须具备特定的资格,才能跨过融资的门槛。当有多种融资选择时,企业选择哪种方式融资,取决于资本成本。

一、资本成本

广义的资本成本就是企业为筹集和使用资金付出的代价,狭义的资本成本仅仅指筹集和使用长期资金的成本。

资本成本的确定有两方面的重要作用。第一,企业资本的来源方式不同,成本和风险必然存在差异。银行借款、发行债券、发行股票和利用留存收益都属于企业的融资方式,选择哪种方式融资使资本成本最小化,对企业的成本、收益、风险和企业经营持续性都有着重要的影响。第二,放在比较长的时期中,企业选择融资方式的资本成本是衡量投资项目净现值的折现率,因此是决定企业价值的关键因素。

(一) 债务融资的资本成本

1. 长期借款成本

长期借款成本是企业向商业银行等发放贷款的机构寻求长期贷款时付出的成本,主要包括借款利息和筹集费用。

企业获得一笔金额为 L 的长期借款后,每年要按利率 R_L 支付一定的利息,则在不考虑企业所得税和筹资费用的条件下,长期借款成本 $K_L = R_L$。

企业财务制度规定,借款利息作为财务费用,可以在税前支付,即借款利息可以抵税;另外,企业在筹资过程中需要支付一笔固定费用 F_L,这笔费用主要是借款的手续费(手续费很小时可以忽略不计)。于是,在考虑上述因素后,如果以 T 表示企业的所得税税率,长期借款成本可以表示为:

$$K_L = \frac{L \cdot R_L \cdot (1-T)}{L - F_L}$$

2. 长期债券成本

长期债券的资金成本是企业在资本市场上发放债券筹集资金的成本。

长期债券筹资的成本和收益与长期借款相似,它先按一定的价格 P_B 发行债券筹集资金,一次性支付发行费用 F_B,然后每期按照债券的票面利率 R_B 和本金的乘积支付利息,并在债券到期时以票面面值 B 偿付投资者。

债券融资与长期借款融资有一点不同:企业借款获得的资金通常就是借款合同面值,等于最终归还的本金;而发行债券筹得的资金(发行价格)不一定等于债券面值,债券可以溢价、平价或者折价发行。长期债券的资本可表示为:

$$K_B = \frac{B \cdot R_B \cdot (1-T)}{P_B - F_B}$$

债务融资的优势包括:(1)信誉较好的企业风险较低,投资者要求的风险溢价较低,则债务利率较低;(2)债务利息可以在税前抵扣,形成税盾效应,具有间接降低企业融资的资金成本的作用。

(二) 股权融资的资金成本

发行股票是企业外源融资的主要方式,最常见的股票种类就是普通股。由于受公司盈利水平和股利政策的影响,普通股的股利不固定,其资本成本的计算难度较大。估计普通股融资成本通常有以下三种方法:资本资产定价模型法、股利增长模型法和风险溢价法。

1. 资本资产定价模型法

根据资本资产定价模型,我们可以确定普通股的成本为:

$$K_S = r_f + \beta \cdot (\overline{r_m} - r_f)$$

其中,r_f 表示无风险收益率,β 是股票相对于平均风险的波动倍数,$\overline{r_m}$ 表示市场组合预期收益率。

2. 股利增长模型法

如果普通股的发行价格为 P_S,发行成本为 F_S,第一年的股利为 D,以后每年的增长率为 g,则普通股的成本为:

$$K_S = \frac{D}{P_S - F_S} + g$$

该方法的关键在于测定增长率 g,这一增长率主要通过历史数据的分析来估计。如果股利每期都不变,增长率就为零。

3. 风险溢价法

风险溢价法是在公司债务成本的基础上加上一定的风险报酬率来估算普通股成本,该风险溢价一般通过经验来判断。由于前两种计算方法都涉及股票发行,未上市的公司可以通过风险溢价方法进行计算。

优先股作为一种固定受益的证券,它具有债券和普通股的双重特性。优先股按期发放股息,没有到期日,股息不能在税前扣除,所以其融资成本计算比较简单,可表示为:

$$K_P = \frac{D_P}{P_P - F_P}$$

其中,P_P 为优先股的股利,P_P 为发行价格,F_P 为发行费用。

股权融资在资金成本上具有的优势是普通股没有到期时间,并且没有固定的股利负担,企业可根据经营状况来决定是否支付股利或确定支付额度。

股权融资的缺点是股票在企业清偿时优先级低于债务,投资者投资股权的风险高于债权,因此会要求更高的报酬率;并且,股利在税后支出,因此不能享受税盾效应;还有,股票的发行程序更为复杂,其发行费用更高。

(三) 留存收益成本

企业将留存收益用于再投资,其资本成本与普通股相同,只是不需要考虑发行费用。当企业需要资金时,首先想到的就是从企业内部进行融资,即留存收益再投资。

这种融资方式手续方便,资金容易获得,风险很小,且不会分散企业的控制权。但是,这种内源融资方式往往受到企业盈利水平的限制,不能满足大额的融资需求;而且,使用公司税后利润再投资,不派发现金股息,会影响到公司股价的表现。因此,留存收益的多少很大程度上取决于公司的股利政策。

(四) 总资本成本

企业往往同时使用多种融资方式,企业的资本成本指各种不同资金来源的加权平均资

本成本,即总资本成本是各种资本成本与该资本来源占全部资金的比例相乘之和:

$$WACC = \sum_{i=1}^{n} W_i \cdot K_i$$

其中,W_i 为第 i 种资金占全部资金的比重,K_i 为第 i 种资金的成本。

企业通过计算项目的净现值是否大于零来决定是否投资,即比较项目的预期收益率与总资本成本的关系来决定投资与否。

二、影响融资方式选择的其他因素

(一) 企业控制管理权

股权融资会增加企业总股份,稀释现有股东股权比例,削弱对企业的控制权。债务融资对企业股东不会产生直接影响,但却会产生间接影响:对企业提供贷款的银行出于维护资金安全的考虑,会密切关注企业经营,以债权人身份干预企业的运营;发行债券进行融资的企业所受到的外部约束相对较为分散,通常只有当资不抵债需要清算时,债券持有人才能介入。

(二) 风险因素

债务融资使企业承担着固定的利息支出,一旦企业经营业绩滑坡,企业就会因为沉重的利息负担陷入财务困境,甚至导致企业破产清算。这一风险是企业在进行债务融资时必须考虑的。

可以采用财务杠杆来反映企业的风险程度,它通常包含三个可以相互转化的指标:

$$负债比率 = 总负债 / 总资产$$

$$负债权益比 = 总负债 / 股东权益$$

$$权益乘数 = 总资产 / 股东权益$$

(三) 信息不对称与信号发送

信息不对称使得企业在决定融资方式和资本结构时,通常要考虑其融资决策会向外部投资者发出什么样的信号,会对企业价值产生何种影响。

根据融资啄序理论,企业的内源融资通常优于外源融资,因此企业从外部融资,存在两种可能性:一是企业未来成长空间很大,当前需要通过融资实现快速扩张和增长;二是企业盈利能力不足,缺少自生能力。这两种相反的情况都存在,外部投资者受限于信息不对称,难以做出判断。因此,需要企业发出其他有助于投资者判断的信号,消除或者缓解信息不对称的影响。

同样是外部融资,企业选择增发股票还是债券融资,会发送出不同的信号。由于债券融资存在税盾效应,债券融资有利于维护既有股东的利益。增发股票会摊薄既有股东的权益,如果企业不选择发行债券,而是选择增发股票,表明企业不想受到还本付息的约束,这就从侧面表明企业对未来发展缺少信心。

第三节 资本结构与企业价值

资本结构(Capital Structure),是指企业的债务资本和权益资本的比例关系。资本结构理论研究的是资本结构与企业价值之间的关系。

早期的资本结构理论大多较为简单:杠杆理论认为公司可以通过降低杠杆比率来降低资金成本,增加公司总价值;净收入理论认为公司债务可以降低平均资本成本,并且公司资本结构中债务比重越高,平均资金成本就越低,公司的价值也就越高;净营业收入理论认为公司的资金成本不受财务杠杆的影响,同时也不存在所谓的最优资本结构,也就是企业的资金成本和其价值独立于企业的资本结构。

一、无税 MM 理论

1958—1970 年,弗兰克·莫迪利安尼(Franco Modigliani)和默顿·米勒(Merton H. Miller)的一系列论文标志着现代资本结构理论的诞生,人们将他们的理论称为 Modigliani-Miller 理论,也就是著名的 MM 理论。

(一) 前提假设

MM 理论的前提假设:
(1) 资本市场是完善的,没有交易成本且所有证券都是无限可分的,投资者是理性的;
(2) 企业的未来营业利润是一个随机变量,其期望值等于当前的营业利润;
(3) 企业所得税税率为 0;
(4) 资本结构不会向资本市场传递任何重要信息。

(二) MM 理论的逻辑

假定资本市场上的投资者有两种投资组合可供选择:(1) 购买 A 公司的全部股权;(2) 购买 B 公司的全部股权和债权。

如果选择第一种投资组合,投资者获得的红利正好等于息税前利润 C,因为 A 公司无须支付债务利息和所得税;如果选择第二种投资组合,在债务价值为 D、利率为 i 时,投资者作为债权人可以获得 $i \times D$ 的利息,作为股东又可以获得 $(C - i \times D)$ 的红利,两者合计也等于 C。由此可见,投资者从两种投资组合中获得的现金流量完全一致。

在完全市场条件下,公司的市场价值也就是投资者每年可以获得的现金流量按一定的贴现率贴现所得。由于公司 A 和 B 产生的息税前利润完全一致,而公司的所得税税率又为 0,因此 A 公司和 B 公司给投资者带来的现金流量完全一致,在贴现率相同的前提下两者的市场价值也将完全一致,从而得出企业的价值与企业的资本结构无关的结论(见图 6-1)。

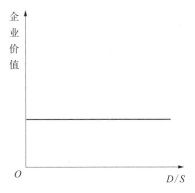

图 6-1 无税 MM 理论的债务融资无关命题

(三) MM 理论的贡献

莫迪利安尼和米勒最早提出的 MM 理论未考虑公司所得税的因素,这一理论的核心思想是,企业的资本结构变化不会影响企业的市场价值,即企业不能通过单纯增加或减小资本结构中债务资本的比例来提高企业价值,由此也否定了传统理论所提出的企业可以在其他条件不变,如融资总额既定的情况下,通过找出最佳资本结构以实现企业价值最大化的观点。

二、有税 MM 理论

无税 MM 理论运用数学模型确定的资本结构与企业价值之间的内在关系,其理论假设并不符合现实。莫迪利安尼、米勒和税务学派在无税 MM 理论的框架中增加了企业所得税的因素,强调企业所得税会带给企业税盾效应,从而增加企业的价值,因此企业应当更多地进行债务融资。

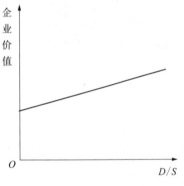

图 6-2 有税 MM 理论的债务融资有关命题

有税 MM 理论建立在债务利息税前缴纳、普通股股息却在税后支付的基础上。由于企业的债务融资所带来的利息支出可以在税前扣除,这使得企业的税收基数减小,企业的税收支出降低,形成税盾效应。

有税 MM 理论的主要结论:企业的价值等于相同风险的无负债企业的价值加上税盾效应的价值。

税盾效应相当于企业获得了隐性的收入,因此在其他条件不变的情况下,企业可以通过增加负债来增大税盾效应,从而提升企业价值。与无税 MM 理论的债务融资无关论相比,有税 MM 理论强调了债务融资所形成的税盾效应给企业带来的增值(见图 6-2)。

三、破产成本理论

破产成本学派认为债务固然具有税盾效应,但税盾效应是有限的。债务的增长会增大企业的破产成本,因此企业应当减少债务融资。破产成本理论认为,企业的债务融资比例越大,破产的风险越大,破产的成本也越高,增加企业负债会降低企业价值。企业如果发生财务危机,面临破产风险,将会产生很多不利因素,对企业的长期发展造成负面影响。

企业在作出资本结构决策时,必须考虑财务危机成本对企业价值的影响,而这种情况只会发生在有负债的企业,且随着负债比例的增加,其破产成本也会不断升高,这会降低企业的价值(见图 6-3)。

四、权衡理论

税收学派和破产成本学派的理论各有所长,但又都具有片面性。在这两种学派的基础上,又出现了税盾效应和破产成本综合之后的权衡理论,认为资本结构的选择是在

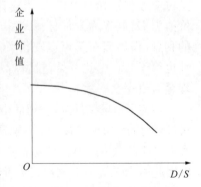

图 6-3 破产成本所揭示的企业价值与资本结构之间的关系

税盾与破产成本的均衡中得到的(见图6-4)。在考虑以上两方面因素后,得到企业价值的计算公式为:

$$\text{有负债企业价值} = \text{无负债企业价值} + \text{税盾} - \text{破产和代理成本}$$

或者我们也可以把上面的计算公式更加精确地表示为:

$$V_L = V_U + T \cdot D - (\text{破产成本现值}) - (\text{代理成本现值})$$

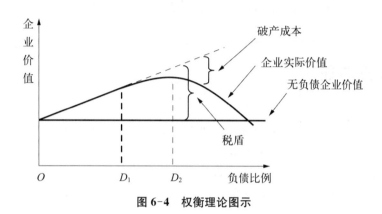

图6-4 权衡理论图示

20世纪70年代以后,更关注内部因素作用的新资本结构理论开始涌现,包括代理成本理论、财务契约理论、啄食次序理论和信号理论等。新资本结构理论的出现,大大丰富了资本结构理论的内涵。

本章小结

本章讨论融资决策、资本结构与企业价值之间的关系。

信息不对称是金融活动面临的最大障碍,金融机构的核心作用是信息生产和信息消费。由于信息生产成本高昂,金融机构要避免被"搭便车",还要通过规模经济效应改善信息生产的成本与收益比。金融机构提供的金融工具(决定了融资类型)信息不对称的程度存在差异,金融机构收取的融资费率必然不同,对企业经营管理甚至所有权的干预必然不同。

企业对融资类型偏好的程度以及由此决定的顺序称为融资啄序。在通常情况下,内源融资优先于外源融资,银行贷款优先于市场融资,债券优先于股票。经济制度、市场规则及产业结构都会影响融资啄序。

每一种融资方式都要付出成本。企业通常不会仅以一种形式融资,采用多种融资方式时就要计算总资本成本,总资本成本是所有类型融资成本的加权平均。总资本成本决定了企业价值。

融资方式是否影响企业价值是金融学的理论基准之一,也是MM定理的核心内容。对于融资方式与企业价值的关系有如下理论:无税MM理论认为企业价值与融资方式无关;有税MM理论认为债务融资具有税盾效应,具有提高企业价值的作用;破产成本理论认为债务规模会造成企业破产倒闭的可能性,因此债务融资会降低企业价值;权衡理论将税盾效应和破产效应结合起来,认为存在使企业价值最大的最优资本结构。

关键概念

资本成本　　　有税 MM 理论　　　税盾效应　　　破产成本理论
资本结构　　　无税 MM 理论　　　权衡理论

问答与思考题

1. 简述信息不对称对金融活动的影响。
2. 简述金融机构的信息生产与"搭便车"的关系。
3. 简述金融机构降低交易成本的方法。
4. 简述金融机构缓解逆向选择的方法。
5. 简述金融机构缓解道德风险的方法。
6. 简述融资啄序的逻辑。
7. 简述总资本成本的影响因素及计算方法。
8. 简述融资方式的类型及其影响因素。
9. 简述无税 MM 理论的内容和逻辑。
10. 简述有税 MM 理论的内容和逻辑。
11. 简述破产成本理论对融资结构的影响。
12. 简述权衡理论对融资结构的影响。
13. 是否存在最优资本结构?

第七章
中央银行与货币供给

中央银行是现代金融体系的核心,是货币供给的主体。中央银行从出现到确立地位,经历了复杂的演化历程,在不同国家的地位也有所不同。

第一节 中央银行概述

不同国家中央银行的职能类似,但由于类型和组织制度不同,职能不完全相同。

一、中央银行的类型

世界各国基本上都设立了中央银行或者行使中央银行职能的机构。受各国社会制度、政治体制、经济发展水平、金融发达程度等各种因素的影响,中央银行分为单一型、复合型、跨国型和准中央银行等四种类型。

(一)单一型中央银行

单一型中央银行指一个国家设立唯一的中央银行作为中央金融管理机构,全面执行中央银行职能。其又分为一元式中央银行和二元式中央银行。一元式中央银行指中央银行的机构从上到下是统一的,机构设置一般采取总分行制,逐级垂直隶属。二元式中央银行指中央银行由中央和地方两级相对独立的中央银行机构共同组成。中央级中央银行和地方级中央银行在货币政策制订方面是统一的,但是在具体业务的执行方面,地方级中央银行在其管辖范围内拥有一定的独立性。

(二)复合型中央银行

这是指一国不设立专门执行中央银行职能的中央银行机构,而是由一家大银行"一身二任",既行使中央银行职能,又从事一般商业银行业务。这种中央银行通常存在于实行计划经济体制、金融体系不发达的国家,如前苏联和曾经的东欧国家。我国在1983年之前也实行复合型中央银行制度。

(三)跨国型中央银行

这是指若干国家联合组建一家中央银行,由这家中央银行在其成员国范围内行使全部或部分中央银行职能。这种中央银行制度一般与区域性经济合作和货币联盟相适应。

（四）准中央银行

有些国家或地区不设置完整意义上的中央银行，而代之以类似于中央银行的金融管理机构执行部分中央银行的职能，并授权若干商业银行执行另外部分中央银行职能。这种准中央银行一般存在于较小的国家或地区，并且在这些国家或地区内部通常有一家或几家银行在本国一直处于垄断地位，如我国的香港地区和新加坡。

二、中央银行的职能

中央银行是发行货币的银行，是为银行提供存贷款和清算等业务的银行，是中央政府制定、执行金融政策的具体执行者。

（一）发行的银行

中央银行是货币发行的银行。国家赋予其中央银行集中与垄断货币发行的特权，使之成为国家唯一的货币发行机构[①]。这是中央银行同商业银行和其他金融机构之间最大的区别，同时也是中央银行全部职能的基础。

中央银行通过掌握货币的发行，直接影响全社会信贷规模和货币供应量，通过货币供应量的变动作用于国民经济，中央银行具有调控经济和金融运行的作用。

（二）银行的银行

中央银行同商业银行一样，也办理存、贷业务，但它的业务对象并不是企业和个人，而是商业银行和其他金融机构。中央银行为商业银行和其他金融机构提供支持和服务，同时也是它们的管理者，作为"银行的银行"而存在。

中央银行为商业银行提供的服务内容包括集中保管存款准备金、充当"最后贷款人"、组织全国范围内的清算。

（三）政府的银行

中央银行是中央政府的组成部分，既是政府管理金融的工具，也是中央政府指定的金融体系的管理者，还是金融政策的制定者和执行者，又是中央政府金融服务的提供者。

中央银行与政府相关的职能包括代理国库、代理政府债券的发行、向政府提供资金融通、管理和调控金融活动，以及持有和经营国际储备。

三、中央银行的资产负债表

中央银行通过各项具体业务活动履行其职能，其各项业务具体地反映在资产负债表中。

（一）资产项目

（1）国外资产：中央银行存放在国外的资产，主要包括黄金储备、中央银行持有的外汇、

[①] 发行货币的特许权与垄断权存在差异。当中央银行拥有货币发行垄断权时，中央银行是唯一的发行货币的机构。货币发行的特许权不是垄断权，可能有多家机构拥有特许权。

地区货币合作基金、国库中的国外资产、对外国政府和国外金融机构的贷款、在国际货币基金组织的储备头寸、特别提款权等。

(2) 对金融机构的债权：中央银行对各类金融机构的债权，包括再贴现贷款、担保信贷、贷款和回购协议，以及其他债权。

(3) 对政府的债权：中央银行对中央和地方各级政府的债权，包括中央银行持有的国库券、政府债券、财政短期贷款、对国库的贷款和垫款或法律允许的透支额。

(二) 负债项目

(1) 流通中现金：中央银行投放的在经济体系中流通的通货。

(2) 金融机构存款：各类金融机构在中央银行的存款，主要由存款金融机构提取的存款准备金，以及各金融机构为方便同业间的资金清算而存放于中央银行的款项组成。

(3) 财政部存款：财政部存放在中央银行的款项，包括国库持有的货币、活期存款、定期以及外币存款等。

(4) 外国存款：外国金融机构在本国中央银行存放的款项，是本国的对外负债。

(5) 资本项目：中央银行的资本金、准备金、未分配利润等。

中央银行资产负债表的资产和负债的结构变化（见表7-1），隐含着经济结构和经济发展模式的变化。

表7-1 简化的中央银行资产负债表

资　　产	负　　债
国外资产	流通中现金
对金融机构债权	金融机构存款（准备金）
对政府的债权	财政部存款
其他资产	外国存款
	资本

第二节　货币创造机制

一、基础货币

基础货币（Base Money），又称货币基础（Monetary Base）或高能货币（High-power Money）。基础货币是货币供应量的核心部分，它是指在部分准备金制度下能够通过银行体系创造出多倍货币供应量的存款货币。它等于流通中的通货（C）与银行体系准备金总额（R）之和，即 $B=C+R$。基础货币是货币当局的净货币负债，是货币创造中的其他部分的基础和保证。

基础货币＝流通中现金＋商业银行准备金
　　　＝（国外资产－外国存款）＋（对金融机构的再贷款－金融机构存款）＋
　　　　（对政府的债权－财政部存款）＋（其他资产－资本及其他负债）
　　　＝国外资产净额＋对政府债权净额＋对金融机构净债权＋其他金融资产净额

由上式可见,基础货币是中央银行的负债,对应着中央银行的净资产。

二、银行体系的信用创造机制

(一) 银行体系信用创造的前提

1. 部分准备金制度

部分准备金制度具有保证存款金融机构的支付和清偿能力,保障存款人权益的作用。

部分准备金使得银行体系的信用创造成为可能,因为如果规定100%的准备金率,那么存款机构就不会有多余的资金可供发放贷款,也就不可能创造新的存款货币。

2. 部分现金提取

在现代支付体系下,以活期存款为基础的转账和结算使得现金交易的比重越来越小。银行向借款人发放贷款时并不直接把现金交给借款人,而是将这笔贷款转到借款人在本银行的存款账户上。借款人支付也是直接采用转账方式,不是直接提取现金。部分现金提取使得银行发放的贷款直接转化成客户的存款,存款货币创造过程不断持续,一直到最大可创造货币规模为止。

(二) 银行体系的货币创造过程

银行体系的货币创造过程,就是银行将其初始存款全部转换成存款准备金的过程。因此,货币创造的数额由存款准备金和存款准备金率共同决定。

当甲把1 000元存入在G银行的活期存款账户时,G银行按照假设的10%的法定准备金率提取法定准备金之后,将剩余的1 000×(1－10%)＝900元全部用于贷款,发放给乙。G银行的账务处理为:

G银行的T形账户

资　产(元)		负　债(元)	
在中央银行存款	100	活期存款	1 000
贷款	900		

在得到这笔贷款之后,乙将它存入了其开户银行H银行。同样,H银行按照10%的法定准备金率提取了900×10%＝90元的准备金,然后把剩余的900×(1－10%)＝810元全部贷款给丙。H银行的账务处理为:

H银行的T形账户

资　产(元)		负　债(元)	
在中央银行存款	90	活期存款	900
贷款	810		

丙得到贷款之后,又将它存入了 I 银行……类似的过程将无限持续下去。在整个过程中,每一家参与的银行都在创造着存款货币。我们通常把这种由银行体系发放贷款而形成的新的存款称为派生存款。

这一过程一直持续下去,就形成如表 7-2 所示的存款创造过程。

表 7-2 存款创造过程

单位:元

商业银行	活期存款增加额	准备金增加额	贷款增加额
G	1 000	100	900
H	900	90	810
I	810	81	729
J	729	72.9	656.1
.	.	.	.
.	.	.	.
.	.	.	.
总计	10 000	1 000	9 000

各个银行的存款增加额组成了一个无穷递减的等比数列,因此可以利用等比数列的求和公式计算出整个银行体系的存款增加额:

整个货币创造过程,货币总额为:

$$1\,000 + 1\,000 \times (1-10\%) + 1\,000 \times (1-10\%)^2 + 1\,000 \times (1-10\%)^3 + \cdots\cdots$$
$$= 1\,000 \times \frac{1}{1-(1-10\%)}$$
$$= 10\,000(元)$$

其中,派生存款为:$10\,000 - 1\,000 = 9\,000(元)$。

三、货币供给方程

上述用数字示例的货币创造过程也就是银行体系的货币供给过程。在任何一个主权国家,当规定只有本国货币才能流通时,最初存入银行体系的基础货币都来自于中央银行。因此,货币供给由中央银行提供的基础货币与商业银行通过存款准备金率决定的倍数实现货币创造。

(一)货币供给方程的基本原理

信用创造的过程就是一个"存款—贷款—存款—……"的无限循环过程。

法定准备金总额的增加等于最初的原始存款增加额,由原始存款增加引发的存款扩张过程也就是这笔原始存款全部转化为法定准备金的过程。如果用 ΔD 代表活期存款增加额,ΔR 表示准备金增加额,两者存在如下关系:

$$\Delta D = \frac{1}{r}\Delta R$$

上式反映了存款增加额与准备金变动之间的关系,是最简单的信用扩张方程式。存款扩张的倍数取决于法定存款准备金率 r,r 越小则增加的存款总额越大,银行系统的信用扩张能力也就越强。

$\frac{1}{r}$ 通常被称为存款乘数,它表示派生存款相对于准备金而言扩张的倍数。存款乘数反映了银行体系以准备金为基础创造存款货币的能力。由于没有考虑其他因素,$\frac{1}{r}$ 也被称为简单存款乘数。

（二）货币供给方程的具体形式

完整的货币供给方程需要在基础货币与货币供应量之间建立函数关系。不同经济学家关注不同的影响因素,得到的货币供给方程也不同。

M 表示货币存量,C 表示通货,D 表示活期存款,R 表示银行的存款准备金,B 表示基础货币:

$$M = C + D$$
$$B = R + C$$

1. 弗里德曼-施瓦茨方程

$$M = \frac{(1+D/C)(D/R)}{D/R + D/C} B$$

货币乘数为 $\frac{(1+D/C)(D/R)}{D/R+D/C}$,由 D/C 和 D/R 决定。在弗里德曼和施瓦茨看来,D/C 和 D/R 都由经济和金融制度决定,是外生给定的稳定的变量。因此,货币供应量是基础货币的稳定函数,货币供应量由基础货币决定。

2. 卡甘方程

$$M = \frac{1}{\frac{C}{M} + \frac{R}{D} + \frac{C}{M}\frac{R}{D}} B$$

卡甘方程与弗里德曼-施瓦茨方程没有本质性区别,$\frac{C}{M} = \frac{C}{C+D} = \frac{1}{1+\frac{D}{C}}$,代入就可以得到相同的表达形式。

3. 乔丹方程

$$M = \frac{1+c}{r+e+c} B$$

其中,c 表示通货比率,$c = \frac{C}{M}$;r 表示存款准备金比率,$r = \frac{R}{D}$;e 表示超额准备金比率。

四、货币乘数的完整表达式

在乔丹方程中考虑漏损因素,包括现金漏损、超额准备金,以及区分活期与定期存款的比例等更现实的因素,可以建立基础货币与货币供应量之间更完整的表达式。

信用漏损包括超额准备金、现金漏损和定期存款准备金,它们都会影响存款创造。

M 为货币供应量,B 为基础货币,m 是货币乘数,表示基础货币的变动引起货币供应量变动的倍数,则:

$$M = m \cdot B$$

设 C 为流通中现金,R 为准备金总额,RD 为法定存款准备金,RE 为超额准备金。那么我们可以得到:

$$B = C + R = C + RD + RE + RT$$

再设流通中的现金比率为 c,法定存款准备金率为 rd,超额准备金率为 e,rt 为定期存款的法定存款准备金率,DT 表示定期存款,DD 表示活期存款,则上式变形为:

$$B = c \cdot DD + rd \cdot DD + e \cdot DD + rt \cdot DT$$

最后,让 t 表示定期存款与活期存款的比例:

$$B = c \cdot DD + rd \cdot DD + e \cdot DD + rt \cdot t \cdot DD$$
$$= DD(c + rd + e + rt \cdot t)$$

货币供应量具有不同口径,以 $M1$ 为例:

$$M = C + DD$$

则 $M1$ 的货币乘数分别为:

$$m = \frac{M}{B} = \frac{DD(1+c)}{DD(c + rd + e + rt \cdot t)} = \frac{1+c}{c + rd + e + rt \cdot t}$$

$m = \dfrac{1+c}{c + rd + e + rt \cdot t}$ 就是 $M1$ 的货币乘数。

法定准备金比率、通货比率、超额准备金率,以及定期存款数量及比率都会导致货币乘数降低,导致货币创造倍数下降。

五、货币供给的决定因素

根据货币供给方程式,货币供给由基础货币和货币乘数共同决定,$M = \dfrac{1+c}{c + rd + e + rt \cdot t} B$。货币供给的决定分为两个层次。

(一) 当货币乘数小于最大值,商业银行扩大(缩小)贷款会增加(减少)货币供给

货币乘数最大值为 $\overline{m}$,$\overline{m}$ 由法定准备金比率、通货比率、超额准备金率,以及定期存款数量及比率等决定。商业银行扩大贷款,会推动实际货币乘数趋向于货币乘数最大值,即使基础货币不增加,同样可以带来货币供给的增加。

(二) 当货币乘数达到最大值,中央银行改变基础货币才会改变货币供给

当实际货币乘数等于最大值,商业银行要新增一笔贷款,必须先回收一笔等额贷款,否则受制于存款准备金的限制,不具有继续扩张贷款的能力。在这种状况下,只有中央银行增加基础货币,货币供给才能扩张。

因此,中央银行与商业银行共同构成的银行系统共同决定了货币供给,而中央银行是唯一能够改变基础货币的机构,是决定货币供给的最主要力量。

第三节 货币供给的外生性和内生性

货币是外生给定的,抑或是内生决定的,货币供给的机制是不同的,连带着中央银行的职能和作用也会出现巨大的差异。

一、外生性和内生性

货币供给外生性(Exogenous),指货币供给是经济系统的外生变量,不是由经济体内部因素所决定的,而是由中央银行通过货币政策给定的。

货币供给内生性(Endogenous),指货币供给是经济系统的内生变量,货币供给变动源于经济体系中实际变量及微观主体的经济行为,中央银行无法主动控制,只能够被动适应。因此,看起来货币供给是由中央银行外生给定的,实际上中央银行必须顺应经济需要提供货币,本质上是内生的。

二、货币供给外生论

二战之后两大经济学流派——凯恩斯学派和货币主义学派都认为货币供给是外生的,是由中央银行决定的变量。

凯恩斯学派的货币供给外生论源于凯恩斯为得出货币政策无效论而做的假定,认为中央银行可以完全控制货币供给,是独立于经济系统的外生变量。凯恩斯的货币供给外生论来自于凯恩斯的直觉。

货币学派倡导货币供给外生论,源于他们推导的货币供给方程。在弗里德曼-施瓦茨的货币供给方程中,影响货币供给的因素包括基础货币、存款准备金率和通货比率,这三个因素分别由中央银行的行为、商业银行的行为和公众的行为决定。中央银行直接决定基础货币;存款准备金率和通货比率由金融制度和公众的习惯决定,通常变化较小,即使发生变化,基础货币的影响也是最大的。换言之,中央银行只要控制或变动基础货币,就必然能够决定货币供应量的变动。因此,中央银行是决定货币供给的最主要部门,而中央银行对于经济系统来说是外生的,则货币供给必然是外生变量。

三、货币供给内生论

货币供给内生论认为,中央银行不得不迁就市场的需要,被迫增加货币。货币供给内生论由西德尼·温特劳布和尼古拉斯·卡尔多在20世纪70年代提出,由莫尔予以深化综合。

(一)温特劳布：名义工资外生的货币供给内生论

商品价格是以劳动成本为基础的某种加成决定的。名义工资是工会和资方谈判的结果，在很大程度上是外生的。当名义工资率的增长率超过平均劳动生产率的增长率，物价上升，社会名义收入增加，货币需求随之增加。如果中央银行拒绝增加货币供给，会导致利率上升，投资、真实收入和就业量下降。货币需求被迫适应货币供给的结果，是在更低收入水平实现低水平平衡。这是中央银行和政府都不愿看到的。为了避免这种结局，中央银行只能被动适应货币需求扩张的现实，向经济提供流动性。

温特劳布认为，名义工资是外生的，而不是内生地由劳动生产率决定的，是货币当局的货币供给被迫适应货币需求增加的根本原因。

(二)卡尔多：货币需求创造货币供给的内生论

中央银行是最后的贷款人，其最重要职责是保证金融部门偿付能力。当面临信贷紧缩导致灾难性债务紧缩时，整个金融系统遭遇流动性不足的困扰。中央银行只能被迫增加货币供给，消除流动性不足的困境，除此之外，选择余地有限。

与通常认为货币供给曲线与利率无关不同，卡尔多认为，在任何既定利率水平上，中央银行具有满足任何货币需求的能力，即货币供给曲线的弹性无限大，是垂直于利率的曲线，货币需求创造自己的货币供给（见图7-1）。

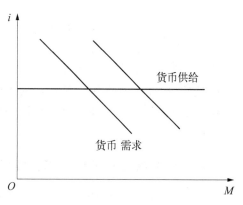

图 7-1 货币需求创造货币供给的内生论

这一论点的有趣之处在于，当中央银行选择利率作为货币工具，意味着在政策设定的利率水平上，中央银行向市场无限制供给货币：货币需求大，货币供给就多；货币需求少，货币供给就少。否则就会导致市场利率不等于政策利率的情况出现，违背利率政策的内在要求。

(三)莫尔：货币供给内生论

20世纪80年代末，莫尔对金融运行机制变化的影响进行了深入探讨，将货币供给内生论进一步推向深化。莫尔的理论主要包括如下三个方面的内容。

1. 信用货币的供给内生

莫尔把货币分为商品货币、政府货币和信用货币三种类型。商品货币从实物演变而来，以金银为代表，纸币是中央银行发行的实物货币；政府货币是由政府发行的债券作为准备而进入流通的货币。商品货币和政府货币都是外生于经济系统的；信用货币是商业银行发放贷款形成的存款凭证，取决于公众对贷款的需求和贷款的期限，因而具有内生性。

2. 基础货币内生

中央银行买卖有价证券的交易对象是商业银行，中央银行不具有独立地决定货币供给的能力。比如，中央银行希望卖出国债并回收货币，这取决于商业银行是否愿意购买中央银行卖出的国债；中央银行希望买入国债并增加货币，这又取决于商业银行是否愿意卖出国债。因此，中央银行无法通过公开市场操作独立地决定基础货币。

再贷款和再贴现同样如此，中央银行完全被动地适应市场需求。提高再贷款利率和再贴现率虽可遏制商业银行的贷款需求，但却不能完全阻止。中央银行固然拥有拒绝提供再贷款和再贴现的权力，当存在危及银行系统流动性的可能时，中央银行通常都会行使最后贷款人的职能，这自然使货币供给具有内生性。

商业银行还可通过主动的负债管理改善基础货币的自给能力。莫尔认为，20世纪60年代开始的金融创新，使商业银行可以直接在金融市场上筹集资金，无须等待中央银行的基础货币注入。商业银行已由原来的资产管理转向负债管理，其主要资金来源已由原来的以吸引存款为主转变为以直接在金融市场上发行融资工具为主。

由于所有可上市的金融工具几乎都不受中央银行的直接控制，商业银行对中央银行的依赖程度大减，基础货币的自给性大幅改善。要指出的是，商业银行之所以可以通过负债管理改善基础货币的自给性，是因为以美国为代表的西方国家一直将存款准备金率维持在较低的水平上，实际的货币乘数一直小于货币乘数的最大值。

3. 商业银行双重角色导致的内生性

莫尔把金融市场分成批发市场和零售市场，前者是商业银行筹集资金的市场，后者是商业银行发放贷款的市场。在批发市场上，商业银行是贷款条件的接受者和贷款数量的决定者；在零售市场上，商业银行又是贷款条件的决定者和贷款数量的接受者；公众在零售市场上对于资金的需求通过商业银行间接传导至包括中央银行在内的批发市场，货币供给由货币需求决定。

四、货币供给外生性与内生性的现实表现

货币供给内生还是外生，要区分意愿、能力和规则。在现代信用货币体系下，中央银行具有供给任意数量基础货币的能力。有能力不等同于有意愿。有些国家的中央银行既有能力无限制地供给货币，也有意愿无限制地供给货币，以货币超额发行实现融资，掠夺本国居民的财富，这样的国家通常都会出现超级恶性通货膨胀。有些国家的中央银行有能力无限制地供给货币，也有意愿通过货币宽松促进经济扩张，但受到规则约束，其货币宽松偏好的意愿被限制在规则容忍的范围内，物价相对比较稳定。

由于中央银行既有能力无限制供给货币，也存在货币宽松偏好的意愿，因此是否能做到根据经济需要供给货币，以便为经济发展创造稳定的货币环境作导向，供给适应市场需要的基础货币，取决于中央银行是否遵循既定的货币政策规则。

因此，有规则可循且规则约束力更强的货币供给，其内生性更强一些；若无规则可循或规则约束力弱，其货币供给的外生性更强一些。总之，货币供给的内生性和外生性，取决于规则及其约束力。

第四节　中央银行的行为

一、中央银行行为的重要性

(一) 货币的属性：重温 Alchian 的观点

在 Alchian 看来，货币的识别成本（信息成本）必须足够低。否则，甄别成本会使以货币为媒介的间接交易不如易货的直接交易。

当货币甄别成本比较高时，只有引入专家交易者才能够有效地降低交易成本。专家提供甄别服务要收取费用，这同样会降低间接交易带来的收益。

当货币甄别成本非常低，非专家交易者也能够进行有效甄别的时候，以货币为媒介的间接交易的费用大幅降低，交易会改善交易双方的收益，从而促进间接交易，提升经济活力。

黄金和白银相对于钻石、宝石更适合充当货币，除了金银的存量更充足之外，其甄别的成本更低也是非常重要的原因。

(二) 中央银行既是基础货币提供者，又是专家交易者

在信用货币本位下，中央银行既是货币的创造者，又是专家交易者，兼具双重角色。

信用货币与金属铸币的最大区别在于，信用货币的制造费用几乎可以忽略不计，因此可以无限创造。这既是信用货币的优势，也是信用货币的缺陷。

当信用货币的供给完全取决于货币当局的态度和偏好时，货币币值是否稳定决定了货币能否有效地充当交易媒介。因此，交易者是否愿意以货币为媒介间接交易取决于货币币值的稳定性。

当货币的币值非常稳定时，人们愿意通过货币进行交易，也愿意接受货币作为财富的储藏手段；当货币币值不稳定时，除非迫不得已（比如规定本币是法定的必须接受的支付手段），人们最终会放弃用该货币进行交易；当货币币值介于两者之间时，人们即使接受货币作为交易媒介，却会影响交易的数量和效率，最终抑制经济活动。

中央银行是最主要的专家交易者，如果它能够保持币值稳定，交易双方不需要考虑币值变化的损害，则可以安心进行交易。作为专家交易者，中央银行的作用应该是使其他专家交易者消失。

(三) 中央银行行为的关键是建立信誉

中央银行能否承担起专家交易者职责，关键在于能否建立信誉——保持币值稳定的信誉。

中央银行要建立这样的信誉不是靠它说了什么，甚至不是靠它做了什么，而是靠它做到了什么。

即使中央银行的真实想法是保持币值稳定，其货币政策的实施过程也是以保持币值稳定为目标，但如果它不能成功地控制通货膨胀、保持币值稳定，中央银行依然无法建立自身信誉。

由此,中央银行要建立信誉不仅靠理念,还要靠行动,不仅要靠行动,还要靠最终的结果,即"听其言、观其行、察其果"。

二、中央银行行为的假说

Bernanke 对美国、英国、德国、加拿大、瑞士和日本六个工业国家的中央银行在布雷顿森林体系崩溃后的行为进行了案例研究,得出了一些假说。

(一) 实证性假说(Positive Hypotheses)

1. 中央银行通常有多个目标,并且通常有危机心理

中央银行需要在经济增长与通货膨胀之间的权衡,尽管在任何一个特定的阶段,中央银行都有最主要的一个或两个目标。然而,中央银行既会关注汇率稳定,并且确定汇率阶段性中间目标,又会关注利率稳定,稳定金融市场、抑制投机。

多目标的权衡很容易使央行陷入左右为难、蹒跚前进的境地,或者左右摇摆、进退维谷。

2. 倾向于将货币总量作为中间目标

中央银行对通货膨胀的关注度越高,越倾向于将货币总量确立为货币政策的中间目标。中央银行选择货币增长作为中间目标,是为了向公众传递中央银行关注通胀的信号。货币总量对于控制通货膨胀极其有效。

选择货币增长作为中间目标的作用:有利于管理通胀预期,使中央银行能够确立控制通胀的重要地位,并且使中央银行能够向公众承担起控制通胀、稳定物价的责任,抵御来自立法机构与行政机构对中央银行货币职责的干预,同时货币增长目标绑住了中央银行自己的手脚,其实施的过程同样可以强化中央银行控制通胀的信号,有利于中央银行实现控制通胀的目标。

3. 货币政策准则的制定

当中央银行认为经济与某一项中间目标存在函数关系时,就会倾向于将该目标确立为货币政策准则。

4. 中央银行从来不会执着于一个严格的不变的目标

中央银行在短期会考虑灵活性和实效性,并且目标的内容本身也会变化。在通常情况下,中央银行不会预先承诺遵守某个规则。在大多数情况下,中央银行会选择中间道路,实行混合策略,兼顾规则和相机行事。

(二) 规范性假说(Normative Hypotheses)

中央银行之所以能够成功实施货币增长目标,是因为中央银行在实施货币政策的过程中没有抱着与市场进行博弈的态度行事,政策目标清晰、开放和前后一贯。

短期内实施货币控制的目标并不意味着长期内中央银行也只能实施同样类型的货币规则,中央银行可以根据实际情况和需要进行调整,因为除了通货膨胀,中央银行同样有义务实现其他目标,如经济稳定。

货币政策实施的结果与货币政策的实施过程和工具选择关系不大。

三、中央银行的独立性

中央银行的独立性是指中央银行履行法律赋予的权力和职责时,其决策与行动的自主程度。中央银行的独立性比较集中地反映在中央银行与政府的关系上,这一关系包括两层含义:一是中央银行应对政府保持一定的独立性;二是中央银行对政府的独立性是相对的。

(一)中央银行的独立性的表现

首先,人事任命与任期方面。以美联储为例,它隶属于国会,其基本架构由国会决定。美联储主席由总统提名。

其次,政策制定方面。比如,美联储的独立性主要表现为"其政策不能被撤销"。

再次,这种独立性可以分为工具独立性和目标独立性。

(二)中央银行的独立性的支持理由

如果中央银行受制于更多的政治压力,会导致货币政策出现通货膨胀倾向,也就是通常的"政治经济周期"。在美国,选举年通常会出现这种情况;在中国,换届年之后通常会出现这种情况。

政治家缺乏解决复杂经济事务的专业知识,而货币政策又是异常重要的,不能交由政治家掌控。

政治家在一定程度上也会同意,因为可由中央银行推行政治上不受欢迎但却符合公共利益的政策。

(三)对中央银行独立性的反对理由

反对中央银行独立性的理由主要有以下四项:

(1)政府应当对经济形势负责,但如果中央银行是独立的,那么政府就无法对决定经济健康运行的中央银行予以控制;

(2)不利于货币政策与财政政策的相互配合、协调;

(3)中央银行并非总是成功地运用其自主权;

(4)中央银行的独立性可能鼓励中央银行追求其狭隘的自身利益,而非公共利益。

本章小结

本章讨论中央银行与货币供给。

中央银行是政府缔造的金融机构。各国国情不同,各个中央银行的演化路径、组织形式、制度架构、独立性及其行使的职能、发挥的作用都会有所差异。中央银行的职能包括:它是发行货币的银行;它是银行的银行;它是政府的银行。中央银行的业务对象是银行、金融机构和政府。

中央银行是发行货币的银行,中央银行发行的货币包括现金和准备金两种,属于基础货币的范畴,具有创造更多倍数货币的能量,因此又称为高能货币。货币创造是中央银行与商业银行系统共同作用的结果,中央银行注入的准备金是创造货币的基础和来源,属于外部货币。商业银行系统存贷款之间的转化是货币创造的动力,属于内部货币。内外部货币统一于经济对货币的需求。

主流理论认为货币供给由中央银行决定,是外生的。如果中央银行的货币供给适应货币需求,无论是否内生于工资刚性,内生于流动性刚性,还是内生于货币创造机制,货币都具有很强的内生性。就中央银行的能力和意愿而言,货币供给的外生性更强。当存在货币政策规则且规则具有较强的约束力时,货币供给的内生性更强。

关键概念

中央银行　　　存款乘数　　　货币供给外生性　　　中央银行独立性
基础货币　　　货币乘数　　　货币供给内生性

问答与思考题

1. 简述中央银行的类型及其演化过程。
2. 简述中央银行的职能及内容。
3. 中央银行如何创造货币?
4. 中央银行为什么能够创造货币?
5. 请推导货币供给方程。
6. 简述货币乘数的影响因素。
7. 简述货币供给的影响因素。
8. 简述建立信誉对中央银行的重要性。
9. 简述中央银行独立性的内容和影响因素。
10. 对于中央银行独立性的支持理由和反对理由都有哪些?
11. 简述货币供给外生性的内容和逻辑。
12. 简述货币供给内生性的类型和内容。

第八章 货币需求理论

货币需求指经济主体(包括居民和企事业单位等)愿意并有能力持有的货币包括现金和银行存款的数量。货币需求是由货币需求意愿和货币需求能力共同决定的有效需求。单纯有意愿和单纯有能力都不构成货币需求,有意愿且有能力才真正构成货币需求。

第一节 古典货币数量论

19 世纪末 20 世纪初,由费雪、马歇尔和庇古等古典经济学家发展和完善的货币数量论,是货币需求与名义国民收入关系的理论。古典货币理论认为,货币本身没有内在价值,仅仅发挥交易媒体的作用。货币对经济没有实质的影响,只是覆盖于实物经济上的一层面纱。这就是著名的"货币面纱论"。

一、现金交易说——交易方程式

美国经济学家费雪在 1911 年的《货币购买力》一书中论述了现金交易的货币数量论,提出了著名的交易方程式(也称为费雪方程式):

$$MV = PY$$

其中,M 表示一定时期内的货币供应量,V 代表货币的流通速度(即货币周转率,指每一单位货币一定时期内用于购买经济中最终产品和劳务的平均次数),P 为价格水平,Y 则是实际总产出。

费雪认为,人们持有货币的主要目的是购买最终产品或者劳务,因此货币在一定时期内的支付总额等于该时期内总产出以货币交易的总价值。交易方程式的左边为货币的总价值,右边是交易的总价值,意味着该式必然成立。

货币流通速度受到经济中影响个人交易方式的制度和技术因素的影响,如人们的支付习惯、信用的发达程度、交通运输通信条件等。由于经济中的制度和技术特征只有在较长时间内才能对流通速度产生轻微的影响,故在短期内货币流通速度可以视为常数。

费雪等古典经济学家又认为,工资和价格是完全弹性的,所以实际总产出总是维持在充分就业的水平上。实际总产出取决于资本、劳动、资源和生产技术水平等非货币因素,因此独立于货币因素。

因为 V 和 Y 在短期内都可视为常数,货币供应量的增加会引起一般物价水平的同比例上升,即货币数量决定着物价水平。

费雪并未完全否定 V 和 Y 的变动,在长期内它们都会发生变化,但这种变化的速度很慢,并且是实际面因素的作用,与货币供应量 M 无关。

在该等式两边同除以货币流通速度 V,得到如下方程式:

$$M = \frac{1}{V} \cdot P \cdot Y$$

当货币市场均衡的时候,人们持有的货币数量 M 就等于货币需求 Md,因此得到如下货币需求的方程式:

$$Md = \frac{1}{V} \cdot P \cdot Y$$

由于 $1/V$ 是常数,所以由名义收入 PY 引致的以货币计价的交易总价值就决定了整个经济体的货币需求量。因此,货币需求是国民收入的函数。并且,货币流通速度在短期内不变,货币需求函数是国民收入的稳定函数。

二、现金余额说——剑桥方程式

以马歇尔为代表的剑桥经济学家从另外一个角度认识货币需求。人们之所以愿意持有货币,除了货币的交易媒介职能外,价值储藏职能也很重要。一方面,货币需求与交易水平正相关,由交易引起的货币需求与名义收入成正比;另一方面,人们财富水平的增加需要通过持有更多的货币进行储藏。

由于货币不生息,持有货币意味着牺牲了从持有其他类型金融资产获得的利息。人们宁肯牺牲一部分利息,也要持有货币,因为未来一段时期存在交易需求。尽管不生息,货币依然是财富的重要形式。人们持有的货币余额与未来一段时期内交易的总额有关,在宏观上表现为以货币计价的国民收入的一个比例,由此得出剑桥方程式:

$$Md = K \cdot P \cdot Y$$

其中,Md 为货币需求,也是现金余额,P 为一般价格水平,Y 为实际收入,K 是常数,也是人们以货币形式持有名义国民收入的比例。

三、现金交易说和现金余额说的比较

现金交易说与现金余额说的区别体现在三个方面。

(1) 现金交易说针对货币的交易媒介功能,认为货币只是实现交易的媒介;现金余额说针对货币的价值储藏功能,认为货币是财富的一种形式。

(2) 现金交易说着重于交易,是流量分析;现金余额说着重于财富,是存量分析。前者表现为货币的支出,后者表现为货币的余额。

(3) 虽然剑桥经济学家常常把 K 视为常量,并同意费雪的货币数量决定名义收入的观点,但他们却强调个人对于货币的意愿持有量。是否选择,以及选择多少货币用于储藏财富取决于其他可以作为财富储藏手段的财产的回报率,因此当利率发生变化时,人们的意愿货币持有量会随之改变。短期内,K 也会受利率的影响而变动,这一点与费雪强调制度与技术因素,并排除短期利率对货币需求影响的理论完全不同。

尽管现金交易说与现金余额说基于货币的不同功能,并且后者认为利率变动会影响人们对货币的需求,但由于这两大理论都诞生在金本位时代,彼时利率是相对稳定的,因此利率即便的确会影响人们的货币需求,但由于利率波动幅度不大,其对货币需求的影响也有限。

最终,两个理论得出的结论基本一致:货币需求是名义收入的稳定函数。这一命题是货币理论的核心内容。

第二节 凯恩斯学派的货币需求理论

凯恩斯在其名著《货币、就业与利息通论》中,对现金余额说进行扬弃,基于流动性偏好建立了其货币需求理论。

一、凯恩斯的流动性偏好理论

流动性偏好,是指人们宁愿持有不能生息的现金和活期存款以保持流动性,而不愿意持有不易变现的收益性资产(如股票和债券等)的现象。流动性偏好理论与现金余额说类似,强调个人选择货币储藏财富的货币需求动机。

(一) 三大动机

凯恩斯提出了三大动机,作为流动性偏好的基础。

(1) 交易动机,是指人们持有货币是因为货币具有交易媒介功能,可用于应付日常交易。交易型货币需求与收入水平成正相关关系,收入越高,交易性货币需求越大。

(2) 预防动机,是指人们通常会持有一定的货币以应对意料不到的支出或未能预见的有利机会。预防性货币需求同收入水平成正相关关系。

(3) 投机动机,是指人们为了在未来某个时候进行投机活动以获取利益而持有的一定数量货币的动机。

凯恩斯将可用来储藏财富的资产分为货币和债券(代表生息资产)两类,影响人们在其中进行选择的主要因素是利率。凯恩斯假定每个经济个体都认为利率会趋向某个正常值。当利率高于这一正常值的时候,经济个体预期未来利率将会下降,货币需求会降低;相反,当利率低于这一正常值的时候,人们的货币需求会增大。

一种极端的情形是利率降低到极低的水平,这时人们预期利率只会上升而不会下降,因此人们只会持有货币而彻底放弃债券,即对货币的需求为无限大。这就是"流动性陷阱"。

(二) 凯恩斯货币需求函数

将三种动机的货币需求综合起来,可以得到完整的凯恩斯货币需求函数。

在凯恩斯的货币需求函数中,使用的变量都是排除了价格因素影响的实际值。凯恩斯强调,人们所持有的是一定数量的实际货币余额,而凯恩斯的三种货币需求动机表明,这一数额与实际收入 Y 和利率 i 有关,因为交易性货币需求和预防性货币需求都与 Y 正相关,而投机性货币需求与 i 负相关:

$$L_1 = L_1(Y), \frac{dL_1}{dY} > 0; \qquad L_2 = L_2(i), \frac{dL_2}{di} < 0$$

实际货币需求等于三种动机的货币需求之和,因此凯恩斯流动性偏好货币需求函数由两部分共同组成:

$$\frac{Md}{P} = L_1 + L_2 = f(i, Y)$$

其中,实际货币需求与利率 i 负相关,与实际收入 Y 正相关。

(三) 流动性偏好需求函数是不稳定的

根据凯恩斯的货币需求函数,由于受利率的影响,货币流通速度不是常数。即使是在短期内不存在技术条件变化时,货币流通速度也是不稳定的。

对货币需求函数进行变形:

$$\frac{P}{Md} = \frac{1}{f(i, Y)}$$

当货币市场均衡时,货币供给 M 应当等于货币需求 Md,则:

$$V = \frac{PY}{M} = \frac{Y}{f(i, Y)}$$

由于货币需求与利率反向变动,所以当 i 上升时,$f(i, Y)$ 下降,从而货币流通速度加快。也就是说,利率上升使得人们在既定收入水平上持有较少的货币,货币的周转率(流通速度)必定上升。因此,利率水平的波动导致了货币流通速度的不稳定。

人们对于未来正常利率水平的预期也会对货币流通速度产生影响。如果人们预期未来的正常利率水平高于现在,债券的预期价格就会下降,人们会出售债券以避免资本损失,于是对货币的需求增加,货币流通速度 V 下降。

由于上述两个原因,凯恩斯反对将货币流通速度视为常数,而是将其看成受到利率水平和公众预期因素双重影响的变量。

货币流通速度不稳定意味着货币量 M 和名义收入 PY 之间不存在稳定的函数关系,因而古典货币数量论提出的货币数量决定名义收入的观点就不能够成立。这是凯恩斯货币需求理论对古典经济学派提出的一个有力挑战。

二、凯恩斯学派对货币需求理论的发展

凯恩斯之后,经济学家基于三大动机进一步探讨流动性偏好货币需求函数,使其内涵更为丰富。

(一) 交易性需求:平方根公式

鲍莫尔认为,由于人们的收入和支出通常不会同时发生,并且日常交易的支出通常是平稳的。因此,人们没有必要把收入中所有用于交易的货币都以现金形式持有,因为现金无法带来利息收入。把一部分转化为生息资产,在需要时再变现,这样能够获得更大的收益。利率越高,生息资产的收益就越高,由非现金资产变现的次数就可以越多,人们就会持有更少的现金。如果利率较低,使得成本大于利息收入,那么人们将全部持有现金。因此,鲍莫尔认为,即使持有现金仅仅是为了满足当前交易的需要,现金的需求也同样是利率的减函数。

鲍莫尔假定一个消费者（或企业）每隔一段时间就获得一定的收入 Y，并且在这段时间里把它均匀地花出去，平均的货币持有额为 $Y/2$（期初和期末的简单平均），参见图 8-1 所示。由于持有货币没有利息收入，因此当债券的利率为 i，在这段时期内消费者损失的利息收入就为 $iY/2$。这种利息损失也就是持有现金的机会成本。

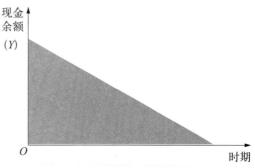

图 8-1　将全部收入以现金形式持有时的现金余额

为了最大限度地获得利息收入，消费者可以在期初将全部收入转换为债券，然后在每笔支出发生时卖出一部分债券。然而，这样做是有成本的，消费者必须花费时间和精力出售债券，并且需要支付一定的手续费（佣金）。这些成本统称为交易费用。假设每次出售债券的交易费用为 b，当交易次数达到一定程度时，消费者的交易费用甚至可能超过利息收入。

因此，消费者必须在利息收入和交易成本之间进行权衡，他持有的货币余额越少，机会成本就越少，但需要出售债券的次数就越多，交易成本就越大。理性的消费者会选择一个最优的货币持有量，使得持有货币的机会成本和变现债券的交易成本之和最小。

假设消费者每次出售债券与前一次的时间间隔以及每一次的出售额 K 都相等，则债券出售的次数为 Y/K，交易成本为 bY/K；其平均货币持有额为 $K/2$，图 8-2 是划分为 4 期的货币余额，持有现金的机会成本就为 $iK/2$。

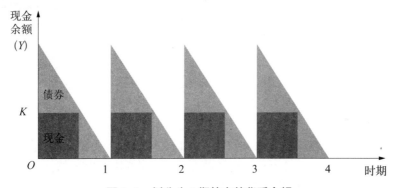

图 8-2　划分为 4 期持有的货币余额

消费者的总成本 C 为：

$$C = i \cdot \frac{K}{2} + b \cdot \frac{Y}{K}$$

消费者通过选择 K 来实现成本最小化，因此上式对 K 求一阶导数，并令其等于零：

$$\frac{\partial C}{\partial K} = \frac{i}{2} - b \cdot \frac{Y}{K^2}$$

$$K^* = \sqrt{\frac{2bY}{i}}$$

由于

$$\frac{\partial^2 C}{\partial K^2} = \frac{2bY}{K^3} > 0$$

所以,当每次出售 K^* 数量的债券时,总成本 C 最小。最优的交易性货币需求为:

$$L_1^* = \frac{K^*}{2} = \frac{1}{2}\sqrt{\frac{2bY}{i}}$$

这就是著名的"平方根公式"(Square Root Formula),它表明货币的交易性需求与收入和交易成本的平方根成正比,而与利率的平方根成反比。也就是说,交易性货币需求的收入弹性和利率弹性分别为 0.5 和 -0.5。

由此,鲍莫尔-托宾模型表明,交易性货币需求并非只与收入有关,它还受到利率水平和交易成本的影响。

(二) 预防性需求

货币需求的预防性动机的理论由美国经济学家惠伦(E. L. Whalen)发展起来。1966 年美国经济学家惠伦将利率因素引入预防性货币需求分析,得出"立方根定律"或"惠伦模型",论证了预防性货币需求受利率影响的观点,从而修正了凯恩斯关于预防性货币需求对利率不敏感的结论。

预防性货币需求来自于人们对未来不确定性的预防。人们无法保证在某一时期内的货币收入和货币支出与原来预料的完全一致,实际持有的货币就要比预期的交易需求更多,多出来的部分属于预防性货币需求。与交易性货币需求有一个最优持币量类似,预防性货币需求同样存在能够使持币总成本最小的最优持币量。

$$M = \sqrt[3]{\frac{2S^2 z}{r}}$$

惠伦认为,决定人们预防性货币需求的因素主要有两个:一是持币的成本,它包括非流动性成本和利息损失成本;二是收入和支出状况。当收入和支出的差额超过持有的预防性现金余额时,才需要将非货币性资产转化为货币,而这种可能性出现的概率分布受每次收入和支出数额、次数变化的影响,收入和支出状况会引起预防性货币需求的变化。

(三) 资产组合理论与投机性需求

20 世纪 50 年代,托宾将马柯维茨的均值-方差分析方法(Mean-Variance Approach)引入到货币需求的分析中,奠定了货币需求的资产组合分析法的基础。

托宾认为,人们在选择资产时,不只考虑各种资产的预期回报率,还要考虑资产的风险。托宾假定大多数人属于风险规避型,即为了降低风险宁愿持有收益率较低的资产。货币的收益是固定的(托宾假定为零),而债券具有较高收益率,但债券的价格波动较为剧烈,风险更大。因为货币的风险几乎为零,即使货币的预期收益率为 0,人们仍愿意持有一部分货币。对货币与债券以某种比例组合,可以有效降低风险。各种金融资产的收益率和风险是影响投机性货币需求的主要因素。

托宾的资产组合理论表明,人们不再单独持有债券或货币,而是同时持有两者,这就解释了人们同时持有货币、债券和其他资产的现象,这是凯恩斯的流动性偏好理论无法解释的。

第三节　弗里德曼的现代货币数量论

弗里德曼是现代货币数量论的集大成者,在吸收凯恩斯流动性偏好理论的合理性因素基础上,他重新得到古典货币数量论的结论。

一、弗里德曼的货币需求函数

弗里德曼同凯恩斯等人一样,把货币视为一种可以用于储藏财富的资产,从而把货币需求当作人们的资产选择行为加以考察。与凯恩斯不同的是,他不是用债券来代表除货币以外的所有金融资产,从而把资产选择限定在货币和债券之间,而是把债券、股票以及各种实物资产都作为货币的替代资产。当货币增加,货币预期收益率下降,人们会减少货币持有量,增加对资产和实际物品的配置,其货币价格上涨,直到资产和实际物品的预期收益率下降到与货币预期收益率相等为止,这就是资产配置效应。根据弗里德曼的理论,影响其他资产需求的因素也必然会影响货币需求。

弗里德曼认为,影响货币需求的主要因素有财富总量、永久性收入(个人在长期内获得的预期收入的平均值)、人力财富占财富总量的比重、持有货币的预期回报率、其他资产的预期回报率等。

弗里德曼充分吸收凯恩斯学派的思想,考虑利率以及相关资产对货币需求的影响。在综合的基础上,弗里德曼提出了他的货币需求函数:

$$\frac{Md}{P} = f(Y_p, w, r_m, r_b, r_e, \dot{\pi}, u)$$

永久性收入 Y_p、财富总量 w 及货币预期收益率 r_m 与货币需求成正相关关系,而债券预期收益率 r_b、股票预期收益率 r_e 和其他物品预期收益率 $\dot{\pi}$ 则与货币需求反向相关。

永久性收入 Y_p 是收入的主要来源,与财富总量 w 的变化方向是一致的,因此 Y_p 可以反映 w,只须保留 Y_p 即可。r_m、r_b、r_e 和 $\dot{\pi}$ 中,尽管货币的预期回报率不是常量,但资产(包括货币)的相对回报率(某一种类型资产的回报率——货币的回报率)保持稳定,因此货币预期收益率 r_m 可以反映其他资产和物品的收益率变化,因此只须保留 r_m 即可。

由此,货币需求函数简化为如下方程:

$$\frac{Md}{P} = f(Y_p, r_m, u)$$

弗里德曼经过测算,得出货币需求的利率弹性为 -0.15,远小于货币需求的收入弹性(约为1),因此可以忽略利率对货币需求的影响。通过将变量逐步从货币需求函数中剔除掉,货币需求函数可以表示为更简洁的形式:

$$\frac{Md}{P} = f(Y_p)$$

上式表明，货币需求主要是永久性收入函数。由于永久性收入在短期内是平稳的，货币需求必然也是稳定的。弗里德曼货币需求理论得到与古典货币数量论类似的结论。

差异之处在于，古典货币数量论中的收入是一般性收入，而弗里德曼货币需求理论中的收入是永久性收入。

二、弗里德曼的货币需求函数是稳定的

货币流通速度是否稳定、是否可预测，决定了货币需求函数是否稳定。将货币需求函数代入交易方程式，货币流通速度可表示为：

$$V = \frac{Y}{Md/P} = \frac{Y}{f(Y_p)}$$

因为货币需求 $f(Y_p)$ 是稳定的、可测的，货币流通速度必然也是稳定、可测的。如果把货币流通速度的预测值代入交易方程式，就可以估计出名义收入的变动，因此货币供给是决定名义收入的主要因素，这一结论在货币流通速度不再为常量时仍然成立。通过比较美国93年不同层次货币与名义国民收入之间的关系，弗里德曼与施瓦茨在《美国货币史》中得到的最终结论是，M2是决定名义国民收入的最重要变量[①]。

弗里德曼的货币需求理论是对凯恩斯货币需求理论的否定，是否定之否定，重新回归到古典货币需求理论的核心结论——货币需求函数是稳定的。

本章小结

本章讨论货币需求及货币需求函数。

古典经济学家秉承"货币面纱"的观点，认为货币的作用是充当交易媒介，不会影响实际经济变量。通过交易方程式得出的结论是，货币需求是国民收入的稳定函数。费雪方程式强调货币的交易媒介职能，因此又称为"飞翔的货币"。剑桥方程式强调货币的价值储藏职能（货币在未来充当交易媒介），因此又称为"栖息的货币"。

凯恩斯对剑桥方程予以扬弃，通过引入交易动机、预防动机和投机动机等三大动机发展出流动性偏好的概念，提出了流动性偏好货币需求理论，货币需求函数是收入的增函数，是利率的减函数。由于利率变动频繁，货币需求函数必然是不稳定的。凯恩斯流动性偏好货币需求理论的政策含义非常丰富，从中可推导出流动性陷阱概念，并指出以货币政策应对大萧条无效。

弗里德曼继承了费雪的思想，通过实际货币余额效应和资产配置效应推导得出货币需求是永久性收入的稳定函数，重归古典货币数量论的结论。弗里德曼货币需求理论的政策含义是，维系 M2 与 GDP 之间的稳定关系是货币政策最重要的基准。

---

① 这一结论的重要性无论如何强调都不为过，是货币理论最核心、最重要的结论。即使美联储不再以货币量为中介目标，却始终关注该指标。在 2008 年美国金融危机发生之后，伯南克推出的所有政策的核心是维系 M2 与 GDP 的稳定关系。

关键概念

货币需求　　　现金交易说　　　现金余额说　　　实际货币余额
货币数量论　　　货币流通速度

问答与思考题

1. 简述现金交易说和现金余额说的内容,并比较它们之间的异同。
2. 简述凯恩斯流动性偏好的三大动机及其内容。
3. 简述凯恩斯主义货币需求函数的内容。
4. 请推导平方根公式。
5. 简述投机性货币需求的含义和内容。
6. 简述弗里德曼货币需求函数的内容及其稳定性原因。
7. 简述货币主义学派资产配置效应的内涵与意义。
8. 简述货币需求函数稳定性的内容及演变历程。

第九章
物价与物价稳定

物价是否稳定不但会影响人们的生活水平,还会影响企业的生产以及就业。这里的物价是宏观层面上的物价,与货币购买力反向相关,物价上涨意味着货币购买力下降;反之,物价降低意味着货币购买力上升。通常可以认为,货币购买力是物价的倒数。因此,物价与货币是同一个问题的两面。

第一节 认识通货膨胀和通货紧缩

一、物价水平与物价指数

物价包括多个维度,既包括反映生活成本变化的消费者价格指数,也包括反映生产成本的生产者价格指数,还包括衡量实际 GDP 增长的指数。

(一) 物价水平

所谓物价水平,也称一般价格水平,是指整个社会所有商品和服务的价格总水平。

物价分为绝对物价和相对物价两种计算方式:绝对物价是将经济中所有物品根据其比重加权平均得到的综合性物价;相对物价是物价的变化趋势,是不同时期物价之比,反映的是物价的变动。

人们并不会去计算全部商品和服务的绝对价格水平,通常用价格指数反映物价水平,即物价水平的变化。价格指数一般都是相对值,计算公式为:

$$价格指数 = \frac{特定商品和劳务的当期价格}{相同商品和劳务的基期价格} \times 100$$

(二) 商品篮子

统计部门不会将所有产品纳入价格指数,因为既没必要,又耗时耗力耗财。价格指数具有时效性,耗费时间太长,对家庭、企业和政府的作用都会减小。一个折中的办法是,选择最主要的商品构成商品篮子,统计篮子内商品价格的变化,并构建价格指数,用以反映价格总体变化。

商品篮子的特征包括:篮子内的商品能够涵盖大部分支出,消费者价格指数要涵盖大部分消费性支出,生产者价格指数要涵盖大部分生产性支出;篮子内商品能够涵盖支出的方方面面,消费者价格指数要包括吃、穿、住、行、医疗、服务等各方面内容,生产者价格指数同样要包含最主要的产品,还要尽可能覆盖整个产业链;篮子内商品需要分层次进行统计,例如,美国的商品篮子细化到6级,食品最终细化到大米这一更具体的层级。

任何一个国家的商品篮子的构成都由其经济结构决定。以消费者价格指数的商品篮子为例,美国当下比较重要的商品门类及其权重为:食物13.3%,能源7.5%,能源服务3.3%,服装3.1%,汽车3.7%,医疗商品1.7%,住房33.2%,医疗服务7%,交通服务5.9%。同时,篮子中商品的权重也会随经济结构变化而调整,以食物比重为例,2009年在美国CPI篮子中食品占比为15.8%,高于当下。

我国消费者价格指数统一执行国家统计局规定的"八大类"体系,篮子中商品门类及其权重分别为:食品34%,娱乐教育文化用品及服务14%,居住13%,交通通讯10%,医疗保健个人用品10%,衣着9%,家庭设备及维修服务6%,烟酒及用品4%。每个大类又细分为300多个具体项目,细分项目的权重没有公布。

(三) 物价指数的类型

1. 消费者价格指数

消费者价格指数(Consumer Price Index,CPI)是根据家庭消费的代表性商品和劳务的价格变动状况编制的。它是与人们的日常生活关系最为密切的物价指数,反映了与人们生活直接相关的衣服、食品、住房、水、电、交通、医疗、教育等商品和劳务价格的变动。

该指数的优点是资料比较容易搜集,便于及时公布,能够综合并且迅速地反映人们生活消费的物价趋势;缺点是包含的商品和劳务范围较为狭窄,不能够反映资本品和中间品的价格变动情况。

2. 批发价格指数

批发价格指数(Wholesale Price Index,WPI)是从生产者角度出发,根据企业所购买商品的价格变化状况编制的。它反映了包括原材料、中间产品和最终产品在内的各种商品批发价格的变化,所以又称为生产者价格指数(Producer Price Index,PPI)。

批发价格指数反映了生产者的成本变化,并且通过生产者成本对最终消费品价格的影响,预示着消费者价格指数的变动方向。它的缺点则在于无法涵盖所有的劳务价格变动,并且对人们的生活没有直接影响。

3. 国民生产总值平减指数

国民生产总值平减指数(GNP Deflator)是指按照现行价格指数计算的国民生产总值与按不变价格计算的国民生产总值的比率。

国民生产总值平减指数是一个涵盖面非常广的价格水平指标,除消费品和劳务外,还纳入了资本品和进出口商品等,因此能够较为全面地反映一国的整体价格水平变化。然而,由于编制这个指数需要大量的数据,因此它无法经常性地公布,通常一年只能公布一次或两次。

很多时候,国民生产总值平减指数可以用国内生产总值平减指数(GDP Deflator)来代替。

二、物价水平的波动:通货膨胀

在逻辑层面,物价水平既可能上涨,也可能下降。物价上涨又分为合理上涨与超出合理限度的上涨。

(一) 物价上涨与产品性能

随着技术进步,产品的性能不断提高,物价应该包含产品性能的变化,因此物价与产品性能同比例变化属于合理上涨;当物价上涨高于产品性能上涨才属于通货膨胀,不属于合理上涨;由于性能改善,物价下降必然属于不合理物价变动,是不能容忍的。

产出扩张同时产品性能改善,现代信用货币体系具有无限的货币供给弹性,具有避免物价下降的能力。这是现代信用货币体系相对于金银货币体系的优势。

(二) 通货膨胀的定义

物价上涨超出合理幅度就是通货膨胀。通货膨胀,是指一般价格水平的持续显著上涨。衡量通货膨胀的指标是通货膨胀率,它是一定时期内一般价格水平上涨的百分比。

现代信用货币体系是通货膨胀的制度基础。这不是说在金银本位下不存在通货膨胀,金银作为价值基础提供了价值保障,即使价格持续上涨,人们也会把金银当作最重要的财富形式和载体,因此不会出现恐慌性的购买行为,物价上涨不会是显著的。由于金银的数量有限,物价不可能持续大幅上涨。

通货膨胀的关键词有四个。

(1) 一般。通货膨胀指的是一般价格水平的上涨,局部的物价上涨不是通货膨胀。反过来,当通货膨胀发生时,也并不意味着不存在局部的物价下跌。

(2) 持续。季节性、暂时性或偶然性的价格水平上升也不能算作通货膨胀。只有一般价格水平在较长时期持续上涨才能称之为通货膨胀。

(3) 显著。轻微的价格波动并不是通货膨胀,只有物价水平发生幅度较为明显的上涨,才能称为通货膨胀。

(4) 生产效率。生产效率的影响具有两面性:一方面,生产效率提高,成本下降,压低物价;另一方面,生产效率提高,产品性能改善,推升物价。物价上涨的幅度超过性能改善的幅度,是通货膨胀的重要特征。

(三) 通货膨胀的分类

依据不同的标准,通货膨胀可以进行不同的划分:

(1) 按照市场机制是否发挥作用,分为显性通货膨胀和隐性通货膨胀;

(2) 按照价格上涨的速度,分为爬行式通货膨胀、温和式通货膨胀、奔腾式通货膨胀和恶性通货膨胀;

(3) 按照人们是否存在预期,分为预期通货膨胀和非预期通货膨胀;

(4) 按照对价格影响的差别,分为平衡的通货膨胀和非平衡的通货膨胀;

(4) 按照通货膨胀的成因,分为需求拉上型通货膨胀、成本推进型通货膨胀、供求混合推动型通货膨胀和结构性通货膨胀。

三、物价水平的波动:通货紧缩

1. 定义

通货紧缩是指一般价格水平的持续下降或币值不断上升的现象。

2.关键词

(1)一般。通货紧缩考察的也是一般价格水平,局部的价格下跌不能被认为是通货紧缩。

(2)持续。由于人们偏好变化、季节性因素或偶然性因素所导致的物价水平短暂下跌不能称为通货紧缩,只有当物价在一定时期内持续下降,才是通货紧缩。

(3)币值。通货紧缩是一个货币现象,因为价格是价值的货币表现,是以货币表示的商品与劳务的价值。货币价值的上升等同于一般价格水平的下降,两者是同一问题的不同表述。

3.通货紧缩的判定标准

对于什么是通货紧缩,学术界也并没有达成共识。在对这个问题的认识上,分为了"单一标准"和"多重标准"两种观点。

"单一标准"认为通货紧缩应当仅仅以物价水平的变动作为标准,不考虑其他因素。"单一标准"是主流观点。

"多重标准"则是指通货紧缩不仅包括物价总水平的持续下降,还包括货币供应量的持续下降、经济增长的持续放缓或衰退。这种观点容易混淆通货紧缩的原因和后果,并且不适用于对实际经济状况的判断,因此它的支持者并不是很多。

通货紧缩按照程度的不同,可以分为轻度通货紧缩、中度通货紧缩和严重通货紧缩。

通货紧缩按照持续时间的长短,可以分为短期通货紧缩和长期通货紧缩。

第二节 通货膨胀理论

经济学家一度认为,总供给和总需求的变动是造成通货膨胀的主要原因。后来,弗里德曼明确指出,所有的通货膨胀归根结底都是货币现象,是货币数量膨胀的结果。

一、通货膨胀的形成原因

总供给-总需求模型由两条曲线组成,它们是总需求曲线(Aggregate Demand Curve,AD)和总供给曲线(Aggregate Supply Curve,AS)。总需求曲线描述物价水平与总需求之间的关系,总供给曲线则描述物价水平与总供给之间的关系。一般而言,物价水平与总需求负相关,而与总供给正相关。因此,总需求曲线向右下方倾斜,而总供给曲线向右上方倾斜,两者的交点即为均衡点,在这一点上物价水平和总产出达到均衡。

图9-1是标准的总需求-总供给分析,可用于分析需求拉上型通货膨胀、成本推动型通货膨胀和供求混合推动型通货膨胀。

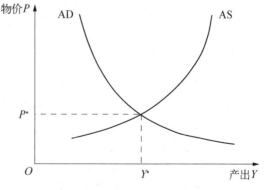

图9-1 总需求-总供给模型

(一) 需求拉上论

需求拉上论主要是从总需求的角度来考察通货膨胀的形成原因,它认为通货膨胀是由于总需求超过总产出所引起的(见图9-2)。需求拉上论是一种较为"古老"的理论。20世纪50年代中期之前,它是解释通货膨胀的主流理论。

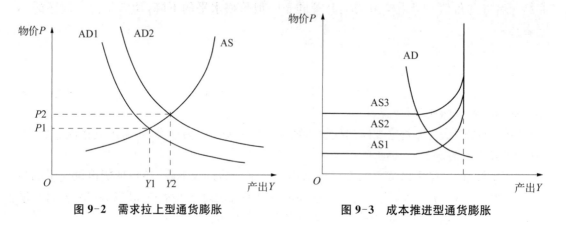

图9-2　需求拉上型通货膨胀　　　　图9-3　成本推进型通货膨胀

(二) 成本推进论

与需求拉上论相反,成本推进论从总供给的角度分析通货膨胀的成因。这种理论假设厂商对他们的产品采用成本加成定价法,即商品的价格等于生产成本加上既定的利润额。因此,厂商生产成本的普遍上升将导致总供给曲线向上移动,在总需求不变的情况下,一般价格水平将上涨(见图9-3)。

成本推进型通货膨胀主要来源于工人货币工资增长所导致的生产成本增加,也就是所谓的"工资-价格螺旋"(Wage-price Spiral)。除了工资成本之外,原材料成本、间接成本等其他成本的增加也会导致总供给曲线向上移动,促使通货膨胀的发生。

另一个推进通货膨胀的供给面因素是垄断利润。

成本推动论揭示,即使没有需求面因素的作用,通货膨胀仍然可能发生。正因为如此,这个理论是以总需求不变作为前提的,专注地考察供给方因素对物价水平的影响。

成本推动论可以较好地解释需求拉上论无力阐释的"滞胀"现象。

(三) 供求混合推动论

不论是需求拉上论还是成本推进论,都只是从总需求或总供给中的一个方面进行分析。有些学者提出,应当从总需求和总供给两个方面以及两者的相互关系中探索通货膨胀的内在原因,这就形成了通货膨胀的"供求混合推动理论"。

不管通胀最初由需求拉上导致,还是由成本上升推进,只要通货膨胀出现,就会相互作用,导致通胀进入螺旋式上升的路径。以通胀最初来源于需求拉上为例,物价上涨之后会提高工人工资从而成本上升;成本上升,厂商的供给减少,供给曲线向左上移动,物价上涨,产出减少;物价上涨,人们实际持有的货币余额多于意愿持有的货币余额,则会增加需求,推动总需求曲线向右上移动,物价进一步上涨(见图9-4)。

当产出低于潜在产出时,产出也会增长;当产出高于潜在产出时,产出保持不变,只有物价上涨。

供求混合推动型通货膨胀比单独从总需求或总供给角度分析通货膨胀的成因都更具有合理性。

(四) 结构性通货膨胀论

结构性通货膨胀论从一国经济结构的角度寻找通货膨胀的原因。这种理论认为,即使是在总需求和总供给处于均衡状态时,一国经济结构的变化也可能会导致通货膨胀,即结构性通货膨胀。结构性通货膨胀论中包含了一系列有所差异的观

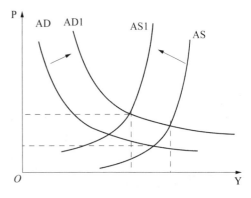

图 9-4 供求混合推动型通货膨胀

点,主要包括需求转移论、不平衡增长模型、劳动供给论和北欧模型等。

结构性通货膨胀的结构,意指区分不同的经济部门,一个经济部门的物价上涨会通过工资趋于一致的机制带动其他部门的物价上涨,最终导致物价普遍上涨。举例来说,北欧模型认为其他国家的通货膨胀会带动本国通货膨胀;不平衡增长模型认为劳动生产率提高得更快的部门的通货膨胀会通过工资机制带动劳动生产率提高得较慢的部门产品的价格水平。

(五) 货币与通货膨胀

弗里德曼认为,通货膨胀是货币现象,并且只能是货币现象。如果没有货币扩张,不可能出现通货膨胀。

不管需求拉上、成本推进还是结构性通货膨胀,没有货币扩张,都不可能出现通货膨胀。以需求拉上型通货膨胀为例,当总需求扩张,产出增加,如果货币数量不变,两者搭配的结果,应该是物价下降,否则货币数量恒等式就不再成立。

弗里德曼还区分了一次性物价上涨和通货膨胀,进一步厘清通货膨胀的根源。通货膨胀是一般价格水平持续显著上涨的现象,货币一次性扩张只能造成物价一次性上涨,不能使物价持续上涨。因此,只有持续的货币扩张才能导致通货膨胀。

弗里德曼将通货膨胀归结为货币现象,抓住了通货膨胀的本质,为通货膨胀的治理指明了方向,随后西方国家中央银行治理通货膨胀的货币政策实践表明,通货膨胀的确是货币现象,控制货币扩张的确是控制通货膨胀最有效的良方。

二、通货膨胀的影响

通货膨胀对产出、就业和收入都有影响。

(一) 通货膨胀与产出

通货膨胀对产出的影响,分为促进论、促退论和中性论三种。

1. 促进论

促进论大多源于凯恩斯有效需求的分析框架,现实经济中通常有效需求不足,实际产出低于潜在产出,实施需求扩张性宏观经济政策能够在推升物价水平的同时促进产出的增长。

首先,通货膨胀实质上相当于政府对公众的一种隐含的强制税收,即通常所说的"通货膨胀税"。政府的边际消费倾向大于家庭的边际消费倾向,因此能扩大有效需求,然后通过乘数的作用,总产出更大幅度地扩张。促进论的理论基础是国民收入由总需求决定。

其次,通货膨胀会造成货币幻觉。工人们通常把名义工资的增加看成是实际收入的增加,因而愿意提供更多的劳动;企业会将物价的上涨当作产品价格相对于成本的提高,因而增加投资,扩大生产规模,总产出得以扩张。

再次,通货膨胀具有实际货币余额效应。通货膨胀会降低货币的实际购买力,人们愿意持有的货币小于实际增加的货币,减少持有的额外现金,增加对当期消费或对实物资产的需求,促使消费和投资增长,从而带动总产出扩张。

2. 促退论

促退论者通常相信经济发展由市场决定而不是由政府开支决定,他们认可通货膨胀在一定限度内对总产出的促进作用,但是却否认通货膨胀在长期具有促进经济增长的作用,而是会抑制储蓄和投资,毁灭经济增长的基础和潜力。

首先,通货膨胀会抑制储蓄。虽然通货膨胀在短期内会通过货币实际购买力的下降促使人们增加当期消费和投资,但这会导致人们储蓄倾向的下降。通货膨胀也减少了人们的实际可支配收入,削弱了储蓄能力。从长期来看,通货膨胀不利于经济持续发展,因为未来的投资可能会得不到足够的储蓄作为支持,从而生产会出现萎缩。

其次,通货膨胀会减少有效需求。通货膨胀将增加纳税人的实际税收负担,影响生产和消费的积极性,只有市场竞争机制决定的消费和投资才是具有可持续性的,政府消费不受竞争机制的约束,对可持续性的关注必然不足,不利于经济的长期发展。

再次,通货膨胀扰乱了价格信号,增大了市场的不确定性,具有抑制投资的作用。通货膨胀使价格信号失灵,厂商无法区分价格上涨属于价格的相对上涨还是普遍上涨,增大生产和经营中的风险,厂商不敢贸然投资,使得生产得不到资本的支持;通货膨胀会影响资本和资源配置的效率,导致生产资本缩减,生产萎缩;通货膨胀使实物的价值相对于货币增大,无论是厂商还是家庭都会倾向于持有实物而不是货币,这种倾向同样会抑制投资。

3. 中性论

中性论源于理性预期理论,这一观点认为人们对物价的上涨形成理性预期,并相应地调整自己的行为,抵消通货膨胀的各种作用。因此,通货膨胀对产出的增长既没有促进作用,也没有阻碍作用。理性预期是一个高度抽象出来的概念,对于认识人们通过预期与政策制定者的博弈开辟了全新的视野。然而,理性预期并非现实存在,否则人们就可以接受任意水平的通货膨胀,而中央银行也不需要花费巨大的成本来治理通货膨胀。

(二) 通货膨胀与就业

菲利普斯曲线(Phillips Curve)将通货膨胀与就业联系起来。英国经济学家菲利普斯(A. W. Phillips)通过对英国1861—1957年统计资料进行分析,得到了货币工资率变动与失业率存在此消彼长关系的现象。萨缪尔森和索洛等经济学家将菲利普斯曲线的原始形式进行了转换,以通货膨胀率代替货币工资率,导出了通货膨胀率与失业率之间的关系。

1. 通胀率与失业率存在稳定替代关系的菲利普斯曲线

在菲利普斯曲线上,在通货膨胀率同失业率之间存在此消彼长的负相关关系(如图9-5)。当失业率降低时,通货膨胀加重,而当通货膨胀率降低时,就业将变得更加困难。因此,物价稳定和充分就业这两个宏观经济政策目标是不可能同时达到的,政策制定者必须有所抉择,根据现实的经济状况选择合适的组合。

菲利普斯曲线确定的通货膨胀率与失业率之间存在稳定的替代关系意义重大,因为中央银行可以据此进行政策调控:若想降低失业率,只要付出通货膨胀率提高的代价即可;若想降低通货膨胀率,只要付出失业率上升的代价即可。其更重大的意义在于,给予中央银行一种稳定的预期,即政策调控的成本可控。

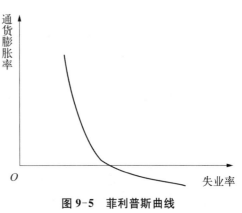

图9-5 菲利普斯曲线

2. 附加适应性预期的菲利普斯曲线

菲利普斯基于失业决定因素的分析提出了自然失业率的概念,弗里德曼借用了自然失业率的概念,将适应性预期加入菲利普斯曲线,否定了通货膨胀率与失业率之间存在稳定的替代关系,得到了垂直的菲利普斯曲线。

弗里德曼区分了曲线上点的移动与曲线本身的移动。他认为,通货膨胀率与失业率之间稳定的替代关系是静态分析,不考虑人们的预期,因此是曲线上点的移动。当考虑预期因素时,就变成曲线本身的移动,如图9-6所示。

在图9-6中,最初失业率处于自然失业率u_N,通胀率处于0,是$(u_N, 0)$的组合。货币当局认为失业率太高,希望得到u_D的失业率,$u_D < u_N$,根据菲利普斯曲线P_0确定的失业率-通货膨胀率之间的关系,通货膨胀率上升到π_1,变成(u_D, π_1)的组合。当厂商和工人发现通货膨胀不再是0,而是π_1,就会形成通货膨胀为π_1的预期,企业就会提高出厂价格,工人就会要求提高工资,价格和成本上涨,菲利普斯曲线从P_0向右上移动到P_1,失业率从u_D上升到u_N,失业率与通货膨胀率变成(u_N, π_1)的组合。如果中央银行依然希望得到u_D的失业率,就变成在菲利普斯曲线P_1确定的失业率-通货膨胀率之间的关系,通货膨胀率上升到π_2,厂商和工人会形成通货膨胀率为π_2的预期,菲利普斯曲线从P_1向右移动到P_2,失业率与通货膨胀率变成(u_N, π_2)的组合。在预期的作用下,中央银行任何希望得到低于u_N失业率的货币政策,最终只能抬升通货膨胀率,菲利普斯曲线变成一条u_N处的垂线。

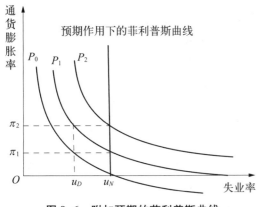

图9-6 附加预期的菲利普斯曲线

弗里德曼认为自然失业率是自然而然存在的,它对失业率与通胀率之间关系的制约使菲利普斯曲线长期来看不再成立。菲利普斯认为,最优失业率是内生于经济体系和经济结构之中的,它不会受货币这些名义变量的影响,自然也就不存在失业率与通货膨胀率之间的权衡关系,因此自然失业率是外生的。

3. 附加理性预期的菲利普斯曲线

小罗伯特·卢卡斯将理性预期引入货币政策分析,厂商与工人对中央银行的政策结果形成理性预期,也就是不再经历从菲利普斯曲线 P_0 向右上移动到 P_1 的过程,不是在事后要求根据通货膨胀率提高工资,提升价格,而是在事前根据通货膨胀预期要求提高工资,提升价格。因此,即使在短期,菲利普斯曲线描述的失业率与通胀率之间的权衡关系也不存在。

4. 评价

静态的菲利普斯曲线确定的失业率与通货膨胀率之间的替代关系已经被历史证明是不稳定的,长期以菲利普斯曲线为依据制定货币政策的最终结果只能是通货膨胀率不断提高,甚至出现了在通货膨胀不断上升的同时失业率不断提高的组合,对奉行菲利普斯曲线的西方国家经济造成严重伤害。

弗里德曼将适应性预期引入菲利普斯曲线,对预期的处理更符合人性和经济现实,明确指出奉行菲利普斯曲线尽管在短期内可以得到政策当局想要的结果,但长期却只能造成通胀上升,即垂直的菲利普斯曲线。弗里德曼进一步的推论是,当人们形成通货膨胀不断上升的预期,就会调整自己的行为习惯,造成自然失业率的上升,并形成正斜率的菲利普斯曲线,这正是滞涨的经济特征。

理性预期假设下的菲利普斯曲线是另一个极端,货币政策在最初就是无效的,因为厂商和工人是理性预期的,能够完全预测到未来政策的结果,并据此要求工资相应地上升,价格相应地提高,货币政策在短期内也是无效的。附加理性预期的菲利普斯曲线的悖论在于,当通货膨胀是完全能够预期时,不只是货币政策无效,通货膨胀对经济也没有什么负面影响,通货膨胀的经济成本为0。经济活动与通货膨胀完全无关,这显然是不符合事实的。

比较下来,附加适应性预期的菲利普斯曲线最符合经济现实,也是最合理的。

(三) 通货膨胀与收入(财富)再分配

通货膨胀既会影响存量财富,也会影响增量收入,这两个渠道都会改变收入的再分配。

首先,通货膨胀使固定收入者遭受的损失更大,浮动收入者因为能够及时调整,收入损失相对较小。如果名义收入的上升先于一般物价水平的上升,或者名义收入上升的幅度高于一般物价水平上升的幅度,浮动收入者还能够从通货膨胀中得到好处。

其次,通货膨胀使债权人遭受损失,使债务人获得好处。债权债务关系通常以货币计价,通货膨胀意味着货币的购买力下降,但以货币计价的债权债务的存量数额却不能随之调整,则债权人得到偿付金额的购买力相对于借出之时必然下降,以购买力衡量遭受损失;债务人正好相反,其偿付金额的购买力相对于借入时下降,以购买力衡量偿还得更少,即从通货膨胀中收益。

在通货膨胀背景下,提高利率是唯一的补偿债权人损失的方法,利率提高的幅度不仅要能够补偿物价上涨造成的购买力损失,还要补偿本金被通货膨胀的侵蚀,则利率上涨的幅度较高,这会影响投资和消费,以另外一种方式损害经济[①]。

再次,通货膨胀使货币资产的持有者遭受损失,实物资产的持有者获得利益。货币资产的购买力会因为物价上涨而缩水,实物资产在一定程度上具有保值功能,当通货膨胀推高对实物资产的需求,实物资产的价格上涨的幅度甚至超过物价上涨的幅度,实物资产的持有者就可以从通货膨胀中得益。

1971年8月美元与黄金脱钩之后,货币就失去了制约其数量扩张的锚,通货膨胀成为40余年以来的主旋律,实物资产的持有者的财富增长的速度和幅度都远高于货币资产的持有者,贫富差距越拉越大,很大程度上是因为通货膨胀造成的。

最后,通货膨胀使得政府成为最大的受益者,公众尤其是纳税人则成为最大的牺牲者。归根结底,政府是最大的债务人,其他经济主体本质上都是债权人,尽管因为拥有的财富形式决定了被通货膨胀的影响不同,但从根本上,政府才是通货膨胀最大的受益者。

政府融资有三个途径:税收、发行货币、发行国债。通货膨胀使纳税人的名义收入增加,税率提高,政府获得的税收因而相对增加;发行货币具有摊薄货币存量购买力的作用,参与经济再分配,获得更大一部分收入;发行国债,通货膨胀使政府按购买力偿还得更少,同样从中得益。正因为上述原因,最有动机制造通货膨胀的从来是政府,约束政府制造通货膨胀的动机和能力则是所有现代经济体的重大课题。

三、通货膨胀的治理

通货膨胀的治理包括抑制需求、收入政策、供给政策、结构调整以及控制货币量等政策。

(一) 需求政策

需求拉上型通货膨胀的形成原因是总需求的过度增长,采取紧缩性的抑制需求政策通常会比较有效。

抑制需求的政策包括减少政府开支、提高税收、提高利率等政策。减少政府开支直接减少需求;提高税收减少了家庭的消费需求;提高利率既减少家庭的消费需求,又减少企业的投资需求。

(二) 收入政策

收入政策又称为工资-物价管制政策,是指政府通过直接干预工资和物价的上涨来抑制通货膨胀,它主要是针对成本推进型通货膨胀采取的政策措施。控制工资上涨被当作控制物价上涨从而切断进入供求混合推动型通货膨胀传导链条的关键。收入政策是反市场化的政策选项,通常得不到民众的支持。

[①] 1993—1996年,为了补偿通货膨胀对存款购买力的侵蚀,中国人民银行推出了结构化利率政策,"对居民个人3年期、5年期、8年期的整存整取定期储蓄、华侨(人民币)定期储蓄、存本取息定期储蓄,在储蓄期满时,银行除按规定利率支付利息外,还要把存款期间物价上涨幅度和利率之间的差数补贴给储户,以保证储户不因物价上涨幅度大而蒙受存款损失",这种利率称为"保值储蓄存款利率",是只对满足条件的存款提供利率补贴,不对贷款提供补贴的政策。在1995—1996年,除存款利率(1年期为10.98%)外,还额外提供17%的保值储蓄存款利率,1年储蓄的存款利率实际高达28%。

(三) 供给政策

以拉弗(A. Laffer)为代表的供给学派认为,应当从供给的角度来解决通货膨胀问题。通货膨胀形成的主要原因是有效需求过剩,也就是供给不足。因此,要治理通货膨胀,关键在于扩大生产,从而增加供给,而不是一味地紧缩总需求。采用供给政策可以避免单纯依靠紧缩性需求政策所引起的经济衰退。

供给政策的核心是减税,以拉弗曲线为分析工具。当税率超过最优税率,通过减税就能够促进经济活动,提高GDP,增加税基,税收收入也会更高。

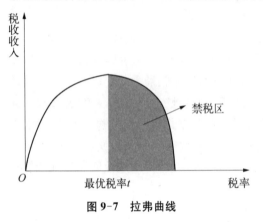

图9-7 拉弗曲线

拉弗曲线的经济学原理极其简单,但操作起来并不如意,美国历次减税最终都需要更大规模地增发国债才能弥补税收减少的缺口。

拉弗曲线是指税率与税收关系的曲线。并非税率越高,税收收入越高,存在一个最优税率,因此税率与税收收入之间的关系经历一个先上升、后下降的过程,即存在使税收收入最大的最优税率。最优税率右侧属于禁税区,税率越高,税收收入越少的区域,是企业、家庭和政府都会受损的区域(见图9-7)。

(四) 结构调整政策

结构调整政策是针对结构性通货膨胀提出的治理措施。

考虑到通货膨胀的结构性,应当使各产业部门之间保持相对的平衡,以避免某些产品的供求结构性失衡而导致一般价格水平的上升。

(五) 控制货币供给的货币政策

通货膨胀归根结底是货币现象,控制货币供给是治理通货膨胀的终极政策。

货币政策具体可分为利率政策和货币数量政策。利率政策要能控制通货膨胀,其必要条件是实际利率保持为正,即要根据通货膨胀的水平来动态地调整,这在实践中极其难以实现,利率变动往往滞后于物价上涨,因此效果一般。

货币数量政策是指控制货币供给量或控制货币供给量增长速度的政策,当控制住货币供给量时,物价上涨就失去了货币数量的支持而变得不可持续。西方国家能够成功治理20世纪70年代末80年代初的恶性通货膨胀,得益于沃尔克强硬地将货币供给量树立为货币政策的中间目标,不惜付出利率急剧升高造成经济衰退的后果。

政策实践证明,控制货币数量政策是治理通货膨胀的法宝,是最有效的政策选项。

第三节 通货紧缩理论

从字面上看,通货膨胀的反面就是通货紧缩。然而,通货紧缩比通货膨胀复杂得多,现代中央银行起源的真正本质是治理通货紧缩,避免实体经济被紧缩的物价拖入深渊。

一、通货紧缩的形成原因

对于通货紧缩形成的原因,经济学家众说纷纭。下面分别介绍实体经济层面、货币层面和奥地利学派结构论对通货紧缩的原理和逻辑的分析。

(一) 通货紧缩:实体经济层面的分析

在实体经济层面,通货紧缩形成的原因包括有效需求不足论、投资过度论、技术进步论、债务-通货紧缩论等理论。

1. 有效需求不足论

有效需求最早是由马尔萨斯于19世纪20年代提出的一个概念,马尔萨斯认为有效需求不足会导致经济危机。在1929—1933年大危机期间,凯恩斯赋予其新的生命力,成为凯恩斯宏观经济分析框架的重要概念。

有效需求是指总供给与总需求相等的状态对应的总需求。需求源于欲望,而欲望是无穷无尽、没有极限的,只有那些有能力满足的欲望对应的需求才是有效需求。

凯恩斯认为,当国民收入增加时,边际消费倾向递减使收入和消费之间的差距扩大,造成消费需求不足;消费需求不足可以由投资增加予以弥补;投资增加,边际资本效率递减,企业家投资获得的回报下降,投资积极性不够就会造成储蓄不能全部转化为投资,造成投资需求不足;消费需求不足和投资需求不足两者共同构成有效需求不足,这会造成大量失业。

当经济处于繁荣的顶点,资本边际效率下降,企业家对投资获得的回报失去信心,消费需求不足就无法由投资需求不足弥补,容易诱发通货紧缩甚至经济危机。

2. 投资过度论

投资过度论是瑞典经济学家卡塞尔、维克塞尔及英国经济学家庇古、罗伯逊等人提出的解释经济周期的理论。新技术发明、新市场开拓以及利率降低等因素会刺激投资,使投资大规模增长,积累形成具有持续生产能力的资本。资本积累的规模越大,生产能力越大,总供给能力越大。

资本积累规模越来越大有两个效应:一方面,随着生产能力变大,当消费需求跟不上时就会造成供给相对过剩,这会进一步造成最终产品价格的下降;另一方面,生产能力相对过剩会抑制投资需求,导致资产价格下降。

投资过度论通常主要用于解释某些产业价格上涨下跌的周期性循环,除非投资过度已覆盖整个经济,否则难以解释一般价格水平下降形成的通货紧缩。

3. 技术进步论

认为技术进步会导致通货紧缩的代表人物是熊彼特。熊彼特区分了两类浪潮。"第一次浪潮"的创新引起对投资和信用的扩张,新工厂和新设备随之建立。"第一次浪潮"中,对消费品需求也会因为人们收入的提高而增长,导致物价普遍上涨;普遍的物价上涨造成许多新的投资机会,进入"第二次浪潮"。"第二次浪潮"中的许多投资机会与"创新"无关,信用扩张不是为创新,只是为投机活动提供资金,必然包含失误和过度投资行为,过度投资造成通货紧缩,而失误造成资产收益率无法覆盖融资成本,变卖资产会导致资产价格下降,这就会导致更严重的通货紧缩。

4. 债务-通货紧缩论

债务-通货紧缩论是由美国经济学家费雪研究大萧条提出来的。

当经济处于"过度负债"的状态时,债务人或债权人清偿债务的行为会产生连锁反应:债务清偿导致资产廉价出售;偿付银行贷款导致存款货币收缩及货币流通速度下降;存款货币收缩等同于收入减少和利润下降,需求下降导致物价下降,即货币购买力上升;货币购买力上升意味着非货币资产价格下跌,则企业资产净值会出现更大幅度下降,加速企业的破产;资产净值下降,陷入营运亏损的企业会减少产出、交易和雇佣劳动;企业的亏损、破产和失业会引发信心丧失和悲观情绪蔓延;企业破产和工人失业以及悲观情绪蔓延会引发货币的窖藏行为和存款货币流通速度的更进一步下降,收入减少会导致物价进一步下降,从而陷入通货紧缩。

过度负债是诱发通货紧缩的原因,通货紧缩又会反过来恶化过度负债。这是因为尚未偿付的债务以货币表征的数额不变,但通货紧缩使其实际价值更高,更难以偿还,不得不靠变卖资产来偿还债务,变卖资产会导致价格进一步下跌。费雪计算了大萧条期间美国的债务变化情况,到1933年3月,由于价格的下降,全部真实负债比1929年年初大约上升了40%。

在费雪的理论中,过度负债是导致强迫性债务清偿的原因,但没能令人信服地解释"可承受债务"如何变成"过度负债"的,明斯基认为这是更复杂、也是更有意义的问题。

(二) 通货紧缩:货币层面的分析

弗里德曼与施瓦茨研究了1867—1960年美国货币史,得出了"货币存量的大幅度变动是一般价格水平的必要且充分条件"[①]的结论。通货膨胀固然是货币现象,通货紧缩同样是货币现象。当货币紧缩时,货币的边际收益上升,人们会将资产更多地以货币形式持有,直到新的资产组合使得各种资产的边际收益率相等。对其他资产需求的减少可能会导致其价格下降,并进一步导致通货紧缩。

关于造成通货紧缩的货币因素,弗里德曼认为,"货币供给的过分低的增长率,更不用说货币供给的绝对减少,将不可避免地意味着通货紧缩;反之,若没有货币供给如此之低的或负的增长率,大规模的持续的通货紧缩绝不会发生"[②]。在美国93年的货币史中,曾有过6次较为严重的通货紧缩"都伴随着明显的货币存量下降"(见表9-1)。

弗里德曼得出的结论得到了其他经济学家的响应和认可。美国经济史学家杰拉德·冈德森考察了经济活动、黄金和物价之间的关系,得出的结论是,"平均物价水平只反映黄金作为货币在流通中的总数与同时期内使用黄金作为货币的经济部门的总产量之比。内战后的头30年,世界经济的发展比较迅速,黄金产量的增长速度赶不上它,因此为了与经济活动的

---

① 米尔顿·弗里德曼:《弗里德曼文萃》,高榕、范恒山译,北京经济学院出版社,1991年。
② 同上。

表 9-1　美国经济紧缩时期的货币存量下降

萧 条 时 期	货币存量下降幅度(%)
1873—1879 年	4.9
1892—1894 年	5.8
1907—1908 年	3.7
1920—1921 年	5.1
1929—1933 年	35.2
1937—1938 年	2.4

资料来源：弗里德曼、安娜·施瓦茨："货币和经济周期"，《经济与统计学评论》，1963 年，第 32—64 页。

增长相适应，平均物价不得不下降"①。弗里德曼的老对头詹姆斯·托宾也指出："19 世纪后期，黄金的短缺造成了欧洲和北美的通货紧缩。"②

(三) 通货紧缩：奥地利学派的结构论

奥地利学派代表人物米塞斯和哈耶克认为，通货紧缩并不是独立形成的，而是由促成经济萧条的生产结构失调引起的，是一个派生过程。并且特别强调，如果没有生产结构失调，就不会出现通货紧缩。

迂回生产论是奥地利学派的鲜明特色。生产分为直接生产（简单）和迂回生产两种方式。迂回生产是先生产能够生产最终消费品的生产资料，然后通过生产资料生产最终消费品的生产方式。经济发达程度取决于迂回程度，迂回的环节越多，生产效率越高，经济越发达。迂回生产过程是需要耗费更长时间的过程，迂回的环节越多，投资的时间不一致性就越严重，投资方向和投资项目犯错误的可能就越高。

当生产成本之一——货币的可得性和价格发生变化的时候，投资犯错误的概率就会增大，而这些错误在一定时期内既无法辨别，也无法纠正，导致错误的生产在错误的道路上持续一段时间。在决策作出时还有利可图的投资，在生产能力形成时就有可能因竞争激烈而导致价格下跌。当亏损压力迫使企业变卖资产时，价格下跌和企业资产净值下降就会进入恶性循环过程，导致企业大面积破产，价格深幅下跌，这是识别之前犯下的错误以及纠正错误不得不付出的代价。

生产结构失调的表现是，消费品投资的规模和增速低于耐用品与资本品投资的规模和增速，消费品价格上涨的幅度也要低于耐用品与资本品价格上涨的幅度。之所以出现这种现象，是货币和信用扩张造成的，使处于前端的资本品的投资快于也多于后端的消费品的投资。

金融体系在通货紧缩的形成中起到了重要的作用。金融体系为错误的投资提供融资，在错误显现出来的时候，必须要偿还融资使得变卖资产成为必须的选择，于是价格下降和资产变卖相互作用，并进入正反馈的关键环节。

---

① 杰拉德·冈德森：《美国经济史新编》，杨宇光等译，商务印书馆，1994 年。
② 道格拉斯·格林·沃尔德：《经济学百科全书》，李滔等译，中国社会科学出版社，1992 年。

二、通货紧缩的影响

(一) 通货紧缩会抑制消费和投资,导致经济衰退

通货紧缩意味着货币购买力上升,则除非必要,人们更倾向于持有货币。因为在通货紧缩背景下,尽管货币的名义收益为 0,但物价下降使货币的实际收益为正,物价下降的幅度越大,实际收益越高,人们对货币的需求越大。货币的实际收益为正,表明其他资产的实际收益为负,因为物价下降使资产的回报率更低。两相比较,人们对货币的需求近乎无穷大,形成流动性陷阱。

因为货币的实际收益为正,消费变得更昂贵,则消费需求必然会下降;并且,当预期物价会继续下降,推迟消费能够以相同数量的货币交换得到更多的消费,这又会进一步抑制消费需求。消费需求下降是有效需求不足,从而成为物价进一步下跌的重要推动力量。

因为货币的实际收益为正,投资需求也会下降。一方面,实际利率会因为通货紧缩而更高,则融资的实际成本更高,投资的收益很难抵补融资的成本,这会抑制投资的积极性;另一方面,通货紧缩使产出的价格比投入的要素和原材料的成本更低,挤压企业的收入和利润,这同样会抑制投资的积极性。

通货紧缩会同时抑制消费需求和投资需求,加剧有效需求不足的状况,导致通货紧缩更趋恶化,最终导致经济衰退甚至经济危机。

(二) 通货紧缩引发银行业危机和金融危机

通货紧缩使企业的收入难以抵补其投入,为避免破产,求得生存,通常需要变卖实物资产和金融资产以获得偿还债务的货币资产。当需要变卖资产的企业超过某个比例时,就会使资产价格进入正反馈下跌进程,资产价格持续下跌会触发非线性暴跌,欠债的企业甚至会陷入越偿还负债,负债越偿还不了的恶性循环。

企业无法偿还负债,会引发银行资产负债表失衡,使银行陷入资不抵债的境地,银行资产负债表的资产端会堆积大量资产而不是现金。银行变现资产的需要会诱发、压迫资产价格,使之进一步下跌,最终导致不但实体企业丧失融资能力,金融机构同样丧失融资能力。资产负债表失衡加上丧失了融资能力,银行也就陷入资不抵债、需要破产清算的地步。由于金融系统相互关联,系统重要性银行破产倒闭就会牵扯大量金融机构陷入破产倒闭的困境,造成银行业危机和金融危机。

与通货膨胀相比,通货紧缩的经济影响更难以承受。尽管通货紧缩并不等同于经济危机和金融危机,但通货紧缩与经济危机和金融危机之间只是程度的差异。政策当局处理失当,一般性的通货紧缩和经济衰退就可能会演变成损失惨重的经济危机和金融危机。

三、通货紧缩的治理

通货紧缩的治理问题主要集中在需求调节政策上,政府通常通过再膨胀政策(Reflation Policy)解决通货紧缩问题,使物价"膨胀"到合理水平,刺激经济的恢复性增长。具体的政策工具则是扩张性的货币政策和财政政策。

（一）扩张的财政政策

凯恩斯以及凯恩斯主义学派坚持货币政策对于治理通货紧缩是无效的。凯恩斯举例说，你可以把马拉到河边，却不能强迫马喝水。中央银行固然可以增加基础货币，但由于存在流动性陷阱，银行不发放贷款，企业不主动借款，中央银行不能强迫银行发放贷款，也不能强迫企业借款，中央银行增加基础货币的政策向货币供应量增加的传导机制是不顺畅的，甚至是不通的。基于货币政策无效的分析，凯恩斯主义学派坚持认为应该由政府增加开支，提振社会总需求，解决有效需求不足的问题。1933年临危受命的罗斯福政府通过大量的政府项目拉动需求，一直被当作财政政策能有效克服通货紧缩乃至经济危机的成功案例。

（二）扩张的货币政策

扩张性的货币政策是指中央银行通过多种政策工具增大货币投放量，利用货币供给的扩张促进经济的恢复性增长。

凯恩斯以其天才的流动性陷阱假设否定了货币政策的有效性。然而，货币政策无效的根本原因是制度性的。20世纪30年代初，西方主要国家实行金本位，黄金数量的有限性制约了基础货币的规模，不足以推动物价上涨从而改变预期。

富兰克林·罗斯福总统所有应对危机的政策中，非常重要的但常被忽视的一项是，黄金的美元价格的变化，美元从20.78美元/盎司贬值到35美元/盎司，贬值幅度为70%，美元基础货币的规模可以因此扩张70%，这对于推动物价上涨至关重要。2008年美联储应对金融危机的经验同样证明了货币政策的有效性，流动性陷阱假设在信用货币制度下并不存在，因为中央银行具有无限的流动性创造能力[①]。

货币政策在通货紧缩治理中的一个主要手段是制造公众的通货膨胀预期。当通胀预期出现时，资产价格会因为物价上涨而上涨，只要资产价格因物价上涨的幅度超过因利率上升而下跌的幅度，两相抵消之后，资产价格依然是上涨的。在这种情况下，对债券的需求增加，对货币的需求减少。或者说，当货币供给规模超过某一个阈值，就会通过价格效应作用于货币需求，使货币需求函数移动，克服流动性陷阱的制约，促进投资和产出。

❖本章小结

物价是货币购买力的倒数，因此物价的本质是货币问题。宏观层面的物价是一般价格，有两种方法可以计量：绝对加权法和相对指数法。相对指数法是主流方法，关注的是物价趋势。一般价格上涨或下跌都是正常现象，超出一定幅度、持续一定期限的物价上涨和物价下跌分别是通货膨胀和通货紧缩。

物价的运动趋势与货币本位有关。在金银货币本位下，通货膨胀不是主要现象，通货紧缩才是。通货膨胀是信用货币本位下才会出现的现象。信用货币本位是指不以金银作为准

---

① 早在本·伯南克出任美联储理事之初，就曾经在一次演讲中明确指出，现代货币体系足以提供克服任何流动性危机的政策工具，并因此获得"直升机大本"的绰号。

备的货币制度,即使名义上实行金银本位,当货币的金银含量缺乏有效制度予以保障,金银含量持续缩水,其本质就是信用货币。

通货膨胀的成因包括需求拉上型、成本推进型、供求混合推动型、结构型和货币数量决定五种类型。弗里德曼建立的货币数量决定通货膨胀的理论在逻辑上是自洽的,其他类型通货膨胀,只要没有货币数量的持续增长相伴,是不可能出现的,在逻辑上存在自相矛盾之处。通货膨胀既存在促进经济扩张的机制,也存促进经济萎缩的机制,还存在与经济无关的机制。经济增长是科技、组织、劳动和资本等各种实际要素共同作用的结果,靠货币这种名义要素不可能实现真正的经济增长,因此促进论是没有道理的,即使短期存在,长期也是有害的,不值得提倡。

描述通货膨胀与失业关系的理论是菲利普斯曲线,当增加预期之后,菲利普斯曲线由负斜率变成垂直的,即通货膨胀与失业之间不存在相关性。这种认识的变化推动货币政策观念实现了革命性变化,货币政策的导向、目标以及程序、规则等都随之而变。

与通货膨胀相对应的是通货紧缩理论。从字面上看,通货紧缩似乎是通货膨胀的反面,是相对的概念。实际上不是,通货紧缩是远比通货膨胀更复杂的概念,本质上是经济衰退、经济萧条和经济周期理论。经济衰退和经济萧条不同于经济危机和金融危机。通货紧缩是关于经济衰退和经济萧条的理论,不是关于经济危机和金融危机的理论。

在经济层面,通货紧缩的成因包括需求不足论、投资过度论、技术进步论、债务-通缩论、货币供给不足论以及奥地利学派的结构论等。这些理论各有侧重,各自从某一角度揭示了通货紧缩形成的机理。实际的通货紧缩远非任何某单一的理论所能揭示和涵盖。

治理通货膨胀的最有效工具是货币供给量。治理通货紧缩要难得多,不存在有效的单一工具,即使多维度、多层次政策工具,再辅之以其他综合性相关政策措施,克服通货紧缩的难度依然很大。

关键概念

物价指数　　　　消费者价格指数　　　生产者价格指数　　　通货膨胀
通货紧缩　　　　拉弗曲线　　　　　　需求拉上型通胀　　　成本推进型通胀
李嘉图等价　　　国民生产总值平减指数

问答与思考题

1. 简述通货膨胀的类型划分。
2. 判断通货膨胀遵循多重标准,而判断通货紧缩遵循单一标准,为什么?
3. 以总需求-总供给框架分析需求拉上型、成本推进型和供需混合型通货膨胀的成因和形成机制。
4. 简述结构型通货膨胀的类型和内容。
5. 弗里德曼认为通货膨胀归根结底是货币现象,简述其逻辑。

6. 简述通货膨胀与产出的关系及影响机制。
7. 简述菲利普斯曲线的内容及其政策含义。
8. 简述适应性预期对菲利普斯曲线的影响及其政策含义。
9. 简述通货膨胀对收入和财富的影响及机制。
10. 简述通货膨胀的治理政策。
11. 简述通货紧缩的成因及内容。
12. 简述债务-通缩理论的内容。
13. 从货币视角分析通货紧缩的成因。
14. 简述奥地利学派结构论的内容及其对通货紧缩成因的解释。
15. 简述通货紧缩的影响。
16. 简述通货紧缩的治理方法。

第十章 金融危机

金融危机是债务不能偿还造成资产价格剧烈非线性下跌的现象。在历史上,金融危机始终是萦绕在各国经济头顶上的阴霾。各国成立中央银行,最初主要是为了解决债务问题,并在金融危机期间提供流动性。中央银行主要是为了应对金融危机而成立。

第一节 金融脆弱性

金融脆弱性是金融体系固有的特性,是造成金融危机的重要条件。

一、金融脆弱性:定义和指标

高杠杆是金融业的基本特征,因为金融机构的资产负债率通常较高。金融资产价格较大幅度波动就会造成致命损失,甚至引发行业性的损失和崩溃,这是狭义的金融脆弱性。广义的金融脆弱性是指在金融系统中的风险积累,并趋向于高风险的状态。

反映金融脆弱性程度的指标可分为:宏观审慎指标,如经济增长、通货膨胀、利率等;微观审慎指标,如资本充足性、盈利性指标、资产质量指标等。

具体包括:货币供应量增长率、通货膨胀率、M2对官方储备的比率、利率、短期债务与外汇储备比例、经常项目逆差、财政赤字、资本流入中短期资本比重、汇率高估程度,以及金融机构不良资产比例等。

二、金融脆弱性:明斯基的解释

明斯基(H. Minsky)是"金融脆弱性假说"的提出者。在明斯基看来,信用创造机构尤其是商业银行和其他贷款者的内在特性使得它们不得不经历周期性的危机和破产浪潮,而这又会扩散到经济其他部分。

(一)三类借款人

明斯基将借款人分为三类。

1. **套期保值借款人**

套期保值借款人的预期收入在总量上大于债务额,在每一时期内的预期收入流也大于到期债务本息,因此经营活动产生的现金流足以正常还本付息。套期保值借款人是最安全的、最稳健的,也是最健康的借款人。

2. 投机性借款人

投机性借款人的预期收入在总量上小于债务总额,当某一期的预期收入小于到期债务本金,经营活动现金流不足以还本付息,就会出现债务敞口,为偿还债务,要么重组其债务,要么变卖其资产,依靠新债务进行资金再融通,并维持企业运营。

投机性借款人的还款能力不足,是因为还本付息期的市场条件与借款时发生了重大变化,并非有意欺骗。并且,投机性贷款人尽管不能依靠经营活动现金流还本付息,但可以通过债务重组和资产变卖等方式还本付息。投机性借款人会因为借款而导致资产缩水,市值下降。

3. 庞氏(Ponzi)借款人

庞氏借款人不但无法以经营活动现金流还本付息,也无法依靠变卖资产和债务重组还本付息,只能采用滚动融资的方式,依靠不断增加的借款将"后加入者"的投资充当"先来者"的投资收益。随着累积的债务越来越多,只有后加入者的投资越来越多,才能维持对先来者的还本付息。一旦后加入者的投资规模减少,先来者的投资收益得不到保障,兑付就会出现障碍,问题暴露就会引发破产倒闭的危机。

(二) 三类借款人的转化

当经济处于平淡阶段,企业会谨慎地以其预期现金流决定借款规模,金融机构也会更多关注企业经营活动获取现金流的能力。在这一阶段,套期保值借款人是贷款的主体。

当经济进入上升和繁荣阶段,企业的预期收入普遍增加,企业对未来创造现金流的能力抱有乐观的预期,会更加积极地借款,提高资产负债率。为了获取更高的利润,金融机构也会放松贷款条件,愿意向创造现金流能力更弱的企业提供贷款。这将导致套期保值借款人被投机性借款人或庞氏借款人替代,套期保值借款人减少,金融体系的风险累积加快,金融脆弱性更趋恶化。

当经济形势由繁荣转为衰退和萧条。借款人兑付中断将引发借款人债务拖欠和破产,并造成金融机构资产负债表失衡,借款人的兑付困境会蔓延到金融部门,当金融机构大面积破产时,金融脆弱性就显性化了。

(三) 金融脆弱性的原因

明斯基认为,金融脆弱性的原因有二:代际遗忘和竞争对手压力。

代际遗忘,是指当经济和金融重新繁荣,借款人和贷款人都会选择性忘记过去发生的金融危机所造成的损失,反而会认为当前的经济繁荣和资产价格上涨会持续下去,企业会增加更多的融资,而金融机构会发放更多的信用。

竞争对手压力,指金融机构存在不被竞争对手超过的压力,因此进行许多不审慎的信用创造。在经济繁荣阶段,融资需求巨大,如果某个金融机构因为担心风险而不愿提供信用,它就会失去业务,失去业务的规模达到一定程度,就会被边缘化,成为系统中不重要的金融机构。金融机构无法判断风险何时会暴露,即使意识到风险的存在,也不会不向客户提供信用。

一旦成为系统重要性金融机构,即使风险暴露,也会得到中央银行的救助,因此金融机构通常会抱团取暖,共进共退。中央银行最后贷款人的职能在一定程度上加剧了金融机构之间的竞争,并进一步加剧了金融脆弱性。

三、金融脆弱性:克瑞格的解释

与明斯基不同,克瑞格(J. A. Kregel)借用了"安全边际"(Margins of Safety)的概念从贷款人即金融机构的角度对金融脆弱性进行了解释。

(一)安全边际

安全边际的概念来自于巴菲特的导师格雷厄姆,指的是价格与内在价值之间的差额。

由于融资与本息偿付在时间上具有不一致性,金融机构受到认识能力和信息不对称的限制,难以预测未来风险事件的类型和冲击力度,无法准确判断借款人项目的安全性和盈利性,金融机构会要求融资者提供更高的抵消风险因素的回报率——一个能避免风险事件对金融机构造成致命损失的回报率。该回报率是融资者能够且愿意接受的融资成本。

(二)摩根规则

摩根规则(JP Morgan Rule)是老摩根建立的贷款规则。因为未来充斥着不确定性,即使拥有再多的知识和工具,依然不具备判断哪些产业哪些项目未来具有盈利能力,因而关注未来预期收益对确保贷款的安全性和盈利性并无实际的帮助。因此,发放贷款与否主要关注借款人过去的信用记录:一方面,借款人是否具备创造更大的价值从而有偿还贷款本息的能力;另一方面,借款人是否遵守约定偿还本息,即信用是否良好。

(三)安全边际不断降低与金融脆弱性

在经济扩张时期,投资成功的概率较大,借款人有能力归还贷款,借款人的良好信用记录不断积累。随着借款人的信用记录不断改善,银行会降低其贷款的安全边际,能够从银行获得贷款的借款人越来越多;与此同时,借款人也会因为不断成功而对自己的运营和还款能力越来越有信心,因此不断增加贷款规模;借贷双方都很难意识到随着安全边际不断降低,信用风险在逐渐累积,金融脆弱性在不断趋于恶化。

当安全边际被不断侵蚀而降低到某一程度,当借款人的盈利能力低于其预期,若不能找到新增贷款,借款人为了偿还固定数额的本息,就需要变卖资产,就有可能陷入 Fisher 所说的债务-紧缩的恶性循环。

克瑞格指出,即使银行和借款人都是讲信用的、高度专业化的、非常努力的,依然无法克服安全边际因为繁荣而不断降低的困境,金融脆弱性是内在的。

四、金融脆弱性:金融资产价格易变性的解释

生产性投资未来可能遭遇的风险会加剧金融资产未来收入流量的不确定性,从而会导致金融市场出现不确定性。为避免价格波动造成损失,金融资产持有者有动机变现其资产,这反过来加剧了价格波动。金融资产价格的易变性是造成金融脆弱性的重要原因。

(一)金融资产价格的过度波动性

金德尔伯格认为,金融资产价格会因为市场集体非理性催生的过度投机而具有过度波

动性。凯恩斯将这种非理性行为比喻为"乐队车效应":当金融资产价格上涨,普通投资者会涌向价格上涨的"乐队车",推动股票价格更大幅度地上升,达到完全脱离经济基本面的水平;当上涨的预期逆转,普通投资者的踩踏又会造成金融资产价格出现非理性下跌,股票价格同样会下跌到完全脱离经济基本面的水平。集体非理性是造成金融资产价格过度波动性的罪魁祸首。

(二)金融市场有效性不足

当金融市场有效性不足时,大多数投资者受制于信息不对称和知识不足的困扰,容易产生盲目从众和极端投机行为,助涨助跌,在上涨过程中推动金融泡沫的快速形成,在下跌过程中又会推动金融崩溃急剧完成,导致金融资产价格非线性下跌,加剧了金融市场的脆弱性。

(三)汇率的不稳定性

汇率具有内在的不稳定性,汇率的波动幅度通常会超出真实经济因素所能够解释的范围。

在浮动汇率制度下,汇率在预期的作用下会出现超调现象,汇率超调等同于过度波动。汇率的不稳定性是浮动汇率制度下吸收外部冲击,避免更重要的经济变量包括物价和产出受到影响的内在要求。然而,汇率通过利率平价与金融市场建立联系,汇率的易变性和不稳定性必然导致金融资产价格的易变性和不稳定性。在固定汇率制度下,汇率水平保持不变,但汇率预期不断发生变化,同样会通过利率平价与金融市场建立联系,影响金融资产价格的稳定性。金融资产价格的易变性和不稳定性是金融脆弱性的重要来源。

(四)金融资产价格的正反馈效应

人们的预期将影响金融资产的价格。在金融市场上,不只是交易行为决定资产价格,资产价格也会通过市场心理影响交易行为。金融资产价格和交易行为的相互循环作用,就会间接地决定自身:金融资产价格会因价格上涨而吸引更多的买入,价格上涨导致更多的上涨,形成"金融泡沫";当上涨趋势反转为下跌趋势时,金融资产价格下跌诱发更多的卖出,卖出导致更大幅度的下跌,形成金融危机。金融资产价格的不稳定性加剧了金融体系的脆弱性。

五、信息不对称与金融脆弱性

信息不对称就是指交易的一方对另一方不充分了解,从而会影响其作出准确的决策,它是金融市场中的常见现象。信息不对称分为逆向选择和道德风险。

(一)逆向选择与金融脆弱性

逆向选择是交易之前发生的信息不对称。就借款人而言,投资的预期收益率越高,他们能够承受的银行贷款利率就越高。

对于一定的贷款利率,那些积极地寻找贷款的往往是风险较高的借款者,因为他们的预期收益率较高;而低风险的借款人由于预期收益较低,不愿意借款。

就贷款人而言,在借款之前,由于信息的不对称,他们无法区分借款人的风险状况,因此稳妥的方法是提高贷款的利率。这就会使得更多的低风险借款人退出市场,借款人的平均风险程度进一步增大。于是,贷款人再次提高利率……如此循环下去,最终的结果是,寻求贷款的是那些风险最高的借款人,风险较低的借款人全部退出市场。

借贷市场因为逆向选择而充斥着高风险的借款人,金融机构的资产质量下降,必然造成金融脆弱性。

(二)道德风险与金融脆弱性

道德风险则是交易之后的信息不对称。借款人获得贷款之后,可能会从事那些贷款人最不愿意看到的高风险活动,因为即使失败了,他们最多是破产或者违约而不归还贷款,而一旦成功他们将获得极高回报。对于贷款人而言,这些高风险的活动很可能会使得贷款的归还发生困难。因此,贷款人为了自身资金的安全,宁可不发放贷款。

逆向选择和道德风险降低了金融系统的效率,使得金融市场丧失了流动性,构成了金融脆弱性的深层次原因。虽然金融机构的存在可以在一定程度上减少信息不对称的危害,但是这一作用要受到两个前提条件的限制:一是存款人对于金融机构具有足够的信心;二是金融机构对借款人的筛选是高效率和低成本的。

由于金融机构同样受信息不对称的困扰,上述两个前提都不成立,金融机构的存在并不能消除金融系统的脆弱性。

第二节 金融危机

一、金融危机的定义与特征

(一)金融危机的定义

金融危机是指金融风险积累到一定程度导致金融脆弱性突破临界点,造成金融市场瓦解,金融系统丧失部分或全部功能,经济金融活动急剧减少的现象。

在《新帕尔格雷夫经济学大辞典》中,金德尔伯格将金融危机定义为"全部或大部分金融指标——短期利率、资产(证券、房地产、土地)价格、商业破产数和金融机构倒闭数——的急剧、短暂和超周期的恶化"。

金德尔伯格将金融危机形容为美女,很难定义,但见到就可以认出来。

(二)金融危机的特征

金融危机具有三个基本特征,分别是马太性、连锁性和破坏性。

1. 马太性

马太性,又称为马太效应,指强者愈强、弱者愈弱的现象。该词来自《圣经新约·马太福音》一则寓言:"凡有的,还要加倍给他叫他多余;没有的,连他所有的也要夺过来。"

金融危机的马太性,是指当金融危机爆发,金融资产持有者为偿还负债或保住资产,变现意愿强烈,金融资产的不断卖出导致金融资产价格下跌,而金融资产价格的下跌会诱发更多金融资产卖出,并进一步导致金融资产价格的连环下跌、弱者愈弱的现象。

2. 连锁性

连锁性，分成国内和国际两个层次。在国内层面，一国经济各个部门之间联系紧密，金融资产价格下跌会扩散到其他经济部门，导致各种价格均出现非线性下跌，经济活动急剧减少。在国际层面，各国金融和经济系统之间通过跨国经济活动联系在一起，某一国家发生金融危机会通过与该国的经济活动扩散到相关国家，导致相关国家金融资产价格跟随下跌，经济活动急剧减少。

金融危机的连锁性使金融危机具有传染性，金融危机爆发国在全球经济活动中的占比越高，金融危机的扩散性越强，连锁性越强，对其他国家的冲击越大，甚至会诱发全球性危机。

3. 破坏性

金融危机导致金融系统失去部分甚至全部功能，金融系统配置资源的功能弱化，效力降低，造成产出下降，失业上升，经济活动萎缩，引发经济危机甚至社会危机。

二、金融危机的形成机制

金融危机通常是一轮经济周期从顶点坠落造成的金融资产价格非线性下跌。造成通货紧缩的原因，包括有效需求不足论、投资过度论、技术进步论、货币紧缩论和经济结构失调论等，在一定程度上也都是金融危机形成的诱发性因素。

然而，金融危机不完全等同于通货紧缩。通货紧缩有可能演化成金融危机，也有可能并不会演化成金融危机，两者之间存在程度的差异。另外，金融危机是金融资产价格非线性下跌，通货紧缩是物价持续下降，两者的衡量指标也不相同。

（一）银行流动性不足造成的挤兑危机

安全和稳健的银行体系是经济稳定发展的必要条件，然而，银行天然地具有内在不安全和不稳健的因素。银行负债是储户的存款，储户需要支付或者取款，银行必须满足储户的要求，因此对银行是硬约束。与之相对应，银行的资产是借款人的贷款，能否收回本金利息取决于借款人偿还本息的能力，而这又取决于借款人资产的盈利能力。借款人及其资产的盈利能力是银行难以控制的因素，银行资产经营的收益是不确定的，"硬负债，软资产"的特征特别明显。

作为金融机构，银行是高杠杆行业，其资产十数倍于其自有资本，资产端微小比例的亏损通过杠杆放大之后，会以数倍的比例侵蚀银行的自有资本，削弱银行创造信用的能力；银行高杠杆运营的另一个表现是部分准备金制度，这是银行创造信用的基础，也是银行不稳定的根源，因为当储户认为银行存在资不抵债的可能时，就会从银行账户中取走存款，部分准备金制度使银行无力清偿所有的存款，挤兑就会造成银行流动性不足，甚至倒闭的危机。

在很大程度上，银行是依靠信心的机构，储户对银行的信心是银行能够运营下去的必要条件之一。然而，银行经营存在天然的不稳定性，又会破坏储户对银行的信心。银行遭遇挤兑危机是极为常见的现象。

并不是说银行遭遇挤兑危机就会导致金融危机，两者之间存在着程度的差异。当大面积的银行危机蔓延到系统重要性银行时，导致系统重要性银行资不抵债的时候，银行危机就会演化为金融危机。这通常因银行部门普遍的过度信用创造所致。

（二）金融过度交易行为

金融资产价格具有易变性，价格更具弹性。在不同的市况下，金融资产价格的易变性也有差异。在区间波动的平衡市，金融资产交易不活跃，其价格弹性较小，易变性也弱，参与者通常低买高卖；在不断上升的牛市，金融资产交易活跃，上涨的价格吸引更多的买入，其弹性大，易变性也强，参与者通常会因为价格上涨而买入，并造成价格进一步上涨；在不断下跌的熊市，下跌的价格吸引更多的卖出，弹性大，易变性也强，参与者通常会因为价格下跌而卖出，并造成价格进一步下跌。

马太效应和羊群效应是金融市场的两大效应，两者通常在不断上升的牛市和不断下跌的熊市的作用明显，羊群效应造成过度交易，过度交易推动上升的金融资产价格继续上升，下跌的价格继续下跌，直到大幅脱离基本面。

当金融资产价格上升的幅度脱离基本面的程度达到不可持续的地步，就会反转；一旦反转出现，金融资产价格会急剧地、非线性地大幅下跌，造成金融市场危机；金融资产价格下跌会因为抵押或质押增加而拖累金融机构资产质量，造成金融机构倒闭破产，并蔓延到更多金融机构和金融部门，演变成全方位的金融危机。

（三）金融创新过度

随着新市场和新技术的不断开发，金融创新层出不穷，包括金融市场创新、金融机构创新、金融业务创新和金融工具创新等。金融创新丰富了金融体系的层次，改善了金融系统的功能，提升了金融业务的效率，与此同时却也掩盖了传统风险，增加了新的不可知的风险，削弱了金融体系的安全性和稳健性。

金融创新加剧了金融脆弱性。首先，金融创新具有掩盖金融脆弱性的作用，推迟了金融脆弱性暴露的时间，导致风险更大程度的积累，激励投机性融资行为，在整体上加剧了金融体系的脆弱性；其次，金融创新丰富了金融层次，推动新金融工具不断发明，这本身就会加剧金融体系的脆弱性；再次，金融衍生品极其复杂，难以认知，其高收益性又难以拒绝，因此渗透到金融体系的方方面面，打破了传统商业银行与金融市场、衍生品与原生品，以及金融体系各部分之间的传统界限，使金融衍生品市场的风险具有更强的连锁性、更快的传染性，极大地加剧了金融体系的脆弱性；最后，金融创新使金融机构有了更多的市场化选择，不必总是依赖中央银行借款，中央银行对金融系统的影响力和控制力减弱。

金融创新的推动加上中央银行制约的减弱，金融业务会进入野蛮生长的轨道，金融资产价格上涨极其容易脱离基本面相关的合理范围，使金融脆弱性显现出来，有演化为金融危机的可能。

（四）政府财政赤字与金融危机

在现代经济体系下，政府几乎总是资金短缺者，是赤字方。政府财政赤字是常态，金融危机并非常态。为应对财政赤字发行的国债成为公众和企业持有的金融资产，是社会财富的重要形式。

一定限度的财政赤字有利于促进经济发展，超出合理额度的财政赤字（财政超额赤字）却会加剧金融脆弱性，并使之显性化，造成金融危机。超额赤字，是指财政赤字规模在未来产生的本息超过了未来税收收入扣除必需支出的现金流量,需要依靠投放更多货币、变卖政府资产,或者汇率贬值才能偿还。

财政超额赤字加剧金融脆弱性的原因有三个。首先,为避免政府融资需求增大推升利率,中央银行通常会增加货币投放。在实际货币余额效应的作用下,利率降低,消费和投资都增加,物价上升,金融资产价格上涨,投机性借款人和庞氏借款人也能获得融资,加剧了金融脆弱性。其次,财政超额赤字向市场发出错误信号,扰乱生产结构,催生错误投资。财政超额赤字使融资成本下降,即制造了便宜货币,会引导投资到前端的资本品和耐用消费品部门,当前端的资本品部门和后端的消费品部门失衡,生产结构被扰乱了,金融脆弱性会加剧。再次,政府需求是不稳定的、易变的,催生的投资在政府需求发生变化时会变成产品需求萎缩的无效投资,降低了资源配置的效率。

中央银行不可能任由通货膨胀上升,当转而推行紧缩性货币政策时会抑制经济过热和通货膨胀,融资成本抬升,便宜货币变成昂贵货币,消费和投资需求都随之下滑,物价和金融资产价格随之下跌,投机性借款人和庞氏借款人没有能力偿付本息,不得不变卖资产或者破产倒闭,金融脆弱性完全显现,即使政策处理得当,金融危机也很难避免。

(五) 金融危机与经济周期

通货紧缩通常是经济周期从繁荣阶段向衰退阶段转化的伴生现象。有效需求不足、投资过度、技术进步和经济结构失调等都属于经济衰退的成因,而经济衰退是淘汰落后产能,实现经济机体新陈代谢,从而经济机体保持创造力和可持续发展能力的必要阶段,是不可或缺的。

金融危机具有极强的破坏性,不但会淘汰落后产能,甚至会毁灭所有产能;不但不能实现经济机体的新陈代谢,甚至还会毁灭经济机体本身,更不必说保持经济机体的创造力了。金融危机的破坏性表明,它不具有任何积极的、有益的作用,因此需要极力避免经济下行周期演化为金融危机。

并非所有经济下行周期必然演化为金融危机。第一类,只要政策得当,就只是经济衰退;第二类,危机局限于某些部门和领域,属于受冲击幅度更大的深度衰退;第三类,受某些因素的影响,金融脆弱性极大地加剧,不管政策多么得当,金融危机依然不可避免。危害最大的自然是第三类,需要重点防范的也是第三类。

可以看到,造成极为严重损失的金融危机,通常都有一些特别的因素。

(1) 政府超额财政赤字尤其重要。早期的南海泡沫和密西西比泡沫都属于此类,当今世界在新兴市场国家此起彼伏的危机大多也属于此类,欧盟成员国包括西班牙、葡萄牙、意大利、爱尔兰和希腊等国发生的危机本质上都属于政府超额财政赤字导致的危机。

(2) 被广泛采用的内在缺陷严重的创新类金融工具,2008年美国金融危机之所以造成惨重损失,肇因于信用违约互换这种新型金融工具,为不可保险产品提供保险,使劣质金融资产堂而皇之进入市场,毒害了金融体系。

三、明斯基-金德尔伯格金融危机理论

尽管金融危机冲击巨大,在亲历者心中投射下巨大的阴影,但人们却并不清楚金融危机发生的机理。恰如金德尔伯格所说,要对金融危机下一个定义就如同对美女下一个定义一

样困难,在通常情况下,人们遭遇了金融危机会辨识出来,但每一次危机都有自己的机理和演化逻辑。金德尔伯格在明斯基研究的基础上,抽象出一个金融危机演化过程的理论。

(一)明斯基时刻

海曼·明斯基提出了"明斯基时刻",是指金融资产价值崩溃时刻,是正常的经济下行演变成金融危机的临界点。

在明斯基看来,经济长时期稳定会导致债务增加、杠杆比率上升,进而从内部滋生导致金融危机的风险。明斯基时刻是市场繁荣与衰退之间的转折点。明斯基认为,经济向好时,投资者敢于冒险;经济向好的持续时间越长,投资者越自信,越愿意承担更大的风险,直到不能承受的过度冒险。

投资者承担的风险不断积累,最终会到达一个临界点——投资者持有的金融资产产生的现金流量不再足以偿付举借债务的本息。投机性资产的潜在损失促使债权人收回其出借的资金,引发金融资产变卖的浪潮,导致金融资产价格在极短时间内非线性下跌,金融资产价值大幅缩水,引发更大的卖压,导致金融资产价格进一步下跌,变卖资产的压力和金融资产价格下跌形成恶性循环。

明斯基时刻也就是金融危机爆发的时刻。

(二)金德尔伯格抽象的金融危机机理

历史上爆发的金融危机各自有其特定的环境,不同危机差异巨大,应据此分解为不同的类型,并描述不同类型危机的特点。这种看法只能采取对金融危机进行个案研究。另外一种方法是,从环境和类型差异巨大的金融危机提取出共性的特征,建立一个抽象的模型统领表现迥异的各种类型的金融危机。

金德尔伯格借鉴明斯基的研究,根据金融危机发展的过程抽象出一个金融危机模型,用于统领对金融危机史的研究,包括外部冲击、投机过热、信贷扩张推波助澜、欺诈出现蔓延、转折崩溃等五个阶段。

1. 外部冲击

明斯基称外部冲击为"错位",包括发明创造、新产品新市场、战争爆发或结束,以及货币流入或扩张等,不管外部冲击以哪种形式出现,只要"规模足够大,影响足够广泛",经济中某一个部门产品价格就会上涨,新出现盈利机会吸引资本进入该部门,造成该部门以及与之相关部门的投资增长,金融资产价格上升。

当外部冲击"规模足够大"时,其对整体经济的促进作用会大于萎缩和亏损部门的拖累,整体来看,投资和生产都会上升,经济走向繁荣。

2. 投机过热

投机是为了卖而买的买卖行为,收益来源于卖出价与买入价之间的差额;投资是从买入资产产生的现金流获得收益的买卖行为。

当外部冲击造成某一经济部门利润增加,金融资产价格上涨,以某一价格买入后可以更高的价格卖出,这就产生了套利空间。当有人投机成功,就会带动其他人加入投机行列。当越多的投机者从投机中赚到钱,更多的人就会被吸引到投机者行列中[①],推动该部门价格进一步上涨、投资进一步增加。

接下来,与该部门相关部门的价格会随之上涨,吸引投机者进入,其投资也会增加;随着价格上涨不断向相关部门以及相关部门的相关部门蔓延,投机也会随之蔓延。相关部门的相关部门的投资随后都会增长,价格也会不断上涨……,依此类推,经济大部分部门都会被卷入到投机浪潮中,价格随之普遍上涨。

这就形成了一个部门的投机过热向所有相关部门蔓延的传导过程。

3. 信贷扩张推波助澜

金德尔伯格认为,明斯基模型中一个不可或缺的重要角色是银行,银行信用扩张是经济繁荣的最主要推动力量。

没有银行信贷的扩张,一个部门的繁荣不可能蔓延到其他部门,甚至不可能持续下去。因为当一个部门繁荣到一定程度,且银行信贷不随之增加,该部门吸收的信用数量就会减少其他部门的信用数量,由市场供需关系决定的利率会提高,对其他部门造成抑制作用,价格不能上涨,投资不能增加,投机不会出现。

实际的情况是,当受外部冲击部门进入繁荣周期时,银行会主动提供信贷,因为该部门的繁荣为银行提供了低风险获利的机会,任何银行都不可能放弃这样的机会。后知后觉的银行丧失了进入该部门获利的机会,会继而寻求进入该部门的相关部门、甚至相关部门的相关部门的机会,以此类推,银行信贷也会逐步蔓延到主要经济部门。

中央银行会提供准备金配合商业银行创造信贷的过程。当商业银行创造的信贷接近其法定准备金制约时,就丧失进一步创造信贷的空间,利率会出现上升的压力,抑制经济增长。中央银行要么接受利率上升和经济回落,要么提供新增准备金,扩大商业银行创造信贷的空间。在通常情况下,中央银行都会选择后者。

在中央银行和商业银行共同作用下,信贷规模会持续扩张,金融资产价格不断上涨,获得丰厚回报的投机者吸引新投机者源源不断地加入投机行情中,金融资产价格进一步上涨。

4. 欺诈出现和蔓延

当价格上涨和营收改善从受外部冲击部门向整体经济扩散,投资就能盈利的现象会使所有类型的借款人都能获得信贷,同时,不管能不能依靠业务经营获得现金流量偿还借款本息,借款人也都会愿意借款。

在这种背景下,信贷市场上不再以套期保值借款人为主,投机性借款人和庞氏借款人逐渐成为主体。信贷市场上,欺诈行为从个别演变成普遍,从被动演变成主动。不具有以未来营收偿还本息能力的借款人不断累积,累积的规模越大,造成的损失越大。

5. 转折崩溃

音乐总有停下的一刻。

---

① 金德尔伯格引用了一句话形象生动地反映了人的心理:"没有什么事比眼看着一个朋友变富更困扰人们的头脑与判断力了。"与其将因别人投机变富而加入投机归类为学习,不如归类为诱惑。

当音乐停下,投资者赫然发现金融资产价格远远偏离基本面,债务水平无论如何都不可能由未来营收偿还。为了尽可能保住本金,人们会争先恐后卖出资产,羊群效应开始起作用,金融资产价格下跌,资产净值减少,资产与负债(负债数额不随价格下跌而减少,是不变的)失衡,需要变卖更多资产才能填平债务窟窿,金融资产进一步变卖导致金融资产价格进一步下跌,这就进入资产价格下跌与资产变卖相互加强的正反馈作用机制。

一旦进入正反馈下降通道,弱者愈弱的马太效应就会起作用,造成金融资产价格不断下跌、金融资产净值不断减小、价格不断下降、失业不断增加、大量厂房和设备闲置,造成资源的极大浪费。金融危机是毁灭财富的恶魔。

即使中央银行行使最后贷款人的职责,向银行系统注入流通性,增加银行系统准备金,但信心一经毁灭,要想重新振作,必须经历惨烈的资产价格下跌和财富毁灭,直到风险全部释放。不经历长时间的萧条,由萧条淘汰不具竞争力的企业和产业,银行就无法辨别何类产业、哪些企业是套期保值借款人;没有银行信贷的支持,经济难以回升和繁荣;经由萧条这种客观形势淘汰之后,银行才有能力辨别,才会提供信贷支持。

在不同时代的不同国家,金融危机各有起因,类型各有不同,每种类型各有特征。有些国家克服了危机,走向了更高的发展水平;有些国家尽管也克服了危机,但经济原地踏步不前;还有些国家最终没有克服危机,经济滑落到更低水平。明斯基-金德尔伯格模型尽管存在缺陷,但从金融危机爆发的过程抽象出完整的阶段以及每个阶段的影响因素,对于认识金融危机的发展和历程是有益的。

第三节 金融危机的案例

金融危机的类型不同,特征必然不同,治理方略自然不同。

一、金融危机的类型

根据不同的标准,金融危机的分类也各不相同。

(一)以金融危机的覆盖区域划分

根据金融危机覆盖、影响的区域,金融危机可分为国内金融危机、区域金融危机和全球金融危机三种类型。

国内金融危机,是指影响仅限于一国金融市场或金融部门的金融危机。

区域金融危机,是指一国爆发的金融危机影响波及与之联系密切国家的金融危机。

全球金融危机,是指一国爆发的金融危机传染到全球所有国家的金融危机。

(二)以金融危机的性质划分

根据金融危机的性质和内容,金融危机可分为货币市场危机、资本市场危机、政府债务危机、金融机构危机和综合性金融危机。

货币市场危机,是指在实行固定汇率制度的国家,由于货币的对内价值和对外价值背离脱节导致本币汇率高估,并引发外汇市场上投机冲击,最终导致本国货币大幅贬值的危机。

资本市场危机,是指一国资本市场上,资产价格在短期内大幅下降,引发金融资产抛售及企业个人资产净值大幅下降,影响经济稳定的危机。

政府债务危机,是指一国政府财政赤字超出合理限额,依靠未来税收和进一步举债也无法偿还累积的本息,导致政府债务出现违约风险,并引发金融资产价格大幅下跌的危机。

金融机构危机,是指金融机构因经营不善出现巨额亏损或出现大量不良债权,导致金融机构支付困难乃至破产倒闭,并通过连锁反应传染给其他金融机构,最终导致金融资产价格在短期内大幅下降的危机。

综合性金融危机,是指货币市场危机、资本市场危机、政府债务危机和金融机构危机中同时发生两个及以上的危机。大部分金融危机都会横跨几个市场,属于综合性金融危机。

(三)以金融危机对金融系统的影响划分

根据金融危机是否会危及金融系统的稳定和安全,金融危机可分为系统性金融危机和非系统性金融危机。

系统性金融危机,是指由系统性风险引发的,影响所有金融市场稳定和金融资产价格的,危及一国金融系统甚至世界金融系统安全与稳定的金融危机。

非系统性金融危机,是指由非系统性风险引发的,影响局限于特定的金融市场或金融部门,一般不会危及一国金融系统安全与稳定的金融危机。

二、金融危机的案例

这里介绍影响深远的金融危机,包括密西西比泡沫、南海泡沫、1929—1933年大萧条、美元危机、拉美债务危机、日本危机、东南亚金融危机和2008年美国金融危机。

(一)密西西比泡沫和南海泡沫

密西西比泡沫发生在法国,南海泡沫发生在英国。两者时间很接近,密西西比泡沫稍早,南海泡沫稍晚。起因都是西班牙王位继承战争,英国是战争中得益的一方,法国是战争中受损的一方。不管得益还是受损,战争使英法两国的政府债务都过于巨大,难以通过税收偿还。

英法两国偿还战争债务的思路类似。

1. 密西西比泡沫

约翰·劳在1716年创建了通用银行,总股本1 200股,每股5 000里弗尔,其中以硬币支付25%,其余以国债支付,国债的市场价格只是面值的60%—70%,因此资本金远不足600万里弗尔的法定数额。通用银行获得接受存款、贴现票据及以硬币为支持发行银行券的资格。1718年,在劳的坚持下,通用银行国有化并更名为皇家银行,其发行纸币不再受金属货币的制约。

在1717年8月,约翰·劳买下了密西西比公司,该公司拥有在路易斯安那的贸易特许权和在加拿大的皮货贸易垄断权,发行股票获取资本金,并为政府融资提供平台。接下来,劳就开始以密西西比公司和皇家银行为枢纽实施债转股计划。

第一步,政府向政府债券持有者发行代币券置换其持有的国债,并要求将代币券进一步置换成硬币、皇家银行的银行券或者新发行的密西西比公司的股票。到1719年9月,密西西比公司以每股5 000里弗尔的价格发行了300 000股股票,成功融资15亿里弗尔,已经完成了预定目标。

第二步,要吸引持有者将其固定收益的国债转换为浮动收益的密西西比公司股票,就要确保从股票获得的收益包括分红和资本利得高于国债收益。除了操纵国债收益从4.5%下降到3%,劳成功地将皇家银行和密西西比公司嵌入到政府融资流程,改变了政府融资机制。

在新的政府融资机制中,皇家银行和密西西比公司作为一致行动人居于中枢。密西西比公司以三方面业务收入——商业收入、税收和国债利息为基础向公众发行股票,然后将其获得的资金为政府提供融资。皇家银行扮演超级银行的角色,向购买密西西比公司股票的公众提供融资、向密西西比公司提供融资、为政府提供融资、发行银行券支持股票价格。由此,劳构建了一个没有负债的完美的融资平台[①]。

第三步,密西西比公司不断地制造利好推升股价,密西西比公司收购了北非贸易公司、塞内加尔贸易公司(拥有与印度和中国贸易的特许权,由此更名为印度公司)、皇家铸币厂(拥有了铸币业务),获得了征收间接税和直接税的权力,甚至成为国债的唯一代理商,发展成为一家超级公司。每增加一笔新业务,股价就上升一波。

第四步,为了支持股价上涨,皇家银行大肆增发银行券,从1719年8月底到12月底,银行券增加了92%。为了增加对皇家银行纸币的需求,法国政府发布禁令,禁止使用金属铸币,将皇家银行纸币上升为法偿货币。

在皇家银行的银行券支持下,密西西比公司股价在短短半年时间内,从面值500里弗尔,到1719年年底上升到最高18 000里弗尔。皇家银行和密西西比公司不堪重负,劳又开始推行减少货币数量、降低股票价格的计划,导致密西西比公司股价崩盘,到1720年9月跌到2 000里弗尔,到12月2日跌到1 000里弗尔,1721年9月跌到500里弗尔,回到1719年开始大幅上涨的价格(见图10-1)。

密西西比公司泡沫破裂极大地打击了公众对法国的银行业、纸币和信用体系的信心,促使法国人重新回归铸币交易结算,造成了严重的通货紧缩。密西西比泡沫中,法国政府是最大的受益方,成功地解脱了债务枷锁;法国的权贵以摄政王奥尔良公爵为代表,在低价时买入密西西比公司股票,在几乎最高点套现离场,也是受益者;而广大民众,作为皇家银行发行的银行券和密西西比公司股票的持有者是最大的受害方,很多人倾家荡产、一贫如洗。

2. 南海泡沫

南海泡沫是英格兰版本的密西西比泡沫,思路、机制几乎如出一辙。密西西比泡沫中,中枢是皇家银行和密西西比公司;在南海泡沫中,中枢是剑刃银行和南海公司;目标都是解决政府难以承受的债务;劳开创的分期付款这种增加股票需求、推升股票价格的创新,南海公司也原样照搬。

泡沫从1720年3月开始形成,南海公司股价从不足200英镑一路上涨,到1720年8月

---

① Cihan Bilgionsoy. *A History of Financial Crises*. Routledge, 1995, p.45.

图 10-1　密西西比公司股票价格（日）

说明：1. 图表摘自 Cihan Bilgionsoy. *A History of Financial Crises*. Routeledge，1995，p.44.
2. Livres 是当时法国的货币单位，其译名为利弗尔。
3. 1719 年 5 月中旬，密西西比公司股票价格为 450 利弗尔。

最高上涨到 1 000 英镑。随后，在英国国会通过了《泡沫法》取缔另外 86 家股份公司以保护南海公司时，股价开始大跌，到 1720 年 9 月底跌到 200 英镑以下。在短短的半年之内，经历了泡沫膨胀到泡沫破裂的整个过程（如图 10-2 和图 10-3）。现代物理学奠基人牛顿也经历了从幸福到悲惨的过程。

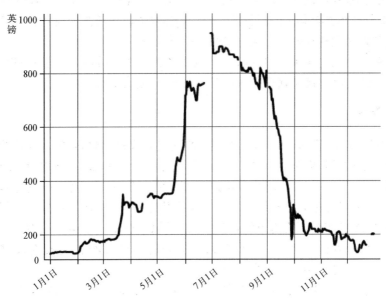

图 10-2　1720 年南海公司股票价格（日）

说明：图表摘自 Cihan Bilgionsoy. *A History of Financial Crises*. Routeledge，1995，p.60.

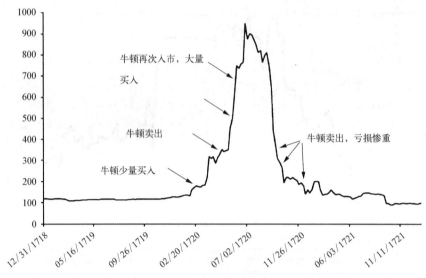

图 10-3　牛顿买卖南海公司股票的时点（1718 年 12 月—1721 年 12 月）

说明：图表来自 Marc Faber：《Gloom Boom and Doom》。Andrew Odlyzko 在 *Newton's Fiancial Misadventures in the South Sea Bubble* 一文中搜集了牛顿的信件，表明牛顿在 1717 年已拥有 10 000 英镑南海公司股票；在 1720 年 4 月 19 日只剩下 3 000 英镑南海公司股票；1720 年 12 月 25 日拥有超过 10 000 英镑南海公司股票。牛顿的确在南海公司泡沫中损失惨重。

3. 债转股注定是泡沫

密西西比公司和南海公司分别是法国和英国债转股的枢纽，而债转股成功的必要条件是股票的浮动收益高于国债的固定收益，股票的固定收益由分红和资本利得即买卖价差组成。除非分红足够高，否则股价持续上涨是确保股票的浮动收益高于国债的固定收益的唯一可能。如果分红确实能高于国债利息，政府垄断相关业务获得的收入偿还债务之后还有余额，也就不会选择债转股这种互换方式解决债务困境。

换言之，密西西比泡沫和南海泡沫对应的债转股方案，在最初就是一场骗局，制造各种因素推动股价上涨，由于缺少真实业务和真实收入，注定会失败。

（二）大萧条

大萧条是指 1929—1933 年席卷全球的金融危机和经济危机，是第二次世界大战前最为严重的世界性经济衰退，也是 1600 年以来持续时间最长、影响最广、强度最大的经济衰退。

大萧条起始于 1929 年 10 月 29 日美国股市的突然崩盘，是著名的"黑色星期二"，是在经济各项指标几乎都处在历史最好水平的一片乐观氛围中突然爆发的。只有像巴布森这样的少数人提前发出股市会下跌的预警，但也不过预期道琼斯指数会下跌 60—80 点，实际上下跌了 340 点，跌幅高达 89%，从开始下跌到见底的持续时间更是长达 32 个月，一直到 1932 年 7 月跌到 41 点才见底（见图 10-4）。

大萧条造成了严重的失业，产出急剧下滑。美国的失业人口总数达到了 830 万，英国的失业人口在 500 万—700 万人，大萧条期间有 200 万—400 万中学生中途辍学，许多人因悲观失望而自杀。

图 10-4　1929—1933 年大萧条期间的道琼斯指数

大萧条从美国传播到全世界,造成世界性经济和金融危机,造成世界性产出下降、就业减少、物价下降、国际贸易萎缩(如表 10-1)。

表 10-1　大萧条期间主要国家的经济表现

	美　国	英　国	法　国	德　国
工业产值	−46%	−23%	−24%	−41%
批发价格	−32%	−33%	−34%	−29%
对外贸易	−70%	−60%	−54%	−61%
失业率	+607%	+129%	+214%	+232%

大萧条最初可能真如巴布森所说,是股市上涨幅度过大的正常回调。然而,在各种因素包括经济货币制度和政策失误的共同作用下,演变成一场人类经济史上少有的大浩劫。

经济货币制度:美国坚持政府不干预经济的执念及金本位制度。

政策失误:1930 年 6 月 7 日,胡佛总统不顾劝阻,签署了《斯姆特-霍利关税法》,道琼斯指数从前一个交易日的 263.93 点下降到 250.78 点,交易量从 216 万股放大到 465 万股,陷入新一轮下跌。很多经济学家相信,《斯姆特-霍利关税法》使美国和全球经济深受伤害,是美国股市反弹夭折,并陷入更深下跌的关键因素。

米尔顿·弗里德曼认为股市最初只是正常的下跌,美联储没有认识清楚货币与经济和股市的关系,货币政策力度不足导致货币供应量 M2 在 1929—1933 年缩减了 1/3,普通的衰退演变成大萧条。同时,美国纽约银行等大型银行陷入破产倒闭困境时,美联储袖手旁观导致大量银行陷入挤兑浪潮和倒闭,导致 M2 大幅度减少。

美联储货币政策不作为,是因为美联储向金融体系注入流动性的能力受制于《联邦储备条例》,该条例要求联邦储备券要有 40% 的黄金支持。在大萧条期间,美联储向金融体系提供的信用额度已经达到了持有黄金的许可上限,当美联储用其储备的黄金偿还即期票据,美联储持有的黄金数量减少必然导致其为金融体系提供的信用减少,从金融体系抽走信用又会进一步减少货币供给量,推动股市继续下跌,经济活动继续萎缩。

富兰克林·罗斯福总统就职之后,取消了民间持有金币和金锭的合法性,减少了兑换美联储黄金储备的压力;施行美元贬值政策,美元对黄金大幅贬值 70%;前一项政策稳定了美联储的黄金储备,后一项政策则扩大了美元的信用基础,为大规模信用扩张创造了条件(见图 10-5)。

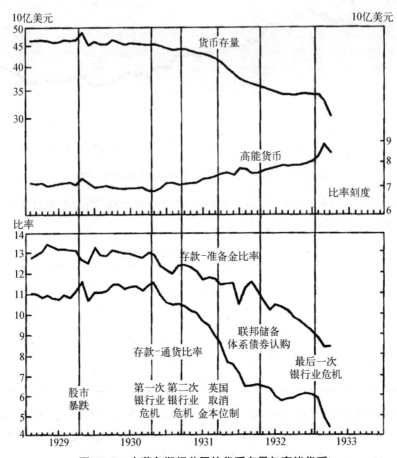

图 10-5 大萧条期间美国的货币存量与高能货币

说明:资料来自弗里德曼、施瓦茨:《美国货币史》,北京大学出版社,2009 年,第 234 页。

(三) 美元危机

从 1960 年年初到 1980 年,美元一共发生了 5 次危机。下面是五次危机的大致情况。

第一次美元危机:1960 年 10 月,美国的黄金储备由战后的 400 多亿美元降至 178 亿美元,而短期外债却高达 210 亿美元。由于黄金储备已不足偿还债务,市场对美元信誉发生动摇,因此出现世界性大规模抛售美元、抢购黄金的风潮,抛售的主要力量是美国的盟国。

第二次美元危机:1968 年 3 月,美国的黄金储备进一步下降至 121 亿美元,而短期外债上升到 331 亿美元,国际金融市场上再次掀起抛售美元抢购黄金的风潮。金价迅速上涨,黄金总库大量抛售黄金,从 1967 年 10 月至 1968 年 3 月共损失黄金 34.6 亿元。各国转向美国兑换黄金以弥补损失。

第三次美元危机:第三次美元危机持续的时间较长,有人因此认为是两次危机,本质上都是因为美元与黄金脱钩造成,因此应该算作一次。1971 年 8 月 15 日美国政府宣布,停止外国中央银行用美元按黄金官价向美国兑换黄金。8月18日宣布美元对黄金贬值7.89%。1973年1月,大量美元在欧洲被抛售。1973年2月2日,美国政府宣布美元对黄金贬值,幅度为10%。布雷顿森林货币体系彻底崩溃。

第四次美元危机:在1977年9月到1978年10月这1年多的时间里,油价不断上涨,加之经济的增长乏力,美国对外贸易由顺差滑入逆差境地,美元对主要货币汇率贬值超过16%。美元疲软导致进口价格大幅攀升,通货膨胀率从原来的6%跃升到了8%以上,到1979年年底,通胀率更是进一步上升到了10%的水平。

美元危机的本质是美元/黄金比价固定前提下的美元超额发行。为了遏制经济下滑,不断推行宽松的货币政策,是通行做法,但将美元与黄金挂钩,比价不变,就会造成货币危机,其机制为:当美元与黄金挂钩时,表现为黄金外流。在布雷顿森林体系下,美元与黄金按照1盎司黄金:35美元的固定比例兑换。美联储发行的美元数量超过了市场需求,美国就会出现贸易逆差,其他国家则必然是贸易顺差,其他国家积累的美元就会用来兑换美国的黄金,最典型的就是法国总统戴高乐兑换了大量黄金,从而迫使美国关闭黄金窗口。

当美元超额发行时,美国国内的通货膨胀升高,在固定汇率制下,美国出口品的竞争力会被削弱,出口小于进口,美元外流,需要继续增加美元投放以满足美国国内对美元的需求,进一步恶化美国的通货膨胀和经常项目,不断累积的结果就是美元超额投放越来越多,在美元贬值压力的作用下,美元贬值预期形成,投机导致美国的黄金不断外流。

面对这种情形,美国货币当局最初创造出货币互换等方式获得其他主要国家货币额度,并与主要西方国家联手干预外汇市场,但最终依然敌不过经济规律和市场力量,每一次干预都积累了为下一次做空美元的能量,最终美国不堪重负,于1971年8月15日彻底断绝了与黄金的挂钩,从黄金枷锁中解脱出来。

(四)拉美债务危机

拉美债务危机是对"拉美奇迹"的证伪。二战后,拉美国家实行进口替代工业化战略,20世纪50年代中期到60年代,拉美国家工业年均增长8%以上,GDP年均增长6.5%,人均GDP在短短的10多年里就从400多美元提升到1000多美元,被誉为"拉美奇迹"。

为了维持经济增长,拉美国家开始举借外债。美国银行业普遍接受"主权国家永不破产"的荒唐理念。拉美各国有举借外债的需求,西方银行业有供给贷款的意愿。两相结合,拉美国家开始走上依靠持续举借外债发展经济的道路。1970年拉美国家外债总额大约212亿美元,到1982年增长到3153亿美元,超过1500亿美元债务投向不具有生产能力的公共领域(政府支出,必然是政府举债),一半以上是由西方国家商业银行提供的贷款(见表10-2)。

20世纪80年代初期,为了治理恶性通货膨胀,美联储大幅提高利率,LIBOR在1980年、1981年和1982年平均达到11.6%、18.9%和15.3%的高点。拉美国家举借的外债大部分是浮动利率贷款,利率提高极大地加重了拉美国家的利息负担,出口额/本息偿付额大于30%。1982年8月,墨西哥宣布无力偿还外债,此后玻利维亚、厄瓜多尔、阿根廷、巴西、委内瑞拉等国纷纷停止偿还外债,拉美危机全面爆发。

拉美债务危机是比较典型的债务危机,举借的债务规模远超过偿还能力。国家固然永不破产,但国家也是不具有生产能力的偿债实体。当经常项目出现持续的逆差时,无法偿还债务导致危机的"明斯基时刻"总会降临。

表 10-2 1980 年拉美国家偿债能力

国家	国际收支	经常项目差额/GDP 1980 年
秘鲁		−0.5
哥伦比亚		−0.6
巴西		−5.5
智利		−7.1
委内瑞拉		6.8
墨西哥		−5.3
阿根廷		−6.3

(五) 日本金融危机

1985 年，以美国为首的西方国家与日本签署广场协议，日元汇率从协议之前的 1 美元兑 240 日元升值到 1 美元兑 160 日元(1986 年 5 月)，随后又在美国的压力下进一步升值到 1 美元兑 120 日元(1988 年初)。由于日元汇率受日本政府强力干预，日元升值是渐进的过程，1986—1995 年几乎是单边升值过程，为国际资本投机和套利提供了稳定的汇率背景。大量国际资本涌入日本，推升日本的股市和地价。

日元升值的同时，美国还对日本发起全方位的贸易战，日本出口企业受到巨大打击，出现产能过剩，投资趋缓；这又引致其他类型企业产能过剩，投资趋缓，造成整个日本制造业利润下降，投资减少，经济增速受到极大影响。为了避免经济陷入衰退，日本中央银行把贴现率从 1986 年的 5%降到 1989 年的 2.5%，货币储备金和广义货币 M2 和 M3 都持续增加(见图 10-6 和图 10-7)。

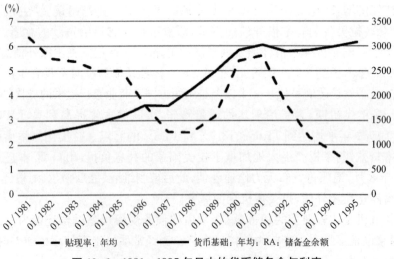

图 10-6 1981—1995 年日本的货币储备金与利率

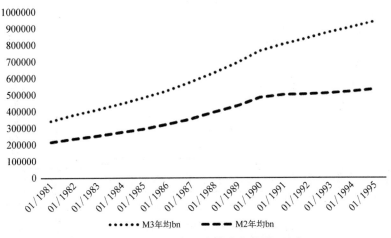

图 10-7　1981—1995 年日本的广义货币 M2 与 M3

不断下降的利率和不断增加的货币推升了股市和房地产。以 1981 年为 100，日本的地价指数最高为 290，日经指数最高为 457[①]，名义 GDP 的指数上涨的幅度最小，新增信用主要流入股市和房地产市场。

日本金融泡沫的破裂从日本银行加息开始。由于信用扩张过于迅猛，通货膨胀压力变大，日本央行 1989 年 5 月将贴现率从 2.5％ 提高到 3.25％，10 月提高到 3.75％，12 月提高到 4.25％，1990 年 3 月提高到 5.25％，8 月提高到 6％，15 个月加息 3.5％，极其迅捷猛烈。

迅猛加息造成的后果是，日经指数从最高 38 916 点持续下跌，到 1990 年 9 月下跌到 20 983 点，随后尽管有反弹，但却一直到 2003 年 3—4 月跌破 8 000 点才真正止跌，跌幅高达 80％；地价也跟随逐年下跌，到 2006 年已经跌回到 1982 年的水平；然而，神奇之处是，尽管房地产泡沫和股市泡沫破裂，跌幅巨大，但日本的 GDP 相当平稳，尽管经历了近 20 年的 0 增长，但却没有出现大幅滑落，堪称危机中的奇迹（见图 10-8 和图 10-9）。

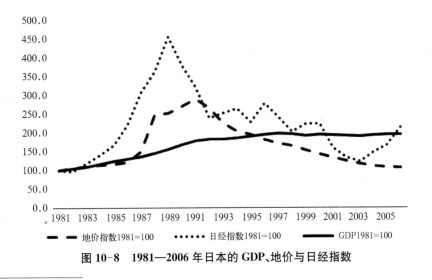

图 10-8　1981—2006 年日本的 GDP、地价与日经指数

---

① 日经指数和地价指数都是年均数据，因此若按日经指数最高点 38 915.87（1989 年 12 月）计算，涨幅更大，为 516。

图 10-9　1981—2006 年日本的贴现率

(六) 东南亚金融危机

东南亚金融危机是 1997—1998 年首先在泰国爆发，随后波及马来西亚、菲律宾和印度尼西亚以及整个东南亚和东北亚包括韩国和日本在内的货币危机，相关国家的货币大幅贬值，股市暴跌。东南亚金融危机的本质依然是债务问题。表 10-3 是金融危机爆发前一年的外债情况。

表 10-3　1996 年东南亚四小虎的外债情况

国家	外债总额（亿美元）	短期债务			
		总额（亿美元）	占外债总额比例(%)	占 GDP 比例(%)	占外汇储备比例(%)
泰　国	978	681	69.6	41.8	230.1
菲律宾	149	89.4	60	10.8	92.2
马来西亚	309	145.2	45	14.8	76
印　尼	572	395.5	62.8	16.6	188.2

泰国的经济指标最差，不只是外债的相对规模大，存在偿付问题；国内债务，以贷款为主要形式的公司债务占 GDP 的比例达到 150%，并且超过 14% 的全部金融公司贷款约 155 亿泰铢是坏账[1]；大量资本流入房地产这种不可贸易品部门，以曼谷为例，1996 年新增 600 000 平方米办公楼，1997 年预计还要新增 900 000 平方米办公大楼，这些投资的回报率因为房地产供给过剩而被压低，存在极大的风险[2]。因此，泰国发生危机只是时间早晚问题，唯一的问题就是危机何时引爆。

日元大幅升值之后的大幅贬值成为压垮骆驼的最后一根稻草，导致泰国本已经恶化的进出口进一步恶化。1995 年 4 月日元升值到历史最高 1 美元兑 79.8 日元后开始贬值，1996 年初突破 100 日元整数大关，1997 年初突破 120 日元，最高贬值到 147.66 日元（见图 10-10）。

---

[1] 卡拉姆·亨德森：《亚洲在衰落？》，机械工业出版社，1998 年，第 80 页。
[2] 同上，第 78 页。

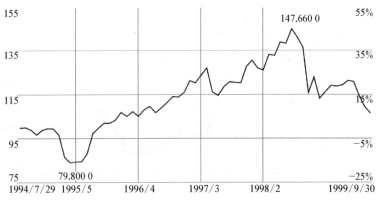

图 10-10　1994—1999 年日元/美元汇率

随着日元贬值,而泰铢实行钉住美元汇率制度,导致泰国的实际汇率不断升值,以 1990 年为 100,1995 年升值到 110.7,1996 年进一步升值到 113。当 1996 年泰国的贸易逆差从前一年的 80 亿美元进一步提高到 105 亿美元,危机就酝酿成熟了。

自 1997 年 2 月起,国际投机资本就开始尝试做空泰铢,经历了几个来回的拉锯战后,泰国政府终于无法承受高利率带来的压力,于 1997 年 7 月 2 日宣布泰铢贬值 20%,1997 年 7 月 11 日、7 月 14 日和 8 月 14 日,菲律宾、马来西亚和印度尼西亚分别放弃各自货币比索、林吉特和印尼盾钉住美元的汇率制度,东南亚金融危机全面爆发。

此后更进一步蔓延到韩国和日本,1997 年 11 月 17 日,韩元跌破 1 美元兑 1 000 韩元关口;1997 年 11 月 24 日,日本四大证券商之一的山一证券破产倒闭。

东南亚金融危机期间,相关国家货币贬值幅度达到 30%—50%,印尼盾贬值幅度更是高达 70%;同期,相关国家股市跌幅在 30%—60%,汇市和股市下跌给东南亚国家和地区造成的经济损失超过 1 000 亿美元。东亚地区长期实行的出口导向型发展战略受到质疑,而以日本为头雁的四小龙紧随其后以四小虎为雁尾的雁形经济增长格局宣告破产。

(七) 美国金融危机

2008 年美国金融危机是由次贷危机引发的。次贷危机是美国金融机构向信贷记录不佳的购房人提供的按揭贷款因美联储连续加息导致利率飙升而无法按期偿还本息导致与次贷相关的金融产品价格下跌,进而引发金融机构破产倒闭、股市大幅下跌,造成金融系统丧失其主要功能的一系列事件的总和。

根据贷款对象的信用等级,美国贷款市场分为优质贷款市场(信用分数高于 660 分,对应着收入稳定、债务资产比合理的客户)、次优级贷款市场(信用分数在 620—660 分,对应着信用记录良好,但缺少存款、资产和稳定收入的合法证明文件的客户),以及次级贷款市场(信用分数低于 620 分,缺少收入证明、无力偿还本息的客户)。

次级贷款客户主要包括受教育程度低下者、少数族裔、新移民、职业不稳定者和房地产投机者,这一群体不具备贷款资格,本来不应该是贷款对象。

为应对互联网泡沫破裂和"911 恐怖袭击事件"的冲击,美联储持续降低联邦基金利率,到 2003 年 7 月降到 1% 的历史最低点,并长时间维持在 2% 以下(见图 10-11)。

低利率政策降低了金融资产的收益率,次级贷款客户原本不应该获得贷款,收益率降低

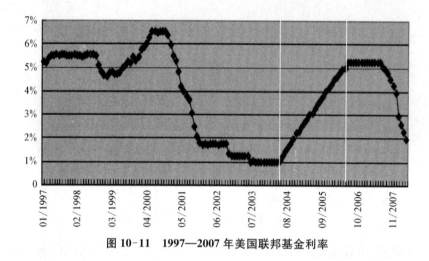

图 10-11 1997—2007 年美国联邦基金利率

使次级贷款客户也成为金融机构争夺的对象,大量次级贷款客户进入房地产市场,2001—2006 年次级贷款规模分别为 1 200 亿美元、1 850 亿美元、3 100 亿美元、5 300 亿美元、6 250 亿美元和 6 000 亿美元规模,短短 5 年时间,规模翻了两番,这推动房地产价格上涨大幅偏离其长期趋势线。

图 10-12 是诺贝尔经济学奖得主罗伯特·席勒绘制的百余年来美国房价上涨、通货膨胀、人口与利率的走势。1880 年以来,美国只出现了两次房价大幅上涨,第一波是二战胜利之后,第二波是 1997—2007 年,房价上涨大幅偏离其历史趋势。

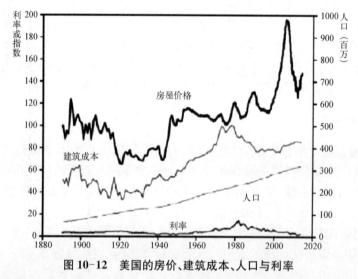

图 10-12 美国的房价、建筑成本、人口与利率

资料来源:Robert Shiller: *Irrational Exuberance*. Princeton Press,2015,p.50.

图 10-13 是 S&P/Case-Shiller 全美房价指数,经历了 20 世纪 90 年代初期的下跌之后,1997—2007 年房价进入指数式上涨阶段,如果说 2003 年之前房价上涨是经济增长造成的,2003 年之后的房价上涨,次级贷款大幅度增长功不可没。

住房抵押贷款的不同级别具有不同程度可预期的稳定现金流,房屋抵押贷款公司将抵押贷款汇集在一个贷款池,分割打包,变成在金融市场上可交易的证券,这就是房屋抵押贷

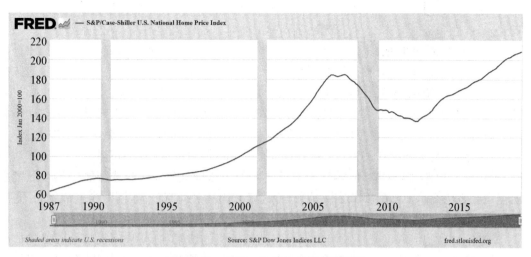

图 10-13　1987—2019 年美国房价指数

款支持债券(MBS)。在 MBS 基础上又衍生出担保债务权益(CDOs)，CDOs 是以某种证券池内的资产和未来现金流为抵押品发行的权益产品。CDOs 在对原有次级贷款池再分割的基础上，按还款先后次序，再次分级为高级和夹层级。2006 年，MBS 规模约为 4 000 亿美元，CDOs 约为 2 000 亿美元。

为了获得更高收益，金融机构通常采用高倍杠杆(通常 20—30 倍杠杆)操作，为了控制风险，金融机构特别是保险公司创造了信用违约互换(CDS)这种类似于保险的金融产品，当信用不违约时，金融机构因高杠杆获得高收益，保险公司获得保险费；当信用违约时，金融机构获得赔偿，保险公司即使赔付，也会因为大数法则能够保证收益稳定。由于金融机构可以稳赚不赔，CDS 市场规模很快扩张到 62 万亿美元，数百倍于 MBS 和 CDOs。

当次级贷款客户因为利率上升而违约，MBS 和 CDOs 就会出现违约，进而导致提供 CDS 的保险公司破产倒闭，在连锁效应的作用下，相关金融机构都会面临破产清算的局面。2008 年，作为 CDS 购买方的雷曼兄弟(Lehman Bro.)和作为 CDS 卖出方的美国保险集团(AIG)同时出现资不抵债面临破产清算的状态，AIG 被国有化逃过一劫，但雷曼兄弟倒闭引发次贷危机演变为全面金融危机。

三、金融危机的治理

金融危机基本上不能预防，通常只能在发生了之后采取措施治理。

(一) 金融危机不能预防

金融危机表现为金融资产价格急剧地非线性下跌，通常是金融资产泡沫破裂的结果。如果金融危机能够预防，那就意味着金融资产泡沫可以预防。

具有传奇色彩的美联储前主席阿兰·格林斯潘坚定地否定了泡沫可预防的看法。他认为，泡沫一直是"人类本性的一部分，人类的本性就是会把我们引向非理性的繁荣，这是不可持续的，会带来金融体系的崩塌，带来经济的衰退"。然而，并不能因为泡沫会对经济造成负面影响就否定泡沫、抑制泡沫，甚至主动捅破泡沫。

首先，泡沫有良性与劣性之分。良性泡沫有活跃经济、促进经济发展的作用，但人类还不能分辨良性和劣性泡沫，自然也无法辨别泡沫何时以及在何种条件下相互转化。

其次，人类并不知道泡沫是否都会破裂，是否良性泡沫不会破裂，只有劣性泡沫才会破裂，还是所有泡沫注定会破裂。如果所有泡沫注定都会破裂，人类还不知道哪种类型泡沫破裂会造成严重影响；如果只有劣性泡沫会破裂，由于人类还无法区分良性和劣性泡沫，主动捅破泡沫并非理性选择；人类也不知道主动捅破泡沫造成的负面冲击大还是泡沫被动破裂造成的负面冲击大。正是由于对泡沫及其影响认知不足，格林斯潘不主张主动捅破泡沫。

再次，泡沫与债务存在关系，但相互之间的关系不是确定的。在通常情况下，泡沫是由债务扩张和累积推动起来的，但泡沫与债务之间的关系极其复杂：泡沫膨胀固然会鼓励举债，但也会因为物价上涨而降低实际债务；泡沫破裂固然会抑制举债，同时会造成物价下降、经济活动沉闷，但名义债务规模却不会随之下降，这又会抬升债务压力。

资产泡沫在很大程度上是人们追求资本回报动机的结果和反映，回报高的资产估值必定比回报低的资产估值高，至于高多少合理，这应该是纯粹的市场机制作用的结果，强行干预予以改变，在消除一个问题的同时，或许会创造更大的问题。

格林斯潘一直坚持，与其主动捅破泡沫，不如让泡沫自我发展，货币政策应关注就业和物价指标，而不是资产泡沫。如果货币政策制造了泡沫，但却并没有恶化就业和物价，那就善意地忽略之；如果货币政策必须要抑制物价上涨和经济过热，若因此导致泡沫破裂，再制定政策进行应对。

金融资产泡沫不能预防，等同于金融危机不能预防。

(二) 不同国家金融危机的治理方案迥然不同

金融危机的本质都是债务规模远超相应资产的盈利能力，债务不可持续的结果是债务违约，进而导致金融机构破产倒闭以及金融资产价格非线性下跌。尽管本质相同，但金融危机的治理方案在不同时代是不同的，发生在不同国家也是不同的。

首先，大部分新兴市场国家爆发危机，不管最初爆发于银行部门还是货币部门，最终都演化为"孪生危机"——货币危机和债务危机。新兴市场国家要克服危机，就要获得以美元为代表的国际本位货币，这通常要由国际货币基金(东南亚诸国和希腊、俄罗斯等国)或美国提供(墨西哥)。国际货币基金组织通常要求受援助国必须采取紧缩性货币政策和财政政策，作为获得援助的条件，这又会使已经饱受危机摧残的经济更加雪上加霜，导致更进一步的经济衰退。国际货币基金组织恶化受援国经济状况的援助条件，受到很大质疑。

其次，经济实力比较强大的国家，以日本为代表的第二梯队国家遭遇的金融危机往往表现为银行危机，不是外债偿付能力危机，因此通常不需要国际货币基金组织和美国的援助。以日本为例，1990年前后日本国内金融资产泡沫和房地产泡沫破裂，日本政府投入巨额流动性以缓解金融泡沫破裂向实体经济的传导，宽松货币政策逻辑上应该会导致日元贬值，然而，在金融泡沫破裂前期，1990—1995年，日元从最低1美元兑160日元(1990年4月)升值到最高1美元兑79.8日元(1995年4月)，升值了接近1倍；从1995年4月开始，日元才进入贬值阶段，最低贬值到147.66点(1998年8月)，日元单边持续贬值是激发东南亚金融危机的直接原因。1990—1995年，日元升值源于日本的跨国企业将非日元资产兑换成日元资产，对日元需求增加，对其他货币需求减少；1995—1998年，日元贬值是货币政策持续性扩张的滞后反应,也是必然结果。

再次,作为货币体系的核心国家的美国,也是金融危机爆发频率最高的发达国家,在布雷顿森林体系下需要国际货币基金组织和其他发达国家的援助,特别提款权(SDR)与中央银行之间的货币互换都是为应对美元危机的金融创新。在布雷顿森林体系崩溃、美元自由浮动之后,美国财政部和美联储是应对金融危机的最核心机构,向金融市场注入不受任何数量限制的流动性是最主要政策手段。从根本上讲,美联储是国际金融市场最有实力的也是最终极的最后贷款人。

(三)宽松与紧缩背后的一致性

新兴市场国家爆发金融危机之后,通常需要实施紧缩性货币政策和财政政策,因为其需要偿还的外币债务远大于其出口创汇能力,汇率贬值并不足以改善出口创汇能力,只能向国际机构或外国政府寻求贷款才能度过国际收支失衡的危机。国际金融机构提供的贷款是美元或者欧元等国际货币,新兴市场国家获得国际货币的前提条件是有能力偿还克服金融危机的外币贷款,这只能依靠紧缩开支才能够省出来。

发达国家爆发的金融危机,不管美国还是其他发达国家,只要实行浮动汇率制,通常不会是国际收支失衡危机,而是资产收益不足以偿还债务的债务危机。克服债务危机的关键,是中央银行充当最后贷款人,向基本面良好但短期内缺乏偿付能力的企业或金融机构提供流动性支持。

可见,不管新兴市场国家还是发达国家,克服金融危机的本质都是获得流动性支持,即克服金融危机的手段具有一致性。

新兴市场国家与发达国家的区别在于,发达国家具有不受约束地创造广泛接受的本币的能力,即实施扩张性财政和货币政策;新兴市场国家的本币不具有广泛接受性,必须借入具有广泛接受性的国际货币,而借入国际货币的条件是具有偿还能力,偿还能力则来自于节省开支,这就是新兴市场国家实施紧缩性财政政策和货币政策的必要性所在。

本章小结

金融危机是金融脆弱性的显性化。金融脆弱性内生于金融业务的高杠杆,经济学家提出形成金融脆弱性的不同机制,包括明斯基的三类借款人转变机制、克瑞格的安全边际缩小机制、资产价格易变性机制、信息不对称机制。

金融危机如同美女,遭遇了能认出来,但没法给出明确的定义,其共同表现是价格(金融资产价格、非金融资产价格和一般价格)普遍的非线性下跌。金融危机的成因包括银行流动性不足造成挤兑危机、金融过度交易导致的市场崩盘危机、金融创新过度造成的危机、政府财政赤字造成的危机等。

明斯基描述了金融危机的演化过程,金德尔伯格将历史上影响巨大的金融危机与其结合,提出了金融危机五个演化阶段理论,从外部冲击到投机过热、信贷推波助澜,再到欺诈出现蔓延,最后到崩溃转折点出现。

根据分类标准,金融危机可划分为不同的类型。本章列举了密西西比泡沫、南海泡沫、大萧条、拉美债务危机、美元危机、日本房地产泡沫破裂危机、东南亚金融危机以及美国金融危机等主要金融危机,列举了其表现和特征。金融危机治理的举措及其特征包括:金融危机无法预防;不同金融危机的治理措施差异巨大;有些国家推行宽松政策,有些国家紧缩推行紧缩政策,本质都是提供流动性。

关键概念

金融脆弱性	金融危机	明斯基时刻	安全边际
摩根规则	马太效应	货币市场危机	资本市场危机
政府债务危机	金融机构危机	系统性金融危机	非系统性金融危机
金融资产价格正反馈效应			

问答与思考题

1. 简述明斯基"金融脆弱性"假说的内容。
2. 简述安全边际对金融脆弱性的影响。
3. 简述金融资产价格易变性与金融脆弱性的关系。
4. 简述信息不对称造成金融脆弱性的机制。
5. 金融危机有哪些特征?
6. 简述金融危机的成因。
7. 简述明斯基-金德尔伯格金融危机的形成机制。
8. 简述金融危机的类型并比较其异同。
9. 简述金融危机的治理措施。
10. 有些金融危机以宽松政策应对,有些却以紧缩政策应对,简述其中的差异及合理性。

第十一章
货币政策：目标与传导机制

货币政策是一个由工具、目标、规则和传导机制构成的系统。货币政策系统由货币制度决定，金银本位下的货币制度与信用货币本位下的货币制度，其内容存在根本性差异。本章所讲的货币政策，以现代信用货币本位为主，在某些地方会提及金银本位下的货币政策。

第一节 货币政策目标体系

货币政策目标是由最终目标、中介目标和操作目标构成的目标体系。

一、货币政策的最终目标

1946年美国国会通过一个法案确定了美联储的职责，包括充分就业、物价稳定和经济增长。随着经济开放程度的提高，又增加了一项职责——国际收支平衡。这是货币政策的分水岭，现代货币政策正式登台亮相。

（一）物价稳定

物价水平的持续显著上涨是通货膨胀，会使经济环境充满不确定性，干扰价格变化的信号效应，使价格机制失效，使消费者、企业和政府的决策陷于混乱的预期之下，降低资源跨期配置的有效性。

物价水平的持续下降是通货紧缩，会使货币相对于其他资产和产品升值，抑制消费和投资，导致经济下滑、经济萧条，乃至经济危机，造成生产性资产闲置，生产力被极大浪费。

物价稳定，指一般价格水平保持相对稳定，既不是持续显著上涨，也不是持续下跌，通货膨胀和通货紧缩都是不允许的。

各国中央银行均把物价稳定作为主要的货币政策目标。货币政策稳定物价的目标是维持总体物价水平相对稳定，避免物价水平普遍、持续和快速上涨或下跌，为宏观经济提供稳定的货币环境。

物价稳定既是目标，又是实现其他政策目标的工具。其理由在于，物价稳定"能够提供良好的货币和金融环境，从而有助于提高效率和长期增长"，因为它能够"使人们不用去关注难以预测的货币购买力的波动"，同时，"物价是市场经济传递消息的基本手段，因此噪声的增加会与高通胀一同侵蚀市场体系的效率"[①]。

稳定的物价发挥着稳定人们预期的作用，而稳定的预期又可以降低交易成本，因为不需

---

① 本·伯南克等：《通货膨胀目标制》，孙刚等译，东北财经大学出版社，2006年。

要考虑不确定的价格变化对交易造成的损失。当通胀预期不稳定时,交易成本极其巨大。

当货币政策最终目标之间存在冲突时,替代关系和权衡关系变得不稳定,要在目标之间作出选择时,物价稳定通常是货币政策最主要的目标。

(二) 就业稳定

较高的失业率会导致社会经济资源的闲置,同时会造成人们生活的困难,增加社会和政治危机出现的可能性。因此,各国政府一般都将就业稳定作为货币政策的主要目标之一。

就业稳定并非指劳动力的失业率为零。在任何社会中都无法避免两种失业:一种是摩擦性失业(Frictional Unemployment),即人们在变换工作(通常是寻找更好的工作)的间歇内的暂时性失业;另一种是自愿性失业,是指劳动者要求得到的实际工资超过了其边际生产率,或有就业机会但不愿接受该就业对应的工作条件而自愿放弃就业机会的失业。通常所说的就业稳定是指劳动力供需达到均衡的状态,这种均衡使得所有愿意就业的劳动者都能在较短的时间内找到适当的工作(也就是不存在非自愿的失业者),这种失业率被称为自然失业率(Natural Rate of Unemployment),或者非加速通货膨胀失业率(NAIRU)。

稳定物价尽管是货币政策最重要的目标,但只能当作框架,而不能成为规则[1]。因为充当最后贷款人、稳定经济是中央银行最重要的责任,需要发挥稳定经济的作用[2]。

当经济出现剧烈动荡,特别是金融危机造成的急剧经济下滑时,中央银行必须行使最后贷款人,甚至最后做市者的职能。

弗里德曼认为,美联储在1929—1933年的大危机期间的失职(没有发挥供应充足的货币的作用)是造成大萧条的最直接原因。2008年金融危机是美联储行使最后贷款人职责的一场社会实验。美联储通过大幅扩张其资产负债表向市场投放巨额的基础货币,以避免通货紧缩和经济萧条。

实际上,中央银行固然需要控制通货膨胀,但更在意通货紧缩。格林斯潘无论如何都要"杜绝其发生的可能性",即使造成泡沫也在所不惜。格林斯潘曾在美国国会作证时陈述了如下观点,"我们也许可能会促进泡沫的生成,或者造成某种通货膨胀式的繁荣,不过这些问题留待日后解决吧"。

由于中央银行无法判断经济向下波动是否会造成经济危机,通常会放松货币政策进行调节,熨平经济波动。最典型的就是格林斯潘看涨期权,每一次经济向下波动,华尔街都会预期美联储会降息,消除经济向下的风险。这样做固然能够将经济波动控制在很小的幅度内,同时却创造了巨额的信贷和货币,为金融危机埋下了伏笔。

(三) 经济增长

经济增长既可以指一国在一定时期内生产的商品和劳务总量的增加,也可以指一国生产商品和劳务能力的增长。相比而言,后者更加强调增长的长期性和动态效应。

一国生产能力即潜在产出的改善不可能通过货币政策实现。那是经济增长理论讨论的问题。但货币政策可以用来适度熨平经济波动,使经济波动的幅度变小,从而使经济运行更

---

[1] 本·伯南克等:《通货膨胀目标制》,孙刚等译,东北财经大学出版社,2006年。
[2] 格林斯潘称之为"风险管理"。

平稳。如果能够实现图 11-1 中曲线 2,那么货币政策是极为成功的。

然而,货币政策实践的结果往往是图 11-1 中曲线 3。大部分情况下,货币政策的确实现了熨平经济周期的目的,然而却使真正的经济问题始终无法通过一场衰退解决,比如淘汰落后产能,明确未来的技术进步的方向等。最终只能通过一次性的幅度较大的经济衰退,甚至经济和金融危机释放积累的问题。实际上,图 11-1 中曲线 1 尽管波幅相对较大,在短期是次优选择,但从长期来看或许是最优选择。因为它可以避免"货币政策过度"。

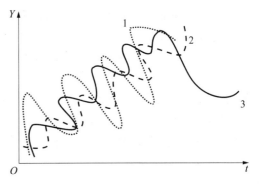

图 11-1 货币政策与经济增长

(四) 国际收支平衡

国际收支(Balance of Payment)是指一国与他国在一定时期内(通常为一年)各项经济交易的货币价值总和。保持国际收支平衡对于经济安全和增长具有极为重要的意义,因为无论国际收支是逆差还是顺差,都会给一国经济带来不利的影响。中央银行主要通过货币政策工具的使用,影响利率和汇率,进而对国际收支账户进行调节。

(五) 最终目标之间的关系

货币政策的最终目标有一致之处:经济增长为其他目标的实现提供物质基础,物价稳定是经济增长的前提,充分就业可以促进经济增长,国际收支平衡有利于其他目标的实现。

货币政策的最终目标之间也存在冲突,中央银行在选择货币政策目标时必须有所取舍。首先,菲利普斯曲线揭示了物价稳定与充分就业之间的矛盾,即当失业率下降时,通货膨胀率上升,两者此消彼长;其次,如果通过扩张性的货币政策推动经济增长,则货币供应量增加会导致物价水平上涨,激化物价稳定与经济增长之间的矛盾;再次,保持国际收支平衡的经济增长难度很大,因为经济增长会使进出口发生变化,不利于国际收支平衡的实现。

二、货币政策的中介目标

货币政策的中介目标,是中央银行能够以一定精确度实现的政策变量。以市场利率和货币供应量为主,在一定条件下,信贷量和汇率也可充当中介指标。

(一) 货币政策中介目标的策略思维

米什金用"货币政策策略"这一称谓指代货币政策中介目标。米什金指出:"所有国家货币政策策略的一个核心特征是,使用名义锚(Nominal Anchor,指货币政策制定者用来锁定物价水平的名义变量,例如通货膨胀率、汇率或者货币供给)作为中介指标(中间目标),以实现最终的货币政策目标,如物价稳定。"[①]

---

① 弗雷德里克·米什金:《货币金融学》(第 7 版),郑艳文译,中国人民大学出版社,2006 年。

货币政策策略是用来评估货币政策工具的效果,并使之保持在正确轨道上的名义锚,它是政策工具与最终目标之间的中间阶段,也是政策工具与最终目标之间的传递渠道,对于货币政策实施的效果发挥重要的保障作用。

货币政策策略与货币政策中间目标指的是同一种东西,但是从不同角度看待。之所以称之为货币政策策略,原因有二:一是货币政策策略是从选择名义锚的角度,而货币政策中间目标是从目标体系的角度;二是动态地考察货币政策中间目标的作用(中央银行选择中间目标时,会将其他市场主体包括个人和企业的可能反应考虑在内)是央行与个人及企业的博弈。

(二) 货币政策中介目标的选择标准

货币政策中介目标需要具备可测性、相关性和可控性。

可测性是指作为货币政策中介目标的变量,经济管理部门比如中央银行有能力对绝对量和相对量进行精确的统计。统计是认知的基础,可测性是统计的前提。

相关性是指不同的变量具有确定的相关关系。中介目标与操作目标和最终目标之间的相关关系(不管正相关还是负相关关系)应该是确定的、稳定的,是确定政策方向的前提。

可控性是指不同的变量具有稳定的相关程度。中介目标与操作目标和最终目标之间的相关程度都应该是稳定的,稳定才可控,可控才能确定政策的力度。

(三) 可供选择的货币政策中介目标

1. 货币供应量(中国等)

货币供应量作为货币政策中介目标的优点:货币供应量的变动与经济活动(总产出、就业水平、物价水平等)之间存在着高度相关性;货币供应量具有较强的可测性,因为无论是M1还是M2都反映在银行体系资产负债表中;根据货币供给方程式,在货币乘数稳定的条件下,中央银行通过控制基础货币间接影响货币供应量,且能够较为有效地抵抗外部冲击。

货币供应量作为货币政策中介目标的缺点:中央银行对货币供应量的控制不是绝对的,货币供给的外生性或内生性问题使得中央银行在选择货币供应量作为中介目标的时候有更多顾虑——当货币乘数不稳定时,货币层次增多加大了界定货币的难度,货币供应量的可控性降低;货币量传导到物价的环节多,环节多必然时滞长,不易确定政策力度,造成反应滞后;容易受到其他因素影响,特别是货币需求,其变化若不能及时查知,货币供应量作为中介目标就会造成极大偏差。

2. 利率(美国、英国等)

完全独立自主的货币政策隐含着类似于通货膨胀目标制的政策策略,只不过美联储从来没有明确说出,也从来没有直接承认。与此同时,通过各种方式让公众相信美联储最重要的目标就是控制通货膨胀,实现价格稳定。

利率作为货币政策中介目标的优点包括:利率与总产出之间存在高度相关性,中央银行能够通过控制利率影响投资和储蓄,影响经济总量;其次,中央银行几乎能够立即从市场中获得准确的利率数据,具有可测性;再次,中央银行可以在市场上买卖国债改变国债供求,对利率施加有力的控制,具有可控性。

利率作为货币政策中介目标的缺点:中央银行只能够控制名义利率,对经济运行具有实质性影响的却是预期实际利率——它等于名义利率减去预期通货膨胀率,这是中央银行无法控制的;利率对经济活动的影响依赖于市场主体对经济收益变动的敏感度,即货币需求的利率弹性,而货币需求的利率弹性受到很多宏观经济因素的影响,并非稳定不变。

3. 汇率(法国、意大利等欧盟国家;中国香港等)

当外汇市场不够发达或者规模不够,就没有办法吸收汇率波动对实体经济的冲击,必然影响价格和产出,完全忽视汇率的货币政策策略是不存在的,汇率即使不能单独作为中介目标,也是中央银行必须时刻关注的经济变量。

实行固定汇率制的国家,本质上就是把汇率设定为货币政策中介目标。其优点是简单、易理解、搭更大经济体的"便车"。缺点是易遭受投机冲击、易受到被钉住国的牵连(被钉住国受到的冲击很容易传导到钉住国)、价格调整时间长从而造成钉住国内外失衡。

在开放条件下,汇率作为货币政策策略具有特殊的重要性。

米什金以意大利为例说明汇率稳定是工业国家可能的甚至必要的选择。历史上,意大利因为钉住德国马克实现了通货膨胀的稳定。意大利是国民对欧元认同度最高的国家,因为他们认为,既然本国政府官员没有办法不制造高通胀,那还不如让外国官员代替本国官员实现低通胀,自己可以从中受益(节省大量的交易成本)。

其他选择兼顾汇率稳定的工业国家包括加拿大和新西兰,这两国央行各自制造出新的指标 MCI(Monetary Conditions Index),将汇率变动和价格变动以一定的比例加权形成新的锚,并将此确立为货币政策的中介目标。

其他中介目标包括通货膨胀(优点是透明、简单、易理解,缺点是时滞长、难控制)、名义GDP(优点是能兼顾物价和产出,缺点是不易理解物价和产出之间的关系,并且缺乏精确的事先确定潜在产出的方法)、信贷总量(优点是简单、直接,缺点是市场化程度低)。

(四)金融市场发展程度的影响

金融市场发展程度是影响货币政策策略的重要因素。金融市场具有抵消汇率变动的作用,但这要求金融市场(主要是外汇市场)存在可用于冲销远期汇率变动风险的工具,同时还要求外汇市场规模足够大,足以抵抗投机冲击。

当一国外汇市场规模大、金融工具丰富,该国就可以不必关注汇率,选择专注于国内的货币政策。

大部分国家难以同时拥有市场规模大(受制于经济规模)和金融工具丰富(受制于经济发达程度及由此决定的金融市场发达程度)两大要素,因此大部分国家难以完全忽视汇率变动的影响。应对货币政策困境的路径如下。

(1)欧元区各国经济规模小,其金融市场难以与国际投机资本抗衡,因此选择共同形成一个大的地区性货币,各国将其货币钉住德国马克,其本质是搭德国货币政策便车——意大利是最典型的国家,甚至法国也是受益者。

(2)我国的经济规模足够大,但金融市场不够发达,同样难以冲销、隔离汇率变动的影响,故选择有管理的浮动汇率制。"有管理"意味着部分放弃货币政策独立性,实际上实行汇率与货币政策的某种组合,属于混合策略。

(3) 即使如美国这样的外汇市场规模够大、金融工具丰富的国家也难以完全不顾及汇率。自1973年以来,美国一直压迫贸易伙伴升值其货币,运用其国家实力驱使美元汇率相对于主要货币持续贬值,保护其货币政策的独立性。

三、货币政策的操作目标

货币政策的操作目标是中央银行运用货币政策工具直接影响或控制的目标变量,包括基础货币、同业拆借市场利率、再贷款利率、再贴现率等。

货币政策的操作指标有两个特点:一是直接性,可以通过政策工具的运用直接引起这些指标的变化;二是灵敏性,政策工具可以准确地作用于操作指标,使其达到目标区。

(一) 准备金

中央银行通过调整法定准备金率直接影响准备金数量,影响货币供应量;再贴现率的变动通过告示效应影响市场利率,同时通过再贴现贷款的变化影响商业银行的借入储备;央行还通过债券的买卖影响商业银行的非借入储备,影响货币供应量。

(二) 基础货币

基础货币由准备金和流通中的现金组成。作为操作指标,在现金流通比例较高的不发达金融市场,综合考虑两个货币创造基础因素的基础货币比准备金更为有效。

基础货币相对于准备金具有更强的可控性。

中央银行通过控制基础货币对货币供应量产生的作用是不完全的,受政策工具选择和货币乘数稳定性的影响。

(三) 货币市场利率

货币市场利率尤其是银行同业拆借利率也常常被中央银行选为主要的操作目标,但是由于短期利率对经济产生的作用存在时滞,并且是顺经济周期的,容易形成货币供给的周期性膨胀和紧缩。

金融市场发达、传导机制顺畅、时滞短是中央银行选择货币市场利率作为操作目标的前提条件。

四、货币政策目标体系及其意义

中央银行之所以建立货币政策目标体系,是因为直接瞄准最终目标难度较大,而操作目标和中介目标能够使中央银行比较准确地判断其政策是否处在正确的轨道上。

操作目标、中介目标和最终目标,三者的宏观性从弱到强,可控性从强到弱,构成了一个完整的目标体系(见图11-2)。归根到底,操作目标和中介目标还是为实现最终目标服务的。

图 11-2 货币政策的目标体系

第二节 货币政策工具

货币政策工具包括一般性货币政策工具、选择性货币政策工具和其他货币政策工具。

一、一般性货币政策工具

所谓一般性货币政策工具就是指中央银行从扩张和收缩两个方向调整银行体系的准备金和货币乘数，从而改变货币供应量的一般性货币信用管理，它影响的是信用总量，不区分特定领域和对象。

(一) 法定存款准备金政策

中央银行通过调整商业银行法定准备金率改变货币乘数，控制商业银行的信用创造能力，间接地控制货币供应量的政策。

以法定存款准备金作为货币政策工具的最大优点：它对于所有的银行都是平等的，并且对货币供应量具有极强的影响力。

但是，作为最强有力的工具，它可能弊多利少。法定存款准备金政策的最大缺陷是它的"杀伤力"过强，因为银行系统的规模很大，法定存款准备金率的微调就会带来法定存款准备金进而货币供应量的巨大波动。法定存款准备金率的提高可能会使超额准备金率较低的银行立即陷入流动性困境。法定准备金率的频繁调整也会给银行体系的流动性管理带来困难。

(二) 再贴现政策

再贴现政策是指中央银行通过改变再贴现率，影响存款金融机构的贴现贷款数量和基础货币，从而影响货币供应量的政策。它主要包括两方面内容：一是再贴现率的调整，二是规定向中央银行申请再贴现的资格。

再贴现率之所以成为中央银行的一项重要政策工具，因为中央银行可以通过调整再贴现率影响商业银行的资金成本和超额准备金，影响它们的贷款量和货币供给量。除此之外，中央银行通过调整再贴现率能够影响信贷结构。再贴现率的变动具有告示作用，可以影响公众预期。

再贴现政策的最大缺陷是，其主动权并不完全掌握在中央银行手中，因为中央银行虽然可以调整再贴现率，但是无法强迫商业银行借款，因此再贴现政策的效果具有不确定性。凯恩斯形象地将其比喻为"把马拉到河边,但不能强迫马喝水"。

(三) 公开市场操作

公开市场操作是指中央银行在金融市场通过买进或卖出有价证券(主要是政府债券)改变商业银行存款机构的准备金,进而影响货币供应量和利率的政策。根据目标的不同,公开市场操作可以分为能动性的公开市场操作和保卫性的公开市场操作。前者旨在改变准备金水平和基础货币;后者旨在抵消影响基础货币的其他因素的变动。

公开市场操作是最重要的,也是目前绝大部分中央银行所采用的主要货币政策工具,因为它是决定基础货币变动的基本因素,也是货币供给波动的主要根源。同时,公开市场操作也可以用于调节利率水平和利率结构:一方面,公开市场操作会影响证券的供需,从而影响市场利率水平;另一方面,通过改变货币供应量影响利率水平。在不同期限证券市场上的操作则会导致长短期利率的相对变化。

与其他一般性政策工具相比,公开市场操作具有较为明显的优势:(1)中央银行对于公开市场操作拥有完全的主动性,可以有效控制操作规模;(2)非常灵活,可以适时地调整规模;(3)具有极强的可逆性,当中央银行发现错误时,可以立即反向操作以使政策回归到正确方向的"轨道";(4)时滞相对较短,能够迅速地得到执行。正是这些优点使得公开市场操作成为大部分中央银行的主要货币政策工具。

公开市场操作的局限性表现在三个方面:(1)技术性较强,政策的告示作用较弱;(2)需要以发达的且具有深度、广度和弹性的金融市场为前提,中央银行必须持有相当的库存证券才有能力进行操作;(3)公开市场操作受制于银行体系的超额准备金。

二、选择性货币政策工具

选择性货币政策工具,是指中央银行针对某些特殊的经济领域或特殊用途的信贷采用的信用调节工具。选择性货币政策工具主要包括消费者信用控制、证券市场信用控制、不动产信用控制、优惠利率和进口保证金制度等。

(一) 消费者信用控制

消费者信用控制是指中央银行对不动产以外的其他耐用消费品的消费信贷实施管理,以达到抑制过度消费需求或刺激消费的目的。它的主要内容包括:(1)规定分期付款购买耐用消费品的最低首付额;(2)规定消费信贷的最长期限;(3)规定可以用消费信贷方式购买的耐用消费品种类。

(二) 证券市场信用控制

证券市场信用控制是指中央银行对有价证券交易中的各种贷款进行限制,用于抑制过度投机。证券市场信用控制既可以控制证券市场的信贷资金需求,稳定证券市场价格,也起到调节信贷供给结构,限制大量资金流入证券市场,使较多的资金用于生产和流通。

(三) 不动产信用控制

中央银行对金融机构向客户提供不动产抵押贷款的管理措施,和消费者信用控制类似,通过规定贷款的最高限额、贷款最长期限和最低首付额等,限制房地产投机和泡沫。

(四)优惠利率

中央银行对国家重点发展的某些部门、行业和产品规定较低的利率,以鼓励其发展,例如基础产业、能源产业、新兴产业等。优惠利率一般会配合产业政策加以使用。

(五)进口保证金制度

进口保证金制度类似于证券交易保证金制度,中央银行要求进口商事先缴纳进口商品总值一定比例的保证金存款,以便抑制进口过快增长。这项措施主要被国际收支经常性逆差国家的中央银行所采用。

三、其他货币政策工具

(一)直接信用控制

直接信用控制是指中央银行从质和量两方面以行政命令的方式直接对商业银行等金融机构的信用活动进行的控制。中央银行的主要手段包括利率最高限额、信用配额、流动性比率和直接干预等。

(二)间接信用指导

除直接信用控制以外,道义劝告和窗口指导等方式也是中央银行间接影响金融机构的政策工具。

第三节 货币政策的传导机制及效果

一、货币政策的传导机制

货币政策传导机制是中央银行运用货币政策工具,通过操作目标和中介目标的变动,实现货币政策最终目标的过程。

(一)传统的利率传导机制

利率传导机制是凯恩斯学派的核心货币传导机制。传统的凯恩斯主义 IS-LM 模型关于货币传导机制的基本思路可以表示为 $M \rightarrow i \rightarrow I \rightarrow Y$。中央银行增加货币供给会导致利率降低,而利率的降低则通过资本边际收益率的变化影响投资,进而作用于国民收入 Y。

这一机制中的核心变量为利率 i,这也是凯恩斯学派的基本观点——强调利率在经济中的核心作用。

(二)资产价格渠道

与凯恩斯学派观点不同,货币主义学派不认为利率在传导机制中具有重要作用,而是强调货币供应量在整个传导机制中的直接作用。

资产价格渠道又可以分为汇率渠道和股本价格渠道两大类。

货币供应量增加,利率下降,汇率贬值,对本国出口产品和本国资产的需求都会增加,本国资产价格上升,消费和投资需求都会增加。

货币供应量增加,在实际货币余额效应的作用下,股本价格上升。一方面,托宾 q 提高,投资需求增加,产出增加;另一方面,名义财富 W 增加,使消费需求增加,产出增加(如图 11-3)。

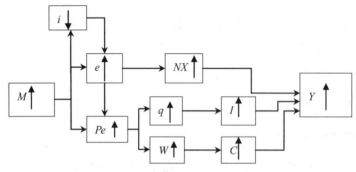

图 11-3　资产价格渠道综合图示

(三) 信贷渠道

货币政策会影响金融资产价格,导致企业净值、现金流量及个人金融财富发生变化,当信贷市场存在信息不对称时,银行贷款、投资规模及收入水平都会受到影响。货币政策的信贷渠道具体分为银行贷款渠道及资产负债表渠道。

银行贷款渠道是指当货币供应量增加时,银行准备金 R 增加,使银行能够发放更多贷款 L,贷款增加一方面意味着投资增加,另一方面贷款同时创造出存款 D,财富增加导致消费增加、投资增加及产出增加(如图 11-4)。

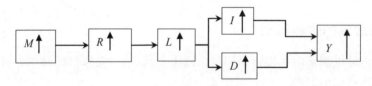

图 11-4　银行贷款渠道

货币政策不仅影响市场利率,而且影响借款者的财务状况,并影响资产负债表中资产和负债相对关系,进而影响投资行为的传导机制,称为资产负债表渠道。货币供应量扩张会通过三个机制改善公司资产负债表:(1) 利率下降,利息支出减少,现金流量 CF 增加,公司净值 NV 增加;(2) 股票价格上升,公司净值增加;(3) 价格上升使公司实际负债 RDT 减少。这三个机制都可以缓解逆向选择 RS 和道德风险 MH 的影响,改善贷款能力,使投资增加,进而使产出增加。

当家庭是借款者时,货币政策还能影响家庭的资产负债表。货币供应量扩张,金融资产价格上涨,家庭拥有的金融资产增值,家庭资产负债状况改善,家庭消费能力提升,产出增加。

资产负债表渠道的传导机制综合如图 11-5 所示。

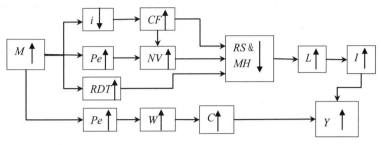

图 11-5　资产负债表渠道综合图示

二、货币政策的效果

货币政策的效果是指货币政策的实施对货币政策目标的影响,分为货币政策的数量效果和时间效果。数量效果是指货币政策效力的大小,时间效果是指货币政策发挥作用的速度。

对货币政策数量效果的判断,通常考察货币政策的实际效果与预期所要实现的目标之间的差距。难点在于,宏观经济目标通常是多维的,多维的目标通常需要政策搭配,而政策之间的相互作用较为复杂,要准确测算货币政策的效果,必须将货币政策的作用与其他搭配政策作用予以分离,这是比较困难的。

(一) 货币政策效果的偏向性

货币政策的实施既会影响产出,也会影响物价。设 y_t 表示当期名义产出,y_{t+1} 表示下一期名义产出;以 P_t 表示当期物价,以 P_{t+1} 表示下一期物价。以扩张性货币政策为例,根据对产出和物价的影响程度,货币政策效果的偏向性分为三类:

(1) 货币政策的效果全部作用于物价,名义产出的增长与物价的增长相等,表现为:

$$\frac{y_{t+1}}{y_t} = \frac{P_{t+1}}{P_t}$$

(2) 货币政策的效果部分作用于产出,名义产出的增长大于物价的增长,表现为:

$$\frac{y_{t+1}}{y_t} > \frac{P_{t+1}}{P_t}$$

(3) 货币政策的效果超常作用于物价,物价的过度反应导致名义产出增长的幅度小于物价上涨的幅度,实际产出减少,表现为:

$$\frac{y_{t+1}}{y_t} < \frac{P_{t+1}}{P_t}$$

(二) 货币政策的数量效果

用 IS-LM 模型可分析货币政策的数量效果。总的来说,货币政策的数量效果取决于 IS 曲线和 LM 曲线的斜率。

1. IS 曲线的斜率对货币政策数量效果的影响

IS 曲线越陡峭,货币政策的数量效果越差;反之,IS 曲线越平坦,货币政策的数量效果越好。IS 曲线平坦与陡峭对货币政策数量效果的影响参见图 11-6 和图 11-7 的比较。

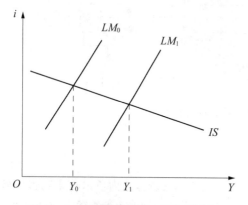

图 11-6　货币政策效果：IS 曲线平坦　　　图 11-7　货币政策效果：IS 曲线陡峭

图 11-6 和图 11-7 分别是 IS 曲线平坦和陡峭情形下货币政策影响产出的数量效果,货币供应量增加相同幅度,货币市场平衡线都从 LM_0 移动到 LM_1,移动的幅度相同。IS 曲线平坦情形下,货币政策的数量效果可以 Y_1-Y_0 表示;同理,IS 曲线陡峭情形下,可以 Y_2-Y_0 表示。可以证明,$(Y_1-Y_0)>(Y_2-Y_0)$,即 IS 曲线平坦时货币政策的数量效果更大。

究其原因,平坦的 IS 曲线上,投资的利率弹性更大,利率相同幅度的下降可导致更多的投资,产出规模必然更大。显然,当 IS 曲线水平即斜率为 0 时,货币政策的数量效果最大。

2. LM 曲线斜率对货币政策数量效果的影响

LM 曲线越陡峭,货币政策的数量效果越好;反之,LM 曲线越平坦,货币政策的数量效果越差。LM 曲线陡峭与平坦对货币政策数量效果的影响参见图 11-8 和图 11-9 的比较。

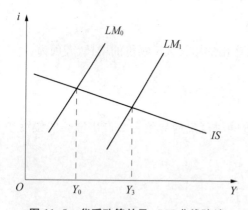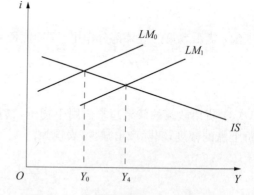

图 11-8　货币政策效果：LM 曲线陡峭　　　图 11-9　货币政策效果：LM 曲线平坦

图 11-8 和图 11-9 是分别是 LM 曲线陡峭和平坦情形下货币政策影响产出的数量效果,货币政策力度相同,货币市场平衡线都从 LM_0 移动到 LM_1,移动的幅度相同。LM 曲线陡峭情形下,货币政策的数量效果可以 Y_3-Y_0 表示;同理,LM 曲线平坦情形下,可以 Y_4-

Y_0 表示。可以证明，$(Y_3-Y_0)>(Y_4-Y_0)$，即 LM 曲线陡峭时货币政策的数量效果更大。

究其原因，LM 曲线越陡峭，相同力度的货币政策导致利率下降的幅度越大，投资增长幅度越大，产出必然增长得越多。显然，当 LM 曲线垂直时，货币政策的数量效果最大。

(三) 货币政策的时间效果

货币政策的时间效果是指货币政策传导到最终目标需要耗费的时间。货币政策经历的环节越多，影响货币政策的因素越多，传导的速度越慢，需要耗费的时间越长，货币政策的时间效果越差。

时滞通常是用来衡量货币政策时间效果的指标，是指从认识到需要制定货币政策，到货币政策实施、监控、跟踪，再到货币政策最终达到数量效果所需耗费的时间。

时滞分为内部时滞和外部时滞两大类。

内部时滞是指中央银行从认识到需要制定货币政策到采取具体行动实施货币政策耗费的时间。内部时滞取决于中央银行对经济形势的认知能力、政策制定流程的合理性，以及决策的效率等。内部时滞又具体区分为认识时滞和决策时滞。认识时滞是指从经济指标的变化和趋势中发现问题及确定是否需要制定货币政策耗费的时间。决策时滞是指从发现需要制定货币政策到确定货币政策的工具、力度以及后续监控、跟踪相关指标以便适时调整耗费的时间。

外部时滞是指从中央银行实施货币政策到影响最终目标耗费的时间。外部时滞是由客观经济结构和货币金融市场发达程度决定的，是中央银行无法控制的，具体区分为操作时滞和市场时滞。操作时滞是指从调整货币政策工具到对中介目标产生影响耗费的时间。市场时滞是指从中介目标开始发生反应到对最终目标产生影响耗费的时间。

外部时滞使货币政策受到各种影响因素的冲击和干扰，会产生扭曲并偏离其最初设定的目标，这是困扰中央银行从而影响货币政策数量效果的重要因素。图 11-10 是货币政策时滞及其分类的图示。

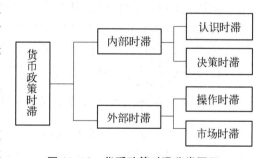

图 11-10　货币政策时滞分类图示

三、时间不一致性对货币政策传导机制和效果的影响

时间不一致性是由中央银行拥有单方面改变货币政策策略能力决定的，是中央银行短期最优化选择造成的，对货币政策传导机制和效果有全面影响。

(一) 时间不一致性的定义和表现

时间不一致性是指在 t 期为 $t+i$ 期计划的行动方案，在 $t+i$ 期到来时，实施该行动方案不再是最优的现象。时间不一致性根源于政策制定者与政策作用对象之间的博弈结构，当政策作用对象依据政策制定者确定的政策目标确定最优策略，政策制定者通过改变政策目标就能获得额外收益。在政策制定者具有单方面改变策略能力的博弈结构下，博弈的最优策略不具有可信性，因此缺乏动态一致性。

假设中央银行设定通货膨胀率为 0 作为目标,当市场主体认可此目标,企业就会据此签订销售合同,工人也会据此签订劳动合同;在此背景下,中央银行推行高于 0 的通货膨胀率会得到更低的失业率和更高的产出,因此中央银行必定会推行高于 0 的通货膨胀率,与其最初设定的货币政策目标相悖,这就是时间不一致性。

(二) 时间不一致性的影响

时间不一致性使货币政策传导机制更趋复杂化。

首先,市场主体不再选择直接相信中央银行的政策宣言,而是会推测中央银行的真实意图,货币政策传导机制会扭曲。当市场主体观察到中央银行存在欺骗动机,会根据市场主体的选择实行机会主义行为,就会调整自己的认知,在中央银行发布政策宣言后,推测中央银行的真实意图,并根据自己的推测决定最优策略。这尤其存在于中央银行推行紧缩性货币政策之中,企业不会因此降低出厂价格,员工也不会因此降低工资要求,紧缩性货币政策的传导机制被扭曲了,于是在一定程度上失效了。

其次,时间不一致性使货币政策陷入困境。市场主体依据对中央银行行为的预期选择策略,在一定程度上改变了货币政策的效力,除非能够逆转市场主体的预期,这要求货币政策力度超出时间不一致性不存在情况下的力度,即货币政策工具必须超额调整才能实现货币政策目标。然而,货币政策工具超额调整会对经济造成额外的冲击,在实现通胀目标的同时,使产出出现更大的波动。中央银行陷入了要么实现不了通胀目标,要么实现不了产出稳定目标的困境之中。

再次,时间不一致性行为损害了中央银行信誉,增大了货币政策成本。当存在时间不一致性,市场主体既不信任中央银行紧缩货币控制物价的政策宣言,也不信任中央银行的政策持续性,中央银行的信誉受损使普通的货币政策操作不起作用,即使能控制一般价格水平,也会造成其他资产价格不断上涨,催生资产泡沫,埋下隐患,使货币政策的成本更高。

(三) 时间不一致性对货币政策效果的影响

首先,当中央银行再次推行较高的通货膨胀率政策,在市场主体预期的冲销之下,除了得到更高的通货膨胀率之外,不能再得到更低的失业率和更高的产出。换言之,中央银行以更高产出和更低失业率为导向的时间不一致性行为反而损害了中央银行通过货币政策获得更高产出和更低失业率的能力。

其次,时间不一致性使货币政策产生了严重的不对称性,形成了物价单边上涨的趋势。归根结底,时间不一致性作为中央银行投机性行为的结果和反映,是希望在既定的物价目标下得到更高的产出和更低的失业率。在货币政策应该紧缩时都会出其不意地推行扩张性政策,当政策紧缩会实质性地影响产出和失业率时,紧缩性政策就会逆转为扩张性政策;反之,只要政策扩张不会实质性地造成通货膨胀,就会一直持续。这就造成了物价只上涨不下跌的刚性和不对称性,形成物价单边上涨的趋势,无效和低效产能一直不能出清,造成低效的经济资源配置,降低了经济增长的潜力。

再次,时间不一致性使货币政策的时滞更长,从货币政策工具向中介目标再向最终目标传导所耗费的时间更长,这既削弱了货币政策的作用力度,又会因为更多因素的干扰,导致货币政策作用机制和效果的不确定性都增大了。

第四节　预期与货币政策规则

货币政策规则是不断演变的。在很长一段时期内,经济学家不考虑预期,货币政策规则由菲利普斯曲线确立,相机抉择成为货币政策主要规则;后来,弗里德曼和菲尔普斯将适应性预期引入经济模型,得到单一规则比相机抉择更优的结论;再后来,卢卡斯、巴罗和萨金特等将理性预期引入宏观经济学模型,引发了对货币政策框架更深刻的改变。

当一项货币政策措施被中央银行推出之后,公众会迅速根据所得的信息对未来经济形势进行推断,并以此制定相应对策,这会削弱甚至完全抵消货币政策的效果。公众对未来推断的行为就是预期过程,根据推断采取行动并进一步影响货币政策效果,就是预期影响货币政策的过程。

一、菲利普斯曲线与相机抉择[①]

凯恩斯学派主张中央银行采取"逆风向"的"相机抉择"政策,因为市场经济缺乏自动调节和稳定的机制,私有经济会因需求扰乱而具有天生的不稳定性,以货币政策为代表的宏观政策有必要发挥调整需求扰乱的作用。因此,中央银行应该同财政部相协调,根据具体经济条件的变动,主动根据经济形势适时地制定、变动货币政策,运用相应的政策工具,选择合适的操作和中介目标来实现最终目标。这就是货币政策的相机抉择规则。

相机抉择规则的理论基础是菲利普斯曲线。菲利普斯曲线在失业率与通货膨胀率之间建立了替代关系,为货币政策提供了菜单,中央银行可以据此进行相机抉择。若通货膨胀率高,推行紧缩货币政策,通过提高失业率就可以换取通货膨胀率下降;若失业率高,推行宽松货币政策,通过提高通货膨胀率就可以换取失业率下降。

菲利普斯曲线稳定是相机抉择的先决条件。在引入预期后,菲利普斯曲线不再稳定,传统意义上的相机抉择只会造成物价上涨。

二、适应性预期与单一规则

适应性预期是根据人们依据以往的经验对未来作出判断,设定预期形成方式。

(一) 适应性预期

适应性预期,是指人们基于以往的经历和表现预期未来状况的假设性过程。适应性预期认为对未来的预期仅由过去的经历和表现决定。举例来说,如果当下的通货膨胀率高于过去对当下的预期,人们就会据此修正对未来通货膨胀率的预期。

设 p^e 是当下对未来一期通货膨胀率的预期,p^e_{-1} 是前一期对当下通货膨胀率的预期,p 是当下的实际通货膨胀率,根据适应性预期,存在如下关系:

$$p^e = p^e_{-1} + \lambda(p - p^e_{-1})$$

[①] 详细内容参见第九章通货膨胀的影响。

$0<\lambda<1$，λ 是误差调整系数，因此适应性预期是对前期预期的部分调整，p^e 等于 p^e_{-1} 再加上 p 与 p^e_{-1} 之间差额的某个比例 λ。如果考虑过去所有期限预期的影响，上式变为：

$$p^e = \lambda \sum_{j=0}^{\infty} \left[(1-\lambda)^j p_j \right]$$

p_j 是过去的 j 年的实际通货膨胀率。因此，当下对下一期通货膨胀的预期是过去各期实际通货膨胀率的加权平均，权重为 $(1-\lambda)^j$，即年份越久远，权重越小。

(二) 弗里德曼的单一规则[①]

货币当局要制定货币政策，首先要认识清楚什么是货币政策能做到的，什么又是货币政策做不到的。在这种认识的前提下，才能够进一步讨论货币政策的目标、各层次的工具选择以及货币政策的传导机制等。

1. 货币政策不能钉住利率

在二战中，美国政府欠了大量的债务（主要是内债）。为了降低利息支付的负担，美联储同意了财政部的要求，将利率定在相对较低的水平（4%）。利率钉住固定水平的理论基础是货币政策不如财政政策重要。

弗里德曼分析了货币政策钉住利率情况下的表现。当中央银行通过买入债券使货币数量扩张，最初阶段会使利率下降。然而，接下来的四种效应会使利率反而上升。

(1) 货币数量的快速增长会刺激投资、消费等需求，人们会需求更多的货币，从而货币的价格即利率会上升。

(2) 一些人的支出必然是另一些人的收入，此时人们收入的增加就会推高流动性偏好曲线及人们对信贷的需求。

(3) 需求的提高会推升价格，这会反过来使实际货币余额下降。

弗里德曼认为，这三个效应经过差不多 1 年的时间就会使已经下降的利率逆转为上升。

(4) 价格的上升会抬升人们对通货膨胀的预期，这同样会使利率上升。

如果中央银行一定要克服上述四种效应而强迫利率保持在较低的水平上，中央银行就必须投放越来越多的货币量，而这显然是不可持续的。

弗里德曼得出了一个非常具有颠覆性的结论——低利率往往是从紧的货币政策的后果，而高利率往往是宽松的货币政策的后果。

2. 货币政策也不能钉住失业率

弗里德曼对这个问题的分析区分了如下三个层次。

(1) 首先区分了自然失业率和市场失业率，自然率是由经济结构，如资本形成、技术改善等因素决定的。市场率可以部分由政府政策决定。

(2) 接下来区分了名义工资和实际工资。当市场失业率低于自然失业率时，实际工资会上升，通胀会出现，通胀预期会要求中央银行更多地增加货币，最终只能使通胀上升，而不

[①] 这一部分内容主要出自弗里德曼在出任 1967—1968 届美国经济学会主席时的演讲《The Role of Monetary Policy》。James Tobin 教授称该文是自凯恩斯的《通论》发表以后宏观经济学领域最重要的文献。

能使失业率下降。

（3）自然失业率本身并不是不变的，而是会随着人们的行为甚至政策而变动，由此，货币政策没有办法盯住自然失业率，因为即使是信息获取和处理能力极其出众的政府，也无法确定自然失业率的水平；即使政府有能力确定自然失业率的水平，货币政策依然没有办法盯住自然失业率。因为市场失业率会受到各种因素的冲击而时刻发生变化，中央银行如果对所有这些冲击都作出反应，那货币政策就会陷入杂乱无章的境地。

弗里德曼的分析的显著特点是引入了预期的概念。正是在预期的作用下，货币政策既无法钉住利率，也无法钉住失业率。

3. 货币政策应该着眼于提供稳定的货币金融环境，避免货币成为经济波动的来源

在弗里德曼看来，货币政策的确具有冲销、熨平其他冲击对经济造成扰动的作用，但作用比较小。因为要先鉴别哪些冲击是大的，哪些是小的，也要确定货币政策是否能够冲销掉这些冲击，还要确定货币政策的力度，以及实施冲销性货币政策的成本。

弗里德曼认为，货币政策要阻止货币本身成为经济波动的来源。他以美联储在处理大萧条的失误作为例子，正是美联储错误的货币政策使原本正常的经济衰退演变成灾难深重的大危机。货币政策的核心作用，是为经济发展提供良好的货币（金融）环境，既抑制通货膨胀，又阻止通货紧缩，保持物价水平相对稳定，而不是关注生产和失业，因为"如果生产者和消费者、雇主和雇员充分相信未来的价格是可知的，我们的经济体系会运行良好"。换言之，把生产问题交给市场，中央银行只负责价格稳定。

4. 单一规则：稳定增长的货币供应

中央银行应该选择能够控制的名义变量，而不是不能控制的实际变量（如失业率）作为货币政策工具。

弗里德曼分析了三个可选的名义变量：汇率、价格以及货币数量。

汇率显然不合适，因为美国经济对外的部分占比太小。

价格稳定是最重要的目标，但政策工具却无法直接设定为价格稳定，因为从货币政策的变化传导到价格需要经历较长的时间（18个月），而这之间的传导机制并不像理论分析的那么明确，此外，这个过程中或许会因为其他因素的影响而产生偏离，这些都使价格稳定无法直接作为政策工具。

货币总量是更好的工具。传导机制明确、传导时间也短。传导机制越直接越好，作用的时间越短越好。

（三）单一规则的政策含义

货币主义学派强烈批判了"相机抉择"的货币政策，主张中央银行应以"单一规则"作为执行货币政策的准则。他们认为以私有经济为基础的自由市场经济总体上是稳定的，主动进行货币供应量的调控通常只会成为宏观经济稳定的干扰因素。因此，中央银行不应考虑短期因素的制约，而应当在长期内严格控制货币供应量的增长率，使之与长期的经济增长率相一致。货币主义的政策基本思路是：货币政策的意义并不在于寻求一种高度敏感的工具来抵消由其他因素引起的不稳定，而是要防止货币政策本身成为经济运行不

稳定的根源。

弗里德曼将稳定增长的货币供应设定为名义锚,它等同于行为规则,目的是对货币政策(制定者)提供预先的约束,规避时间不一致性的影响。

适应性预期的缺陷在于,它是后向的,即使没有额外冲击,来源于部分调整的"预测误差"就会对未来的预期造成系统性误差。

三、理性预期与货币政策诚信

适应性预期的后向性使其具有先天缺陷,对未来完全没有判断也不符合理性人的设定。John Muth 首倡以理性预期代替适应性预期。

(一) 理性预期

理性预期,是指经济行为主体为了避免犯系统性错误,会最大限度地利用所得到的所有信息对未来进行准确无偏的预期。由于经济行为主体对未来事件的"预期"是最优化的结果,因此是合乎理性的。

设 p 是供需决定的均衡价格,p^* 是理性预期的价格,p 由未被预期的信息冲击决定,换言之,事前预期的价格 Ep 等于理性预期的价格 p^*:

$$p = p^* + \epsilon$$

$$Ep = p^*$$

ϵ 是随机误差项,其预期 $E\epsilon = 0$,且独立于 p^*。

理性预期,也就是"给定模型的变量等于其条件期待"。假设在时间点 t,基于信息集 Ω_t 对下一期变量 x_{t+1} 进行预期,设 x^* 是理性预期,则 x_{t+1} 与 x^* 之间的偏差最小意味着 $\min E(x_{t+1} - x^*)^2$,得到 $\bar{x}_{t+1} = x^*$。

(二) Barro-Gordon 模型

Barro 和 Gordon 将理性预期引入货币政策分析,讨论中央银行是否建立信誉,其他经济主体对中央银行策略形成预期并根据该预期进行应对,分析理性预期条件下中央银行的最佳政策框架。

中央银行的收益函数:

$$U(\pi, y) = -c\pi^2 - (y - y^*)^2$$

真实产出与目标产出以及意料之外的通货膨胀的关系为:

$$y = by^* + d(\pi - \pi^e)$$

这也构成中央银行目标函数的约束条件。

(三) 模型得到的结论

首先,当雇主预测到通货膨胀水平时,中央银行的阶段性通胀目标可以设定得稍高于该水平(这里博弈的信息结构是:雇主知道中央银行的最优通货膨胀目标,中央银行知道雇主知道其最优通货膨胀目标,但雇主不知道中央银行最终的通货膨胀目标)。中央银行推行高于其最优通货膨胀目标的通货膨胀水平,具有使产出增加的效果。

其次,当雇主持有理性预期时,零通胀会使中央银行收益最大化,但零通胀不会是最优通胀。

再次,如果考虑到无穷期的理性预期,中央银行与雇主的博弈取决于经济结构:通胀对央行造成的痛苦程度以及产出对通胀的反应程度。当然,这两个问题是任何一个经济主体都无法明确知道的。如果接受这个前提,那么,央行最好的政策框架就是建立信誉的模式。

Barro-Gordon 模型在理论上阐释了产出与通胀在中央银行货币政策目标中的关系,以及理性预期假设下中央银行遵守承诺、建立信誉的必要性。

理性预期假设下,中央银行遵守通货膨胀目标承诺,建立尊重和遵守规则的信誉,能有效地降低通货膨胀的成本。

四、泰勒规则

适应性预期和理性预期都是经济学家提出的假设,用以探索最优货币政策规则。另外一条研究路径,是分析中央银行采用的具体规则,泰勒规则是最经典的研究结果。

(一) 泰勒规则的原型

在 1993 年的经典文献《Discretion versus Policy Rules in Practice》一文中,John Taylor 检验了美联储的货币政策,得出如下的关系式:

$$r = p + 0.5y + 0.5(p-2) + 2$$

其中,r:联邦基金利率;p:过去四个季度的通胀率;y:实际 GDP 对目标 GDP 的偏离的百分比。

根据泰勒规则,美联储的货币政策同时钉住产出和通胀,通胀上升或者实际产出高于目标产出都会使美联储提高联邦基金利率。泰勒规则极好地拟合了美国的货币政策。

(二) 泰勒规则的货币政策含义

泰勒规则揭示了美联储的货币政策行为,可以看作对 Barro-Gordon 模型揭示的物价与产出两大目标关系的实证支持。根据 Barro-Gordon 模型,央行会有在通胀和产出之间进行权衡和选择的投机动机,但这种动机是由经济结构决定的:如果央行对参数的估计使它认定这种投机动机对自己有利,那就会付诸行动;相反,则不会付诸行动,而采取建立政策信誉的做法。

在实践中,美联储认识到它无法保证自己对经济结构的认识是正确的,也无从判断经济结构是否发生了变化,更无法确信人们是否是理性预期的。因此,美联储最终选择了以控制通胀为最主要目标的政策取向,以调整联邦基金利率为最主要工具的微调式手段。

泰勒规则兼顾产出和物价两大目标,通过双重钉住强调通货膨胀目标的重要性:一是直接钉住物价钉住通货膨胀;二是钉住实际产出和潜在产出的缺口间接钉住通货膨胀。

为了更加突出通货膨胀率目标,泰勒规则一个变型是将参数调整为如下:

$$r = p + 0.5y + 1.5(p-2) + 2$$

原型泰勒规则中,物价上涨1%,利率上涨1.5%;在变型泰勒规则中,物价上调1%,利率上调2.5%。物价目标在变型泰勒规则中更加重要。

(三) 泰勒规则:遵守规则的规则

泰勒规则似乎回到了菲利普斯曲线中物价与产出之间的替代关系,就泰勒规则的方程而言,的确如此。

泰勒规则实际上充分吸收了经济学家的研究成果,遵守承诺,重视信誉。不过,中央银行承诺的既不是某个固定的货币供应增长率,也不是固定的物价目标,而是物价稳定与产出稳定的组合,其表现就是泰勒规则。或者说,泰勒规则确立的既关注物价稳定,又关注产出稳定的复合目标成为规则本身。

即使中央银行为了保持神秘性而对泰勒规则中的参数秘而不宣,甚至经常根据经济形势进行调节,泰勒规则业已成为中央银行坚守的规则。并且,中央银行还进一步确立了遵守规则的规则,以此消除中央银行与市场的博弈,消除时间不一致性的影响。这是中央银行接纳了承诺可信性和信誉的重要性之后作出的重大改变。中央银行的货币政策也就一改之前的"出其不意"为顺应经济形势和市场需求,稳定市场预期,以为经济活动提供稳定的货币金融环境为主要任务。

第五节 中国货币政策概要

货币政策的目标从来都是多维的,既要稳定产出,又要稳定物价,还要适当关注金融市场稳定和国际收支平衡。严格说来,中央银行和货币政策发轫于应对金融危机和经济危机的需要,为经济、货币和金融系统提供流动性,充当最后贷款人的角色。

正因为货币政策目标的多维性,前美联储主席本·伯南克等人反对设立必须遵守的货币政策规则,而宁肯更模糊地称之为"货币政策框架"。

一、货币政策框架的内容概要

自主权货币与黄金脱钩之后,货币政策框架发生了根本性变化。在黄金货币本位下,充当最后贷款人,克服经济金融危机的影响是货币政策最主要的目标。在信用主权货币本位下,控制通货膨胀是最主要的目标,但同时也需要兼顾其他目标。

(一) 货币制度多样化

各国根据本国经济特征选择货币制度,适应"不可能三角"的约束。在全球性开放经济背景下,"不可能三角"是制约货币政策选择的基本规则,任何国家只能在固定汇率制度、独立的货币政策和资本账户开放三者之间选择其二。

根据经济规模和金融市场发达程度,将国家分为四类,采用的汇率制度同时决定了货币制度的基本特征,参见图11-11。

金融市场发达且经济规模大的经济体选择浮动汇率制,保有独立的货币政策和资本账户开放;金融市场发达且规模小的经济体选择浮动为主、管理为辅的汇率制度,基本保有独立的货币政策和资本账户开放;金融市场不发达且经济规模小的经济体通常选择钉住某一大国货币的固定汇率制,蒙代尔一直强调固定汇率制度本身就是一种货币制度,是完全放弃独立货币政策的货币制度,有时需要资本账户管制予以辅助;金融市场不发达且经济规模大的经济体较少,通常选择以管理为主、浮动为辅的汇率制度,需要多维的极为复杂的货币政策工具形成的组合,保有部分独立的货币政策,实现汇率相对稳定,通常需要对资本账户采取较为严格的管制。

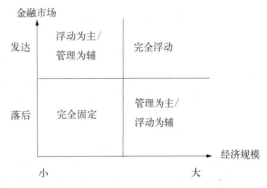

图 11-11　国家经济特征与货币制度分类

(二) 主要国家中央银行建立其货币政策框架,但均拒绝确立必须遵守的规则

本·伯南克深受米尔顿·弗里德曼货币主义思想的影响,提出了通货膨胀目标制的主张,然而却一再坚持通货膨胀目标制是货币政策框架,不是货币政策规则。货币政策框架不是必须不折不扣遵守的,在某些特殊的经济状态下,可以舍弃,追求更紧迫也更切实际的目标。不同国家的中央银行对货币政策框架有各自的偏好,但均拒绝确立必须遵守的规则,均为自己留下选择的余地和空间。

中央银行之所以不愿意公开确立必须遵守的规则,并非规则存在问题,而是这种做法存在问题。当公开确立了必须遵守的规则,中央银行就会陷入困境:如果违背了规则,中央银行的信誉就会受损,会削弱其货币政策的可信度,降低货币政策的效力;如果不违背规则,当出现特殊状况时,比如衰退风险显而易见地上升,中央银行采取措施延缓、阻止衰退的能力因为受到限制而陷入无作为的境地,经济因此付出巨大成本。

(三) 货币政策目标具有多维性,同时兼顾经济稳定和物价稳定,甚至会关注金融稳定

各国中央银行都一再声称物价稳定是最主要的货币政策目标,本·伯南克认为物价稳定既有目标价值,也有工具价值。物价稳定的目标性是工具性的导向,其工具性是其目标性的保障。在货币政策实践中,所有负责任的中央银行的确将物价稳定确立为最主要的货币政策目标。然而,物价稳定之所以重要,是因为它能为经济活动提供稳定预期的货币金融环境,市场主体不需要过多关注物价变动的影响。

中央银行强调物价稳定的前提是经济稳定。当经济进入衰退的风险较大,或者存在发生金融危机的可能时,中央银行就会转而将经济稳定作为最主要的目标。经济衰退伴随着产出减少、物价下降和失业增加;金融危机会造成物价短时间内大幅度非线性下降,甚至会危及经济、货币与金融系统的正常循环。在经济衰退或金融危机时期,正常经济状态下的货币政策规则不再适用,中央银行通常会实行非常规货币政策。

综上,中央银行的货币政策目标从来都是多维的,在不同的经济状态下,目标重要性的排序是不同的,这也是中央银行不愿意公开确立某个货币政策规则的原因所在。

（四）资产价格不是制定货币政策的依据，但是经济和物价的先行指标

阿曼·阿尔钦等人的研究表明，股市指数（金融资产的综合价格）在一定程度上能够作为通货膨胀的领先指标，有助于预测未来通货膨胀的走势；同时，股市指数在很大程度上具有预测未来经济走势的作用；另外，股市指数的走势还会影响一国金融系统的稳定，特别是股市指数大幅度非线性下跌，甚至会使金融系统的功能部分甚至全部丧失。因此，各国中央银行均极为关注股市指数。

然而，中央银行通常不会将股市指数的变动作为制定货币政策的依据，除非有证据表明，股市指数上涨预示着通货膨胀，而股市指数下跌意味着经济衰退或金融危机。换言之，股市指数变动是中央银行关注的先行指标，但并非决策依据，必须以其他指标予以验证。

（五）中央银行极为重视信誉，通常实行与市场预期一致的货币政策，而不是与市场博弈

中央银行重视信誉，确立了守信用的形象，其实行的政策为市场主体所信任，政策成本就低；如果中央银行不守信用，市场主体就会猜测中央银行的真正意图，并与之博弈，市场主体的应对策略会提高政策成本。市场主体只能通过观察中央银行的政策实践判断其行为偏好和执行能力，也就是通常所说的"听其言、观其行"：市场主体不止关注中央银行怎么说，更关注中央银行做什么和怎么做，最关注中央银行是不是做得到，即还要增加"察其效"。

不管物价稳定还是经济稳定，都会受很多因素的冲击，包括生产率冲击、全球化过程中产业转移、劳动力结构变化，甚至太阳黑子等。市场主体特别是普通大众限于其知识和信息，无法判断经济稳定和物价稳定受到冲击的来源是什么。不管受到何种冲击，中央银行都有责任为公众提供一个物价稳定的货币金融环境。经过多年的政策实践，中央银行从相机抉择到单一规则再到通过规则建立框架，并且市场主体知道中央银行遵守的规则，从而建立了中央银行与市场良性互动的关系，避免博弈造成额外的成本。

二、泰勒规则导向下的货币政策选择

经济稳定和物价稳定是中央银行关注的对象，也是要实现的目标，金融不稳定如果预示着经济不稳定或物价不稳定，同样是货币政策调节的对象，但不是要实现的目标。

（一）五种主要组合

（1）物价稳定，同时产出快速扩张和股市指数持续上升。根据泰勒规则，需要提升利率以抑制快速扩张的经济，并避免未来有可能出现的通货膨胀风险。

（2）物价稳定，产出稳定，股市指数持续上升。由于金融稳定不是货币政策的目标，根据泰勒规则，货币政策应保持不变。

（3）物价上升，产出稳定，股市指数保持稳定。货币政策以物价稳定为目标，当物价上升预示着通货膨胀风险，应该紧缩货币政策。

（4）物价上升，产出下降，股市指数下降或者保持不变。这种情况比较复杂，中央银行需要对经济形势进行分析、评估以确定货币政策侧重的目标和调节的方向。

（5）物价下降。由于现代货币政策极度厌恶通货紧缩，中央银行通常会选择宽松的货币政策。

上述五种组合没有涵盖全部组合,但包含了主要组合。

(二) 案例说明

针对第一种情况,选择加息是传统的常规选择。一个很有意义的例外是,在20世纪90年代末,时任美联储主席格林斯潘没有因为产出扩张而提升利率,他认为产出的快速增长源于劳动生产率的提高,是真实因素导致的经济扩张;同时物价稳定源于中国对美出口,具有稳定的经济基础,因此货币政策不需要对产出快速扩张作出反应。这是极具洞察力的认识。

第四种情况曾经出现在2007年上半年,时任美联储主席伯南克选择了降息的政策,因为他判断产出下降是实体经济受次贷危机的影响所致。货币政策保持宽松,不只是为稳定实体经济,更是为金融系统提供流动性,保障金融系统稳定。然而,伯南克低估了次贷危机对金融系统冲击的力度,其后不得不实行超常规宽松的货币政策,以拯救金融系统,金融稳定成为最主要政策目标。

三、我国的货币政策实践:开放经济的视角

任何国家的货币政策框架、中间目标和操作目标都是由其国情决定的。

(一) 汇率政策是我国货币政策框架的基石①

汇率稳定的重要性由经济规模、对外依赖度及金融市场的发达程度决定。

经济规模越大,货币政策的独立性越重要,汇率稳定越不重要。我国经济规模已经位居世界第二,货币政策的独立性非常有必要。为了实现相对的货币政策的独立性,汇率不能完全固定,应该保持浮动。

对外依赖度越高,也即对外经济活动总量与经济总量的比例越高,汇率变动对总体经济的冲击越大,汇率稳定越重要。通常以进出口总额与GDP之比表示一国经济对外依赖度。进入21世纪以来,我国经济对外依赖度一直比较高,在2006年一度达到64%的高点,近些年即使有所下滑,2015年以前维持在40%的高位,2015—2018年依然维持在33%以上。弗里德曼和克鲁格曼都认为,当一国的对外经济依赖度比较高时,汇率稳定就应该是其货币政策需要关注的目标。

金融市场发达程度也是影响汇率稳定重要性的因素。金融市场越发达,金融工具越丰富,金融资产规模越大,汇率变动对实体经济的冲击越小,因为金融市场能够吸收汇率变动的冲击,这就是汇率的低穿越效应。汇率的穿越效应越低,其变动对实体经济的影响越小,汇率稳定的重要程度越低。因市定价、市场分割、竞争结构、国界效应等都是造成汇率低穿越效应的原因,而金融市场发达程度是最重要的因素。外汇市场是金融市场重要组成部分,我国外汇市场的发展程度相对滞后,套期保值所依存的现货市场与期货市场发展滞后,衍生金融工具的应用受到限制,这些都决定了外汇市场上套期保值的成本比较高,汇率不具有低

---

① 在美联储的货币政策框架中,汇率是明确地被排除在外的。弗里德曼早在1968年的经典文献中就给出了理由,美国当时对外经济的比重仅仅占不到5%,不能为了这5%的稳定而使另外95%陷入不稳定的状态。然而,凯恩斯早在1923年就认为物价稳定比汇率稳定更重要。我国经济对外依赖度高,与汇率有关的经济活动占比高,这与美国的经济特征存在根本性差异,汇率稳定在货币政策框架中的地位自然不同。

穿越效应,汇率波动对实体经济的冲击不容忽视。

我国经济规模大、经济对外依赖度高,金融市场处于发展阶段,这些都决定了人民币汇率稳定是保障我国经济稳定的基础和条件,是货币政策框架的基石。

在西方经济学家看来,工资以及员工在预期作用下对工资的变动的要求是物价变动的主要来源,工资机制是决定物价从而货币政策的最主要因素。工资机制决定物价,因为劳动力是所有资源中受到限制最大的因素。

根据木桶理论,最短的那块木板决定了木桶的容量;在经济世界中,数量最没有弹性的那种要素决定了经济的基本结构。对我国来说,劳动力的供给近乎无穷大,因此工资不再是木桶最短的木板,也就不再是决定物价的最主要因素。

经济增长依赖的资源和要素,尤其是储量不足的资源和不能有效供给的要素是影响物价变动的更重要的因素,而这些资源和要素的价格在很大程度上取决于汇率。

因此,汇率政策在我国货币政策框架中的作用极为重要。

(二)我国货币政策框架兼顾汇率、物价和就业稳定,是三维目标

蒙代尔明确指出,固定汇率制度本身就是一种货币规则。自2005年7月21日,我国实行有管理的浮动汇率制,以有管理为主,以浮动为辅。根据前文所述,这是极切合我国国情的制度设计。

物价稳定同样是我国货币政策的目标。我国的历史不乏因通货膨胀而加速亡国的实例,1948年国民党统治末期的恶性通货膨胀是其统治加速垮台的原因之一。1988年前后的通货膨胀造成的经济动荡是价格闯关受挫也是催生其他重大事件的重要原因。通货膨胀是对广大劳动人民的掠夺,通货膨胀之恶,不管如何定位都不为过。因此,物价稳定必然是货币政策的目标,并且是最主要目标。

就业稳定(等同于产出稳定),弗里德曼在逻辑上否定了其作为货币政策目标的可行性,但并不能因此将其排除在货币政策目标之外。归根结底,中央银行制度建立的根源是为了充当最后贷款人,为应对经济危机和金融危机提供最后一道也是最有效的屏障。在现代中央银行看来,经济下滑是否会演变为危机具有不确定性,对经济下滑、失业率上升作出反应是惯常的做法,就业稳定实际上成为主要国家中央银行的货币政策目标。我国人口多,就业压力大,就业目标是货币政策框架中不可或缺的内容。

在通常情况下,对外经济依赖度高决定了汇率需要保持可控的浮动,在购买力平价的作用下,物价和就业等内部目标都会受到汇率政策的约束。然而,当物价和就业大幅偏离政策目标时,中央银行又会放弃汇率的相对可控性,转而通过汇率浮动促进物价和就业目标的实现。

(三)我国货币政策策略是货币政策与汇率政策的混合策略

我国货币政策策略受汇率制度影响,随汇率制度变迁而变化。

2005年7月21日前,我国实行固定汇率制度。为了保持汇率稳定,中国人民银行不断在外汇市场买入美元,同时向市场投放人民币,造成了巨大的通胀和经济过热的压力。中国人民银行通过提高商业银行的存款准备金率和发行央行票据吸收多余的流动性,对冲额外投放的流动性。

2005年7月21日之后,固定汇率制变成有管理的浮动汇率制,汇率基本稳定依然是重要的政策目标,由此形成一种特殊的货币政策框架:在资本流动受到严格管制的条件下,通过货币政策与汇率政策的搭配实现物价稳定和产出稳定。换言之,牺牲一部分汇率稳定,牺牲一部分货币政策的独立性,通过两者的某种组合达成货币政策的目标,为此,对资本账户实行比较严格的管制。

由此就形成具有中国特色的解决三元悖论的货币政策和汇率政策的混合策略:资本账户比较严格的管制、汇率以管理为主的浮动、一定限度的货币政策独立性。

(四) 我国货币政策的倾向性

我国货币政策有三个倾向性。

1. 货币政策具有较显著的防风险倾向,就业稳定排在物价稳定之前

我国人口多,就业压力大,就业稳定始终是货币政策最主要的目标。尽管通常情况下货币政策以物价稳定为主要目标,当经济增长乏力影响到就业稳定,货币政策就会改而以防范经济下滑,促进就业稳定为主要目标。太频繁地以货币政策促增长、保就业,固然在短期内能实现就业稳定目标,却使大量生产效率低下的企业不能被市场淘汰,造成资源错配和浪费,在长期埋下严重通货膨胀的隐患。

2. 货币政策紧缩与扩张的力度具有不对称性

我国货币政策紧缩和宽松的力度具有显著的不对称性:货币政策紧缩,不管提高存款准备金率还是提高利率,通常都以最小力度提高,采取"小步快跑式"策略,从2003年9月一直到2008年6月,存款准备金率连续上调20次,每次上调0.5%,从6%上调到17.7%;货币政策宽松,最初的力度通常较最小力度大得多,比如1998年3月21日存款准备金率一次性从13%下调到8%,下调5%;2008年12月5日一次性下调1%。加息和降息也是不对称的,从2004年10月到2007年12月,总共加息9次,幅度为0.27%和0.18%间杂,从5.31%调高到7.47%,2008年9月到12月,连续5次降息,从7.47%下调到5.31%,速度快、幅度大,其中一次降息1.08%,相当于4次加息。

3. 货币政策工具倾向于选择数量型工具为主,价格型工具为辅

数量型工具和价格型工具只在理论上具有共通性,在现实中会因为经济制度和条件的不同而有差异。价格型工具适用于金融市场发达的经济体,数量型工具适用于金融市场相对不发达、市场主体对利率不敏感的经济体。我国金融市场相对不发达,企业尤其国有企业对利率不敏感,资金可得性比资金成本对其影响更大。我国以存款准备金率为代表的数量型工具为主,以利率为代表的价格型工具为辅,是切合我国国情的合理选择。其表现为:数量型工具的幅度大,价格型工具的幅度小;数量型工具的频率快,价格型工具的频率小;数量型工具用的早,价格型工具用的晚。

在我国,数量型工具与价格型工具不完全相通,在一定程度上是割裂的,两者不是替代关系,而是互补关系。

本章小结

货币政策是由不同层级目标构成的体系,包括最终目标、中介目标和操作目标,这些目标的宏观性从强到弱,操作性从弱到强。之所以需要构建货币政策目标体系,是因为时滞使从货币政策工具调节到最终目标要耗费较长时间,通过监控、跟踪不同层级目标,便于观察货币政策是否处在正确的方向和轨道。货币政策工具同样是一个体系,包括一般性货币政策工具、特殊性货币政策工具和其他作用于某些特别领域的货币政策工具构成。

货币政策机制很复杂,随着经济金融条件的变化而不断改变。凯恩斯主义学派强调利率的作用,货币学派更强调资产价格渠道,现代货币经济学提出信贷渠道。任何单一渠道都不能完全代表货币政策传导机制,货币政策传导是所有可能渠道共同作用的结果。货币政策传导机制理论既要揭示可能的货币政策传导机制,也要根据经济金融条件和经济发展阶段确定主要矛盾和发挥主要作用的传导机制。

货币政策效果包括偏向效果、数量效果和时间效果,各自都具有明确的内容。比较难以认识的是,货币政策时间效果与偏向效果和数量效果的关系。时间不一致性是造成货币政策所有困境的根源。

货币政策规则是货币政策的依据和标准,根据对预期的假设不断变化。在凯恩斯主义主导的时代,预期不被考虑,菲利普斯曲线揭示的失业与物价之间存在替代关系,相机抉择是主流的货币政策规则;在货币主义主导的时代,适应性预期进入经济分析,附加预期的菲利普斯曲线否定了失业与物价之间的替代关系,单一规则是主流的货币政策规则;在大温和时代,泰勒规则成为主流货币政策规则,泰勒规则表面上与相机抉择相像,本质却是确立规则之后坚守规则,即遵守规则的规则。

关键概念

货币政策	单一规则	货币政策策略	货币政策操作目标
自然失业率	货币政策效果	时滞	货币政策传导机制
相机抉择	摩擦性失业	自愿性失业	法定存款准备金政策
适应性预期	货币政策中介目标	再贴现政策	非加速通货膨胀失业率
公开市场操作	理性预期	时间不一致性	泰勒规则
选择性货币政策工具	货币政策规则	一般性货币政策工具	

问答与思考题

1. 简述货币政策的最终目标及内容。
2. 简述货币政策中介目标的选择标准。

3. 简述货币供应量作为货币政策中介目标的原因。
4. 简述利率作为货币政策中介目标的原因。
5. 简述汇率作为货币政策中介目标的原因。
6. 简述金融市场对中介目标选择的影响。
7. 简述货币政策操作目标的定义、内容及特征。
8. 简述准备金充当货币政策操作目标的原因。
9. 简述基础货币充当货币政策操作目标的原因。
10. 简述货币市场利率充当货币政策操作目标的原因。
11. 简述货币政策目标体系的内容及意义。
12. 简述一般性货币政策工具的类型和作用机制。
13. 简述货币政策传导机制的类型及内容。
14. 简述货币政策效果偏向性的定义与内容。
15. 简述货币政策数量效果的内容及其影响因素。
16. 简述货币政策时间效果的定义、分类及内容。
17. 简述时间不一致性的内容及其对货币政策的影响。
18. 简述预期与货币政策规则的关系。
19. 简述泰勒规则的内容及其货币政策含义。

第十二章 金融监管

金融监管是政府通过特殊机构如中央银行、证券交易委员会等制定并执行规则和行为规范,对金融机构实施全面性、经常性的检查和督促以及惩戒,促进金融机构依法稳健地经营和发展,并依法对金融机构及其经营活动实施领导、组织、协调和控制等活动的总称[①]。

第一节 金融监管概述

金融是现代经济的核心部门,其创造信用和管理风险的功能使其与社会所有经济部门都产生密切的联系,金融部门的动荡不可避免会影响所有经济部门,因此各国均极为重视金融部门的稳定,均通过各种方式对金融市场和金融机构实行监管,避免金融动荡对实体经济造成严重冲击。

一、金融监管的必要性

金融部门是经营风险的经济部门,置身于多种风险之中,风险外溢的负外部效应会影响经济稳定,因此金融监管极为必要。

(一)控制风险,避免非系统性风险演化为系统性风险

风险是金融部门的经营对象,其载体是货币和金融资产。金融机构的业务规模往往数倍于其自有资本,这就是金融机构的杠杆经营,其承担的风险因此成倍数放大,资产价格波动通过杠杆的作用导致利润数倍增减。

在通常情况下,金融机构总是其他金融机构的交易对手。因此,一方盈利通常对应着另一方亏损;反之亦然。金融机构盈亏甚至破产倒闭是正常的经济现象,是竞争的必然要求和自然结果。金融机构面临的风险即使属于个体的、特定的、非系统性风险,对社会经济同样有显著的负外部效应。并且,个体的、特定的、非系统性风险会演化为普遍的、系统性风险,对社会经济的负外部效应会增大到不可承受的水平。问题在于,多大的负外部效应是不可承受的,在什么条件下个体的非系统性风险会演化为普遍的系统性风险,人们并无答案。

金融监管的必要性包括:识别系统性风险和非系统性风险,阻止系统性风险的形成,若已经形成,化解系统性风险;关注并跟踪非系统性风险,避免非系统性风险演化为系统性风

[①] 有一种看法是,金融监管分为金融监督和金融管理。金融当局的监督行为通常是后续管理行为的前奏,而金融管理在必要时又是金融监督行为的要求和结果。金融监督和金融管理两者之间在行为上有区别,但在逻辑上又有联系,都是政府对金融机构和金融市场施加影响的行为,将两者区分开来并无必要。

险;始终关注并跟踪金融资产价格剧烈波动造成的负外部效应,避免正反馈效应破坏正常的经济循环。

(二)减小信息不对称的影响,阻止信息优势方损害信息劣势方的利益

金融业务通常涉及资金让渡,资金使用者相对于资金让渡者具有信息优势,道德风险和逆向选择使资金使用者能从信息不对称中获利,损害资金让渡者的利益。当信息优势方以其信息优势地位侵占和掠夺信息劣势方,会破坏信用制度,导致融资渠道不畅,造成金融部门效率低下,损害公共利益。

金融监管的必要性在于:通过建立相关的强制性和非强制性制度,比如信息披露制度,要求信息优势方适时适度地披露其信息,减小信息不对称程度;建立法律、法规约束信息优势方,为信息劣势方提供司法救济,并提供依据和保障;减小信息差距,有效改善资金融通渠道的顺畅程度,提高金融部门效率,改善公共利益。

(三)降低金融产品和金融活动的认知成本,提升公众金融活动参与度

金融业务的专业化程度极高,普通人很难理解金融业务。当高度专业性的金融机构设计的产品或从事的金融活动的成本收益不对称时,金融机构从中获益的代价是极大的负外部效应。巨大的负外部效应不只使参与金融活动的投资者受到损害,还会传导至实体经济部门,造成大范围资不抵债和破产倒闭,导致大规模失业。

金融监管的必要性在于,通过专业性监管降低金融产品和金融活动认知成本,降低投资者被欺骗的可能性,提升公众对金融的信心,这不但可以维持正常合理的金融秩序,还会提升公众参与金融活动的热情,建立高效的金融体系。经济发达与否的一个重要标志,是公众的金融活动参与度,对于构建具有自生能力的经济循环系统意义重大,不可或缺。

监管是一种公共物品,由政府公共部门提供的旨在提高公众金融信心的监管,是对金融市场缺陷的有效和必要补充。

二、金融监管的原则[①]

金融监管的原则包括依法监管原则、监管主体独立原则、合理适度原则、公开与公正监管原则、安全与效率兼顾原则、分类管理与协调原则等。

(一)依法监管原则

金融监管是国家通过立法将金融监管的行政管理权力授予高度专业化的监管机构,由后者依据授权判断金融机构和金融活动的合法性、合规性及合理性,并予以规制。

依法监管原则要求金融监管必须遵照法律的规定,具体内容包括:金融监管机构的设立及其职权必须有法律依据;金融监管职权应依法行使;金融监管机构应避免滥用自由裁量权。

依法监管原则既具有限制公权力的作用,也具有保障市场主体基本权利的作用,还具有在金融行业充分发挥市场配置资源的作用。

---

① 金融监管原则可参见王珊珊:"论金融监管法的基本原则",《法学研究》,2004年第8期(下)。

(二) 监管主体独立原则

金融监管主体独立原则,是指"金融监管机构有明确的责任和目标,享有操作上的自主权和充分的资源"。金融监管主体独立包括两方面内容:独立于政治干涉;独立于被监管机构的"俘获"。

在通行的法律体系之下,依然要建立金融监管机构,这主要是因为金融活动具有高度专业性。专业性不够的律师和检察官、法官难以判断金融产品和金融活动是否合法、合规,是否符合社会利益,只有受过专业训练的高度专业化的金融监管机构才有能力判断。

因为金融监管的高度专业性,金融监管主体应该具有相对独立性,只以社会经济利益最优为准绳,不受行政机关的干预,甚至在一定程度上免于立法机关的干预。金融监管主体的独立性是为了充分发挥其专业性优势,更好地服务公共利益。

(三) 合理适度原则

金融业高杠杆导致的脆弱性决定了必须对金融业进行监管;金融业是市场经济的核心部门又决定了必须由市场决定资源的配置,而不是由国家和公权力配置资源。合理适度原则就是在国家公权力干预从而确保金融稳定和金融安全与金融机构自主经营的市场化原则之间寻找平衡点。

合理适度原则分为合理原则与适度原则。合理原则要求金融监管主体应该合理运用其监管权力,确保金融监管行为符合金融监管的目的和宗旨,确保监管的方法和程序是合理的、适当的,确保监管的内容是合法的。适度原则要求金融监管主体应该明确并谨守自己的法律地位和职权,不能凡事都监管,金融监管行为要尊重市场规律,谨守监管中立的立场,只要金融机构没有违法犯罪的行为,就不应直接干预金融机构的具体经营活动。

(四) 公开与公正监管原则

公开监管原则是指除依法应当保密的之外,金融监管行为应当一律公开进行,包括金融监管的目标、框架、数据和必要信息等需要告知社会公众和当事人,保障被监管对象对监管过程和监管结果的知情权。

金融监管的公开原则包括监管立法和政策标准公开、监管执法和行为标准公开,以及行政复议的依据、标准、程序公开。金融监管的标准、依据和程序使监管既是监管机构行使监管职能的前提,也是被监管对象合法从事金融业务的条件。标准、依据和程序公开,可使被监管对象行事有据,监管机构执法有据,是建立监管与被监管良性关系的重要原则。

金融监管的公正原则,是指"金融监管主体应当按照公平、统一的监管标准和监管方式对金融机构实施监管,规范金融机构的市场行为,保证金融市场正常有序运行"。金融监管的公正原则表现为:监管标准应当统一,确保同一类金融机构享有同等的法律资格和同等的市场竞争主体地位;在执法过程中,对同类金融机构同样的金融活动,适用同等的监管标准、同等的监管方式,适用同等的法律依据,确保平等对待所有的金融机构。

公正具有相对性,为了实现实质公平,金融监管主体在一定限度内有权采用不同的监管标准。

(五) 安全与效率兼顾原则

金融监管的安全与效率兼顾原则是指金融监管应当在确保金融业安全的前提下以改善金融业效率为导向。对于金融监管而言,金融安全是重中之重,排在首位。然而,金融安全不是目的,而是为金融机构提供公平的竞争环境,为金融市场配置资源提供良性环境,提升金融业配置资源的效率,这是金融监管的最终目标。

(六) 分类管理与协调原则

金融业由性质各异的子行业组成,包括商业银行业、证券业、保险业、信托业及其他子行业等。不同的子行业具有不同的行业特质和专业要求,为避免风险传染,不同子行业之间固然有联系,通常会以法律的形式进行隔离,对金融机构分业经营的要求决定了金融监管也要采用分业监管模式,这就是分类管理原则的由来和含义。

由于金融子行业相互之间的密切联系,又需要强调协调监管。金融监管的协调原则是指金融监管主体之间应职责分明、分工合理、相互配合,为金融监管主体行使其职责创造良好的条件和环境,预防监管真空和重复监管等问题,改善金融监管效力,保障金融安全,提升金融业效率。

金融监管的分类管理原则决定了协调原则的必要性:首先,应在金融监管立法、执法和司法等各个环节明晰金融子行业监管主体的职责及其边界,在各自职责边界范围内行使监管职能;其次,金融子行业监管主体之间应建立分工协作、权责明晰的协作机制,对于无法由法律明确规定的事项,由相关金融监管主体协作监管;再次,在各个金融子行业监管主体之外,应建立系统性监管体系,协调不同金融监管主体的关系和内容,提升监管效率和效力。

三、金融监管理论

对于为何需要金融监管,经济学家提出了金融脆弱说、公共利益说、管制俘虏说和管制成本说等金融监管理论。

(一) 金融脆弱说

金融脆弱性使金融监管极有必要。金融监管可以借由外部力量——金融监管主体的监管行为来约束金融机构的高风险性金融活动,减轻信息不对称的影响,通过窗口指导等方式为市场狂热情绪降温,从而减小金融脆弱性的破坏性。

(二) 公共利益说

金融市场同样存在失灵的情况,自然垄断、外部效应和信息不对称都是造成金融市场失灵的原因。金融市场失灵不只使金融机构陷入经营困难乃至破产倒闭的境况,其巨大的负外部效应会拖累实体经济部门,使之陷入价格下跌——债务困境——资产甩卖——更严峻的债务困境的恶性的正反馈过程,严重的甚至会造成经济破产,陷入贫困陷阱。

金融监管的作用在于,避免使金融部门和实体经济部门陷入恶性循环,维护公共利益。公共利益说着重强调金融部门的公共品特性:具体的金融产品和金融业务属于纯粹的私人产品,但整体的金融系统具有公共品特性,金融监管通过维护金融系统的安全和稳定来维护公共利益。

（三）管制俘房说

金融监管属于政府管制，而政府管制通常不会影响被管制行业的利润规模，也不会以此为目标。然而，政府管制会影响利润在被监管企业之间的重新分配。被监管企业就会运用多种手段通过各种渠道游说、收买监管者，使监管者做出尽可能对自己有利的监管行为，最终出现监管者被俘房的现象，从而出现一个悖论：本来用于监察并督促被监管者合法合规合理经营的监管主体，最终却成为维护被监管者利益的力量，甚至形成一个"政府监管市场"，重新配置被监管行业的超额利润。

监管者之所以会被俘房，因为监管者也是经济人，具有利己动机；监管即使在明确的法律规定和指引之下实施，依然存在监管者选择立场和措施的空间，影响被监管者的利益；当被监管者是大机构，数量越少，选择合作形成利益团体的协调成本越低，越易于投入足够的资源影响监管者的态度、立场和措施，使监管反而成为维护被监管者利益的工具。

监管俘房说不意味着不需要监管。即使存在监管者易于被俘获的可能，适度的、透明的监管比不存在监管对大机构的约束更强，仍可避免大机构偏好风险的决策和行为造成系统性风险。

（四）管制成本说

政府监管是需要耗费成本的行政性行为，包括为实施监管付出的直接成本及被监管者为应对监管而调整其原有行为方式使收益下降的间接成本。

传统的监管基于命令与控制，但这种单向地由政府决定、企业遵从的模式在监管实践中导致监管机构膨胀，监管过多过滥，发布的监管规章越来越多，监管成本飞速上升，扭曲了市场机制，降低了市场运行的效率。

为了改变传统的命令与控制监管模式的弊端，成本与收益为导向的监管框架随之出现，并逐步取代了命令与控制监管模式，逐步确立了市场化监管架构。成本与收益监管模式的基本理念包括：以市场化为导向，尽量减少管制；监管权力由政府分解下放给行业自律组织，减少政府监管成本；建立市场化激励机制，通过绩效考核制度约束监管行为。

成本收益监管框架与监管的合理适度原则遥相呼应，是保障被监管行业效率的重要思想指引，是市场经济制度的值得重视的理念和组成部分。

四、金融监管的目标

金融监管的目标主要有三个。

（一）确保金融体系的安全与稳定

金融体系是公共产品，其安全与稳定是金融系统正常行使功能，维护经济系统稳定的重要条件。金融监管的首要目标是避免金融市场失灵造成系统性风险，造成金融危机，破坏金融系统配置资源的功能，破坏正常的经济循环。

（二）促进金融机构公平、有序、有效竞争，维护金融制度运行效率

金融机构开展的业务属于信用创造活动，偏好风险的经营策略存在使金融机构陷入无

力兑付的境地,并引发连锁反应和马太效应,影响金融系统安全与稳定。金融监管的第二个目标是规范金融机构的行为,确保其经营的业务及经营策略是公平的、有序的,是有效竞争,而不是无效的恶性竞争,避免金融机构的不合理行为演化成为系统性风险。

(三)保护存款人和投资者不被掠夺,保护公共利益

存款人和投资者通常处于信息劣势地位,其资产易于被侵占和掠夺。一方面,这会降低存款人存款及投资者投资的积极性,导致储蓄无法满足投资需求,影响经济增长的潜力和速度;另一方面,存款人和投资者被侵占之后,其资产减少导致其需求下降,造成产能过剩,经济循环系统失衡,影响经济的自生能力。这两点最终都会损害公共利益。金融监管第三个目标是保护处于信息劣势地位的存款人和投资者不被掠夺和侵占,保护国民购买力,这是保护公共利益的前提基础。

第二节 金融监管体系

金融监管体系是一个国家或地区金融监管主体的组织制度以及不同监管主体之间职责划分和权力分配的架构和方式,通常由金融监管机构、金融监管法律、金融监管内容和方法等组成。金融监管体系不是一成不变的,通常随着金融业经营方式的变化而调整。

金融监管体系包括三方面的内容:外部监管、行业自律和金融机构内部控制。其中,外部监管是金融监管的主要部分,金融机构的内部控制是金融监管的基础,而行业自律是必要的补充。这里主要介绍外部监管。

一、金融业经营模式变迁

金融业经营经历了从混业经营到分业经营,再到混业经营三个阶段。不同国家的经历也不同。德国就一直沿用混业经营模式。

在1929—1933年大萧条之前,主要资本主义国家相信并尊重市场力量,除了中央银行在金融危机阶段提供流动性支持之外,不存在其他类型的金融监管机构,也不规定金融机构经营的业务和方式。金融机构经营包括投资和存贷款等在内的所有业务,即混业经营。混业经营的主要风险在于,金融机构将储户的存款用于证券投资,由于证券投资会因为金融资产价格非线性下跌而导致巨额亏损,证券投资业务亏损连带着影响了存款的可兑付能力,造成银行大面积破产,从而演化为严重的金融危机。

1929—1933年的大萧条,混业经营被认为是重要原因。为了割裂证券投资对存贷款业务稳定性的影响,美国国会出台了1933年《格拉斯-斯蒂格尔法》,对商业银行和投资银行予以分离,奠定了分业经营的基本格局。后来,又在1956年《银行控股公司法》及1970年《银行控股公司法修正案》中,增加了银行与保险业务分离的条款,进一步完善了美国的金融分业经营格局。

1971年布雷顿森林体系解体之后,金融创新如火如荼,商业银行与非银行金融机构之间的业务交叉越来越多,商业银行综合化多样化发展方向日趋明朗。对商业银行经营范围限制较少的以德国为代表的西欧银行业广泛经营存贷款、证券投资和保险业务,在国际竞争

中的优势迫使美国采取金融自由化政策,包括1977年允许商业银行或其控股公司可以从事受托买卖证券的业务,1987年允许银行控股公司通过其附属机构参与市政收益债券和商业票据的包销和交易,1991年通过修订《证券法》赋予金融机构更多的经营范围自主权。经过多年的培育和推动,1999年美国国会通过了《金融服务现代化法案》,废止了有关限制银行、证券公司和保险公司三者跨界经营的条款,准许金融持股公司跨界从事金融业务。金融混业经营格局得以重新全面确立。

分业经营与混业经营的优缺点都很显著,分业经营具有更强的控制和防范风险,保障存款人和投资者合法权益的能力;混业经营具有提供全方位服务的市场规模优势,在经济金融全球化背景下实行混业经营的金融机构有更强的竞争力。然而,金融混业与分业经营哪一种更有效,经过多年实践,并没有明确的公认的结论。德意志银行曾以混业经营获得巨大发展但最近这些年也因此造成巨额坏账和呆账,不得不缩减业务范围,缩减资产负债表规模。

二、金融监管体系的类型

在通常情况下,金融监管体系随着金融业经营模式的变迁而变迁。金融分业经营格局下,金融监管施行分业监管;在金融混业经营格局下,金融监管通常施行混业监管。不同国家会根据其国情选择合适的监管类型,建立相应的监管体系,并无统一标准和要求。

根据不同的标准,金融监管体制有不同的类型划分。

(一)根据金融监管机构的管辖范围

根据金融监管机构的管辖范围,金融监管体系分为两种类型:一级监管体系和二级监管体系。

一级金融监管体系,是指金融监管权力集中于中央政府的监管体系。

二级监管体系,是指金融监管权力由中央政府和地方政府分享、分责、配合的监管体系。

(二)根据监管主体的监管业务范围划分

根据监管主体的监管业务范围,同样分为两类:一元监管体系和多元监管体系。

一元监管体系,又称为单一监管体系,是由单一金融机构对与金融相关的业务实行全面监管的模式。

多元监管体系,又称为分业监管体系,是针对不同金融业务分别设立金融监管机构予以专业化监管的模式。

(三)管辖范围和业务范围的交叉

管辖范围和业务范围交叉,可以划分为更具体的四种监管体系(如表12-1)。

表 12-1 金融监管范围与业务交叉与金融监管体系

管辖范围 \ 管辖业务	一 元	多 元
一级	一级/一元	一级/多元
二级	二级/一元	二级/多元

在四种组合中,二级/一元型监管体系并不典型,主要是两大类:单一集中监管(一级/一元)和多元(分业)监管,后者又具体区分为一级/多元监管和二级/多元监管两种类型。

三、单一集中监管体系

单一监管体系是指全国设立单一的金融监管机构,对金融机构、金融市场以及金融相关的所有业务进行全面监管的体制。

单一监管体系的优点包括:一方面,被监管金融机构只需要面对一个监管主体,可以在一个监管主体处得到所有的监管服务;另一方面,对单一金融监管主体而言,可以全面掌握一个多元化经营金融机构的全部情况,评估其是否会造成系统性金融风险。

英国是实行单一监管体系的典型国家。

1997年之前,英国实行多元监管体系,对银行、证券、保险、住房贷款等分别由英格兰银行、证券投资委员会、住房信贷委员会和贸工部等9个机构分别负责。随着科技飞速发展,大金融机构业务种类越来越多,要么出现交叉监管,要么出现监管真空,导致监管效率低下、监管成本上升的状况。

1997年,英国工党政府对金融监管体系实施改革,将分散于9个政府机构的金融监管职能合并到新成立的金融管理局,由其统一负责对英国的银行、证券、保险、投资等全部金融机构和金融市场以及会计师事务所的监管。

英国金融管理局作为单一的金融监管机构,依然需要与英国财政部和英格兰银行协调分工与合作的基本框架:财政部制定金融监管的结构框架及相关立法,英格兰银行负责货币政策并保障支付清算系统,金融管理局负责金融监管的实施,负责对违法违规的行为进行确认和处罚。

意大利、荷兰、瑞士、比利时、日本、新加坡、印度等国均采用单一集中监管体系。

四、分业监管体系

分业监管体系是根据金融机构从事的业务范围划分为不同的子行业,并分别设立监管机构进行监管的体系,可分为一级多元监管体系和二级多元监管体系。

(一) 一级多元监管体系

一级多元监管体系是指只有中央政府(或者联邦政府)有权对金融业进行监管的体系。德国是典型的一级多元监管体系,在联邦政府层面设立了三大主要监管机构,即德意志联邦银行(德国中央银行)、联邦金融监督局及联邦审计院,负责监督管理全国所有银行信贷机构的运营和业务。

多元通常是监管的必要要求,既有专业分工方面的考虑,也有权力制衡方面的考虑。

德意志联邦银行负责制定和执行货币与信贷政策,并且由各州的分行负责对所在州的银行进行监管,每天向联邦金融监管局报送辖地银行的各种数据,但并不直接参与监管工作,也不具有行政处罚权。

德意志联邦银行业监督局由原来的信贷监管局、保险监管局及证券监管局于2002年合并而成,全面负责监督管理银行、证券及保险机构的业务和运营,并具有行政处罚权。该局无任何分支机构(一级的主要依据),负责审查金融机构的市场准入,包括最低资本金、高层人员任职资格审查及发放经营许可证等,还负责检查金融机构的日常经营,包括自有资本、流动性及风险状况等。

德意志联邦审计院是政府最高审计机关,负责监管银行的预算执行和非预算资金管理状况,负责对金融机构经营的合法性、经济性和效益性进行审计。德国还有2 000余家经济审计公司、10 000余名经济审计师,受监管部门委托对金融机构的真实性、合规性和风险管理有效性进行审计。

德国实行混业经营固然能享受规模经济和多样化经营的优势,但却因银行部门过于强势抑制了证券市场及专业化程度更高的投资银行业务的发展,使德国产业更新换代受到影响。

(二) 二级多元监管体系

二级多元监管体系是指中央和地方政府设立若干监管机构对金融业实行监督管理的体系。美国是典型的实行二级多元监管体系的国家。

在美国联邦政府层面,金融监管机构包括联邦储备系统(FRS)、货币监理署(OCC)、联邦存款保险公司(FDIC)、证券交易委员会(SEC)、商品期货交易委员会(CFTC)、储蓄管理局(OTS)及信用合作社管理局(NCUA)等7个机构。

FRS、OCC和FDIC共同负责监管商业银行。FRS监管国民银行、银行控股公司、金融控股公司在州注册的FRS成员银行及其在海外的活动,FRS实行与《巴塞尔资本协议》一致的资本充足率标准,FRS只有在银行可能诱发系统风险时才享有现场检查权,因此一般不直接干预银行的经营;OCC独享申请联邦执照的外国银行或代理处的市场准入审批权,重点监管国民银行和外资银行,同样执行与《巴塞尔资本协议》一致的资本充足率标准,可基于审慎经营原则享有随时检查银行经营状况的现场检查权,并且拥有对银行内部控制制度和高管人员胜任能力方面的直接否决权;FDIC主要监管在州注册的非FRS成员银行、被保险机构和州储蓄银行,关注资本杠杆率即核心资本与资产总额比率,FDIC同样可基于审慎经营原则随时对银行实行现场检查。

其他的监管机构分工为:SEC负责对证券业的监管,CFTC负责对包括商品期货和金融期货在内的所有期货交易机构和期货市场的监管,OTS负责对储蓄贷款协会和储蓄贷款控股公司的监管,NCUA负责对信用合作社的监管。

金融危机暴露了美国金融监管系统的缺陷,包括监管重复、监管疏漏以及对系统性风险监管缺失。为堵上监管漏洞,美国对金融监管系统实行了重大变革,内容包括以下五个方面。

(1) FRS监管权力膨胀,成为金融系统性风险的监管者,有权从所有金融公司收集周期性或其他种类报告,有权对一级金融控股公司进行并表监管,有权检测美国境内重要支付、结算和清算系统及金融公司相关活动,拥有制定支付结算规则的权力。

(2) 成立跨部门的金融服务监督委员会(FSOC),消除以往监管疏漏、协调不力和监管职权受限的困境。FSOC的办事机构设在财政部,由包括财政部长在内的所有联邦层面的主要监管机构负责人组成,其职责包括监管机构共享与协调信息,从合并规模、杠杆率及系统关联性等方面识别系统性风险,协调监管机构管辖权的冲突,发现监管疏漏,并就潜在风险向国会报告。

(3) 强化对金融市场的综合监管,消解监管重复和监管漏洞。内容包括强化对证券化市场的监管、扩大SEC监管权、协调期货监管和证券监管。

(4) 组建全国银行监管署(NBS)，合并了 OTS 和 OCC 的监管职能，NBS 负责对所有联邦注册银行及存款机构、外资银行的联邦分支机构及分理处实施审慎监管。

(5) 成立消费者金融保护署(CFPA)，保护消费者和投资者免受金融不当行为的侵害。CFPA 在金融消费者保护方面拥有规章制定权、监督实施权及纠纷裁判权，CFPA 享有约束或取缔供应商提供强制性仲裁条款的权力，CFPA 还有权要求供应商采取合理的信息披露方式，全面揭示消费者的权利及其承担的成本、损失和风险。

任何国家的金融监管体系都是由该国金融体系的结构和特征决定的，因此不存在放之四海而皆准的金融监管体系。金融部门发生的风险事件尤其是金融危机也会促使一国不断修正其金融监管体系，修补其漏洞，填补其缺陷，更好地维护金融系统安全和稳定，发挥其配置资源，改善效率的作用。

金融监管出现两大趋势：一是中央银行更专注于货币政策，其金融监管职能逐渐由更专业的独立的金融监管机构负责；二是金融监管逐步从以机构监管为主向以功能监管为主转变。

另外，行业自律组织比如行业协会的监督，中介机构包括审计事务所、会计师事务所、律师事务所与外部评级机构的监督，以及社会舆论包括新闻媒体跟踪报道、举报违法犯罪和查处程序和结果的跟踪评论都属于金融监督和管理体系的重要组成部分。金融监管体系是一个社会系统，不只是政府机构。

第三节　金融监管内容

金融监管包括三项主要内容：防止系统性风险的预防性管理、保护存款安全从而确保融资渠道畅通的存款保险制度、在遭遇流动性困难时提供紧急救助。

一、预防性管理

预防性管理是对金融机构是否具有运营与管理风险的资质、能力及自觉性进行规范，通过建立使金融机构审慎运营的制度保障金融机构稳健运营，保障金融系统安全与稳定。预防性管理包括市场准入的监管、市场运作过程的监管及市场退出的监管。

(一) 市场准入的监管

市场准入的监管包括对金融机构开业登记、审批进行监管。

商业银行市场准入监管的主要内容包括：是否具有符合法律规定的资本金，法定代表人、高级管理人员及专业技术人员是否具有任职资格，组织结构和内控制度是否可以控制风险，是否具有固定的营业场所及与业务相关的基础设施。

证券市场准入的监管包括上市公司市场准入监管和证券公司市场准入监管。上市公司市场准入监管的内容包括总股本、持续时间、营业收入、营业利润以及守法合规等要求。证券公司市场准入监管的内容包括注册资本、主要管理人员和业务人员从业资格、管理和组织制度、经常场所和交易设施等要求。

保险公司准入监管的内容包括符合规定的发起人、资本金和资本公积金、业务范围和产品设计、再保险安排、合格的管理人员和从业人员。

市场准入的监管着重考察待设立的金融机构是否具有运营金融业务、管理金融风险的资质、能力和组织制度,确保设立的金融机构具有控制风险的能力。

(二) 市场运作过程的监管

对商业银行来说,市场运作过程的监管包括资本充足率监管(《巴塞尔协议》)、流动性要求监管(支付能力)、业务范围监管(混业还是分业)、贷款风险控制监管(贷款集中度,包括单一企业集中度和某一行业集中度)、准备金监管(准备金符合中央银行的要求)、外汇风险监管(避免汇率波动造成资产负债表失衡)等。

对上市公司市场运作过程监管主要包括两部分内容:(1) 持续性披露制度,要求上市公司充分、完整、准确、及时地披露经营和财务信息,供投资者判断其是否具有投资价值;(2) 对上市公司关联交易的监管,避免上市公司与其控股子公司或关联方之间的交易成为操纵利润、粉饰业绩的手段,损害中小投资者利益。对证券公司的监管,包括以净资本为核心的经营风险控制制度、合规管理制度、客户交易结算资金第三方存管制度,以及信息报送与披露制度等。

对保险公司市场运营监管包括对保险业务的监管(对保险条款、保险费率、保险合同的监管)、对保险资金运用的监管(规定保险资金运用的方式和限额)、对保险机构偿付能力的监管(偿付能力计算、真实偿付能力检查、偿付能力不足的处理等)。

(三) 市场退出的监管

市场退出是指金融机构被吊销营业许可证,停止办理金融业务,注销法人资格的处置,可分为解散、撤销和破产三类。

商业银行市场退出的监管,要确保遵循债务清偿原则,要确保债务清偿遵循法律规定的清偿顺序,要确保债务清算方式合规与合法。

当上市公司失去持续经营能力、股票流动性不足,以及公司因严重违法违规造成恶劣影响,就会进入退市程序,要确保上市公司退市依法、依规、依程序进行。

当证券公司被取消证券业务资格或严重违法违规经营或财务风险严重,丧失证券业务资格而被关闭或破产,就退出市场。对证券公司市场退出的监管应确保依法、依规、依程序退出,还要确保证券公司的退出不会因牵连其他金融机构而造成系统性风险,确保金融系统的安全和稳定。

当保险公司不再具备持续经营条件,或出现解散的事由,经监管部门批准就进入撤销或清算程序,进入市场退出程序。保险公司市场退出监管应确保遵守法定程序,确保遵守财产清偿顺序,确保投保人利益得到合理保护。

除银行、证券与保险之外,信托、信用合作社、金融租赁公司、集团财务公司等也是金融系统的重要组成部分,它们也是被监管的主体,其市场准入、市场运营和市场退出同样要符合特定的规范。

二、存款保险制度

1929—1933 年大萧条之后,以美国为代表的西方国家开始推行存款保险制度用以防范金融风险。

存款保险制度,是指存款机构依照法律规定作为投保人按一定比例向政府主导设立的存款保险机构缴纳保险费,建立存款保险准备金,当成员机构产生流动性危机时,由存款保险机构向其提供财务救助,或直接向存款人支付部分或全部存款的制度。存款保险制度有利于保护存款人利益,维护银行信用和金融稳定。

弗里德曼认为:"对银行存款建立联邦存款保险制度是1933年以来美国货币领域最重要的一件大事。"

根据是否有明确的机构和法律作为依据,存款保险制度分为隐性存款保险制度和显性存款保险制度。隐性存款保险制度是指国家没有对存款保险作出制度安排,但当银行倒闭时,政府会采取措施保护存款人利益的制度。显性存款保险制度是指国家以法律形式设置存款保险机构,并明确规定处置问题机构的规则、标准和程序的制度。

存款保险制度的组织形式分为三种:(1)由政府出面建立,以美国、英国和加拿大为代表;(2)由政府与银行业共同建立,以日本、比利时和荷兰为代表;(3)在政府支持下由银行同业联合建立,以德国为代表。我国于2015年建立了显性存款保险制度,属于由政府建立的组织。

存款保险制度具有四个基本特征:存款保险机构与投保人之间的关系兼具有偿性和互助性,保险的赔付具有时期的有限性,存款保险机构为持续运营要充分考虑保险产品的损益性,国家授权设立的存款保险机构通常具有垄断性。

存款保险制度尽管存在一些缺陷,如会使道德风险和逆向选择问题更趋恶化,会降低金融机构效率,提高金融体系运行成本。然而,存款保险制度的正面积极作用是主要的,通过强化对商业银行的监管可以显著降低系统性风险,通过建立专业化机构节约了处置问题银行的成本,通过保险金积累获得了处置问题银行、赔付存款人的资金积累,稳定了存款人的信心,对于稳定金融体系成效显著。

三、紧急救助

紧急救助,是指金融监管机构对发生流动性困难或清偿能力不足的金融机构提供援助的行为。中央银行充当最后贷款人是对金融机构紧急救助的一种特殊表现形式,通常是为了克服破坏金融系统稳定与安全的金融危机。由于金融机构和金融活动的复杂性和关联性,即使不会引发金融危机,当金融机构陷入流动性困难境地时,金融监管机构通常也会提供紧急救助,避免引发系统性风险。

紧急救助的方式包括:(1)由中央银行提供贷款或组织联合救助;(2)由存款保险机构提供紧急救助;(3)由财政部直接向陷入流动性困境的金融机构注资,通过国有化避免金融机构破产及其传染性引发的危及金融系统的价格非线性下跌乃至金融危机。

周期性金融危机已经成为现代金融系统的痼疾,紧急救助不再像19世纪一样是中央银行在金融局势失控时为之的偶发行为,而是经常性、例行性行为。紧急救助已发展成为金融监管机构的重要功能。

四、巴塞尔资本协议

《巴塞尔资本协议》(简称《巴塞尔协议》)从其诞生至今已有三个版本,每一次变化都体现了金融风险的变化,蕴涵着金融监管的新方向。

(一) 1988 年《巴塞尔资本协议》

1988年《巴塞尔资本协议》是起始协议,是以跨国银行的资本充足率为核心(资本占风险总资产的比重为8%)、以信用风险控制为约束重点的单一资本充足协议。《巴塞尔资本协议》使国际银行业监管有了可以共同遵循的统一标准。

该协议的主要内容包括:界定了银行资本的组成,规定核心资本要占全部资本的50%,附属资本不应超过资本总额的50%;对不同资产分别给予不同的风险权数,换算为风险资产,银行资本(核心资本加附属资本)与风险资产比率最低为8%,核心资本与风险资产的比例不低于4%。

(二) 1997 年《有效银行监管的核心原则》

20世纪90年代以来,金融衍生产品的交易十分活跃,银行业深深介入其中,金融市场的波动性对银行业的影响越来越显著,仅仅强调8%这"一条铁律"容易导致银行在重视资本充足率的同时却忽视了营利性及其他风险。

《有效银行监管的核心原则》的主要内容包括:提出了比较系统的全面风险管理思路,强调从银行申请设立到破产倒闭的全过程中的各个环节进行综合的风险监管,将源于银行的外汇、交易债券、股票、商品与期权头寸中的市场风险纳入金融监管的范畴。

(三) 2001 年《新巴塞尔资本协议》

1997年东南亚爆发金融危机,许多金融机构濒临破产,其主要原因不再是信用风险或市场风险等单一的风险。

为应对风险来源的多元性和复杂性,《新巴塞尔资本协议》应运而生,其主要内容包括:将资本充足率、监管约束和市场约束并列为银行监管的三大支柱,利用市场机制压缩成本,提高监管效率。

《新巴塞尔资本协议》具有新特点。

首先,强调市场约束的作用。市场具有奖优罚劣的作用,稳健的、经营状况良好的银行的融资成本更低、利润水平更高、市场估值更高,从中可获得更大的竞争优势;风险程度高的、经营状况欠佳的银行融资成本更高,需要额外的担保或采取其他安全措施,竞争力弱必然导致市场估值更低,缺乏竞争优势。

其次,注重发挥银行内部的力量强化风险防范。除继续保留外部评级方式外,更强调以市场约束力量倒逼银行自己主动衡量风险状况,建立内部风险评估体系,自觉、自愿地主动控制风险。

再次,新协议倡导新监管理念,将由单一的严厉政府管制转变为与监管对象协调和配合的协同监管,注重让市场的力量来促使银行稳健、高效的经营。

商业银行系统是金融体系最主要的组成部分,商业银行系统的稳定性决定了金融体系作为整体的稳定性和安全性。各个版本的《巴塞尔资本协议》均以商业银行稳健经营为导向,通过对各国商业银行实行统一的金融监管标准,着力实现全球金融系统的稳定与安全。

第四节　中国金融监管体系与内容

新中国成立以来,我国金融监管体制经历了比较重大的变迁,在不同的历史阶段的表现形式也不同,是我国经济和金融体制不断变化的组成部分。

一、我国金融监管体系的变迁

我国金融监管体系经历了四个主要阶段。

(一)计划经济时期的金融管理制度(1950—1978年)

1978年改革开放之前,我国奉行与苏联和东欧国家类似的金融体制和金融监管体系。中国人民银行是大一统的金融机构,既开展金融业务,也推行货币政策(主要形式是信贷政策),金融监管表现为金融业务的内部核查。根据1950年11月政务院批准的《中央人民政府中国人民银行试行条例》,在中国人民银行总行设立检查处,监督检查国家资金的运用,承担金融管理职能。这一阶段将管理等同于监管,两者的混淆造成了自己监督自己的局面,中国人民银行一度被并入财政部,成为政府的出纳。

(二)统一监管向分业监管过渡阶段(1978—1991年)

这13年是探索改革开放方向的阶段,提出了商品经济的概念,中国人民银行从财政部分离出来,中国农业银行、中国银行、中国人民建设银行、中国人民保险公司、中国国际信托投资公司等金融机构相继恢复或新建。

1983年,中国人民银行将承担的城市金融业务剥离出来组建成立中国工商银行,中国人民银行开始专门行使中央银行职能,并承担起金融监管职责,是金融监管专业化的开端,我国金融组织体系由大一统的金融体制逐步向多元化金融体制演化。

(三)分业监管体制的确立(1992—2003年)

1992年是我国证券业发展的元年,股票发行及上市公司由中国证券监督管理委员会监管。中国人民银行负责对债券和基金的监管。

1994年,国务院发布了关于金融体制改革的决定,明确了金融体制改革的总目标,与金融监管相关的内容是,"根据国家专业银行向商业银行过渡的基本方向,为解决混业经营导致金融风险加大的问题,在管理和运作上推行限额下的资产负债比例管理、风险管理等,分离专业银行的政策性业务,建立政策性银行体系,推进金融业分业经营,进一步明确中国人民银行实施金融监管的地位"。

这一时期陆续组建对证券业、保险业和银行业实施监管的机构,并调整中国人民银行职能,理顺金融分业监管体系:1998年6月,成立中国证券业监督管理委员会(简称证监会);1998年11月,成立中国保险业监督管理委员会(简称保监会);2003年10月,成立中国银行业监督管理委员会(简称银监会)。

1998年6月,国务院重新界定了中国人民银行为"国务院组成部门",其职责是"在国务院领导下制定和实施货币政策、对金融业实施监督管理的宏观调控部门"。原由中国人民银行监管的证券机构于1998年年底全部移交给证监会监管;保监会成立以后,原由中国人民银行监管的保险机构移交给保监会监管;银监会成立以后,原由中国人民银行监管的商业银行移交给银监会监管。中国人民银行瘦身成为专责货币政策和金融稳定的中央银行。

(四)分业监管体制的协调与合作(2003年至今)

基本建立了现代金融分业监管体系之后,2003年新一届政府开始完善分业监管体系,通过建立金融监管机构之间的协调与合作机制弥补分业监管的不足。

(1) 2003年12月,对《中国人民银行法》进行修订,明确要求由"国务院建立金融监管协调机制"。

(2) 2008年,提出在国务院领导下,中国人民银行会同银监会、证监会、保监会建立金融监管协调机制。

(3) 2013年8月,国务院批复建立由中国人民银行牵头,银监会、保监会和证监会参加的金融监管协调部际联席会议制度,"加强货币政策与金融监管政策之间以及监管政策与法律法规之间的协调,促进维护金融稳定和防范化解系统性、区域性金融风险的协调,强化交叉性金融产品、跨市场金融创新的协调,加强金融信息共享和金融业综合统计体系的协调",我国开始建立制度化、规范化的金融监管协调制度。

(4) 2017年7月,经党中央、国务院批准,国务院金融稳定发展委员会成立,"加强金融监管协调、补齐监管短板……,强化中国人民银行宏观审慎管理和系统性风险防范职责,强化金融监管部门监管职责,确保金融安全与稳定发展"。国务院金融稳定发展委员会这一正式的协调制度取代了部际联席会议这种非正式制度,金融监管机构的协调进入新阶段。

二、我国的金融监管目标

我国金融监管的一般目标:防范和化解金融风险,维护金融体系的稳定与安全;保护公平竞争,促进金融效率提高;保证金融业稳健运行,货币政策有效实施。

一般目标可以分解为三个具体目标:金融机构经营的安全性、金融市场竞争的公平性、金融监管标准的一致性。

金融的传染性导致金融的外部性较大,一个金融机构因经营出现问题而破产倒闭的影响比一个企业破产倒闭的影响大得多,因此金融机构经营的安全性既是金融机构的利益所在,也是整体经济利益所在。金融机构经营的安全性是保护存款人和其他债权人权益的必然要求,而通过金融监管规范金融机构行为是改善金融机构资产质量,使其保持资产负债表平衡,是改善金融机构经营安全性的必要条件。

金融市场竞争的公平性,是指金融监管旨在创造一个金融机构可以公平、有序竞争的金融环境。竞争是激发金融机构活力,改善经营效率,提升生存和发展能力的内在要求;公平是发挥市场正面的、积极的、有益的竞争机制,遵守规则的竞争;有序是指要抑制负面的、消极的、有害的竞争,避免损害公共利益,造成金融和经济危机。

金融监管标准的一致性,是指金融监管对所有同类金融机构的同类行为,要适用统一的监管标准,不因大小、地域、所有制而有所区别。金融监管标准的一致性是金融监管机构取信于被监管金融机构,建立监管者和被监管者良性的合作关系,降低监管成本的内在要求。

三、我国金融监管有待改进之处

(一) 由权威性监管向合作性监管转变

我国封建王朝绵延 2 000 多年,官本位意识深深嵌入各个阶层、各个行业。监管本就包含监督和管理两重内容,很容易被误解成为金融监管机构是上级权威机构,而被监管金融机构是下级服从机构,金融监管因此变成上级对下级的监督、管理甚至业务指导。这也是我国当前金融监管的现状。

实际上,金融监管机构并非被监管金融机构的上级,金融监管中的监督和管理也不是上下级关系中的监督和管理,更不是业务指导关系,应该是以整体利益为导向,不同部门发挥各自的比较优势,各负其责、协调合作,改善金融部门效率,提升金融部门稳定性和安全性。

因此,金融监管机构对被监管金融机构的监督和管理,与其定位为权威性监管,不如定位为合作性监管。首先,有利于更精准地界定金融监管的内容;其次,有利于更精确清晰地确定金融监管的边界;再次,有利于在监管者与被监管者之间建立和谐的关系,降低监管成本。

(二) 由行业性监管向功能性监管转变

我国当前的金融监管是通过行业性监管机构,对行业内金融机构实施监管。证券业相关金融机构归证监会监管,银行、信托公司和保险公司归银保监会监管,是比较典型的分业监管模式。

随着金融混业经营成为不可逆转的趋势,金融控股公司这种新的组织形式出现并快速发展。金融控股公司横跨金融业多个子行业,从事包括商业银行、投资银行、保险、信托、租赁等以前不允许跨业经营的多种业务。针对金融控股公司的监管,行业性监管会出现监管缺位和监管重叠并存的现象,造成低效率监管,不能及时发现并控制风险。为应对金融控股公司造成的困境,功能性监管应运而生。罗伯特·默顿将功能性监管定义为"基于金融体系基本功能而设计的更具连续性和一致性,并能实施跨产品、跨机构、跨市场协调的监管"。

功能性金融监管以金融产品要实现的功能为依据确定监管机构和监管规则,而不是传统的根据金融机构的名称确定监管机构和规则。混业经营格局造成金融业务相互交叉,功能性金融监管强调跨产品、跨机构、跨市场的由统一机构实施整体性监管,从而更有效地控制金融风险。总之,功能性金融监管更关注是金融机构从事业务的功能,目的是确定能够最有效地实现金融功能的监管制度及其结构。

(三) 提升金融监管独立性

金融是专业性极高的行业,金融监管的专业性与金融业的专业性相匹配,是金融监管有效性的保障。金融监管的专业性要通过金融监管的独立性实现:首先,金融监管的独立性是发挥其专业技能,及时对复杂的专业性金融业务是否会造成动荡进行判断,是避免受到专业程度较低的其他政府部门干预的先决条件;其次,金融监管的独立性是建立有效的问责制度的前提。没有有效的问责制度,金融监管的有效性就会打折扣,而没有金融监管的独立性,有效的问责制度就无从建立;再次,金融监管的独立性是加强金融监管透明度,从而避免金融监管机构被所监管金融机构俘获,沦落为所监管金融机构利益维护者和代言人的重要条件。

实证研究表明,金融监管的独立性改善有助于降低被监管金融机构的系统性风险,改善金融机构经营的稳健性。

(四) 坚持适度监管原则

金融监管是约束金融机构市场化行为的政府管制行为,是为了避免金融机构的风险蔓延成为系统性风险,因此,金融监管需要在效率和稳定之间进行权衡。

由于金融监管机构不可能比被监管金融机构更聪明,不可能总是信守承诺,也不可能总是保持公正公平,并且金融监管机构通常有自己的利益,金融监管机构很难总是以经济整体利益最大化为导向实施监管行为,因此金融监管机构的权力应该受到制约,金融监管应该保持适度,避免过度金融监管制约正常的市场化的金融活动,造成金融抑制和金融活动低效率。

本章小结

金融监管具有控制风险,抑制非系统性风险演化为系统性风险的作用,具有减小信息不对称的影响,阻止信息优势方损害信息劣势方利益的作用,具有降低金融产品认知门槛,提升公众金融活动参与度的作用。金融监管要确立监管原则,包括依法监管、监管主体独立、合理适度监管、公开与公开监管、安全与效率兼顾、分类管理与协调等六项原则。金融监管的目标有三:确保金融体系安全稳定、改善金融制度效率、保护存款人和投资者利益等。

金融监管体系随金融体系变迁而变迁,根据管辖范围和业务范围不同,金融监管体系可分为单一集中监管体系、一级多元监管体系和二级多元监管体系三种类型。世界各国根据其国情选择适合的金融监管体系。

金融监管内容包括预防性管理、存款保险制度和紧急救助等三项主要内容。金融全球化提出了金融监管全球化的要求,《巴塞尔资本协议》是全球金融协调监管的重要成果。自1987年初次提出,《巴塞尔资本协议》已经修改了两次,目前实行的是第三版内容,包括强调市场约束作用、发挥银行内部作用控制风险、改变政府主导的严厉监管以倡导新监管理念等。

新中国成立以来,我国的金融监管经历了四个阶段,目前初步建立起健全的分业金融监管体系。我国金融监管的目标包括保障金融机构安全性、维护金融市场竞争公平性、实行金融监管一致性等。我国的金融监管有待进一步完善,包括由权威性监管向合作性监管转变、由行业性监管向功能性监管转变、提升监管机构独立性、坚持适度监管原则等。

关键概念

金融监管	金融监管体系	巴塞尔协议	单一监管体系
监管俘获	分业监管体系	监管成本	功能性监管

问答与思考题

1. 简述金融监管的必要性。
2. 简述金融监管的原则。
3. 简述金融监管理论的类型与内容。
4. 简述金融监管的目标及其内容。
5. 简述金融监管体系与金融业经营模式的关系。
6. 简述金融监管体系的类型与内容。
7. 简述预防性管理的内容与作用。
8. 简述存款保险制度的内容与作用。
9. 简述紧急救助的内容与作用。
10. 简述《巴塞尔资本协议》每个版本的主要内容及其历史变迁。
11. 简述我国金融监管体系的内容与历史变迁。

图书在版编目(CIP)数据

货币金融学/李天栋编著. —上海：复旦大学出版社，2020.1
创优·经管核心课程系列
ISBN 978-7-309-14642-4

Ⅰ.①货… Ⅱ.①李… Ⅲ.①货币和银行经济学-高等学校-教材 Ⅳ.①F820

中国版本图书馆 CIP 数据核字(2019)第 218110 号

货币金融学
李天栋　编著
责任编辑/鲍雯妍

复旦大学出版社有限公司出版发行
上海市国权路 579 号　邮编：200433
网址：fupnet@fudanpress.com　http://www.fudanpress.com
门市零售：86-21-65642857　团体订购：86-21-65118853
外埠邮购：86-21-65109143
上海春秋印刷厂

开本 787×1092　1/16　印张 15.25　字数 353 千
2020 年 1 月第 1 版第 1 次印刷

ISBN 978-7-309-14642-4/F·2623
定价：39.00 元

如有印装质量问题，请向复旦大学出版社有限公司发行部调换。
版权所有　侵权必究